修善寺幼稚舎疎開学園記念碑　碑文

　太平洋戦争の戦局悪化に伴い、幼稚舎は政府の命により昭和十九年八月二十五日より教職員三十六名、児童三百四十五名が野田屋、仲田屋、涵翠閣（現あさば）に分宿し、昭和二十年六月三十日に青森県木造へ再疎開するまでの十ケ月余をこの地で過ごした。食糧、物資不足の中、地元の方々の御厚意により無事に過ごすことができた。

　お世話になった修善寺町の方々への感謝と、戦争のない平和な世界を祈念して、疎開学園参加者並びに卒業生の寄付によりここに碑を建立する。

二〇一七年九月吉日

慶應義塾幼稚舎長　大島誠一

修善寺　慶應義塾幼稚舎疎開学園の碑は、2017（平成 29）年 9 月、
静岡県伊豆市修善寺の福地山修禅寺に建立された。
設計は日向野豊幼稚舎教諭、碑の揮毫は浅羽一秀氏である。

グラビア P. ⅰ・ⅳ～ⅵ　清水健撮影

修善寺　疎開学園の碑　制作過程　（本文P.53～61参照）

② 真鶴・本小松石の採石場

① 浅羽一秀氏による書

④ 石材の本設置

⑤ 碑誌裏手のアジサイ・イワヒバ・ヤブラン・六方石

③ 石材の仮置きと基礎工事準備

⑥ 碑文の仕上げ

⑦ 周囲の石材の設置

⑧ 独鈷の湯となる石周辺の土留め

⑨ 雨の中の植栽

⑩ 平和祈願に臨む

修善寺　疎開学園の碑　除幕式

上　修禅寺本堂前にて参加者全員で記念撮影
下　長谷山彰塾長をはじめ参列者

除幕　左より永井和輝君、菅原節氏、浅羽一秀氏、吉野真常住職、長谷山彰塾長、大島誠一舎長、清家篤前塾長、沖昇君

読経　吉野真常住職

司会　武田敏伸主事

修禅寺から祝賀会場の「あさば」へ移動

挨拶　林恭弘氏

修善寺　疎開学園の碑　祝賀会

戦前の野田屋旅館の絵葉書　　野田和敬氏提供

野田屋全景

御代の湯とバルコニー

白絲の湯所属洗面所

のだや旅館　白絲の湯其一

のだや旅館　白絲の湯其二

清岡暎一旧蔵資料

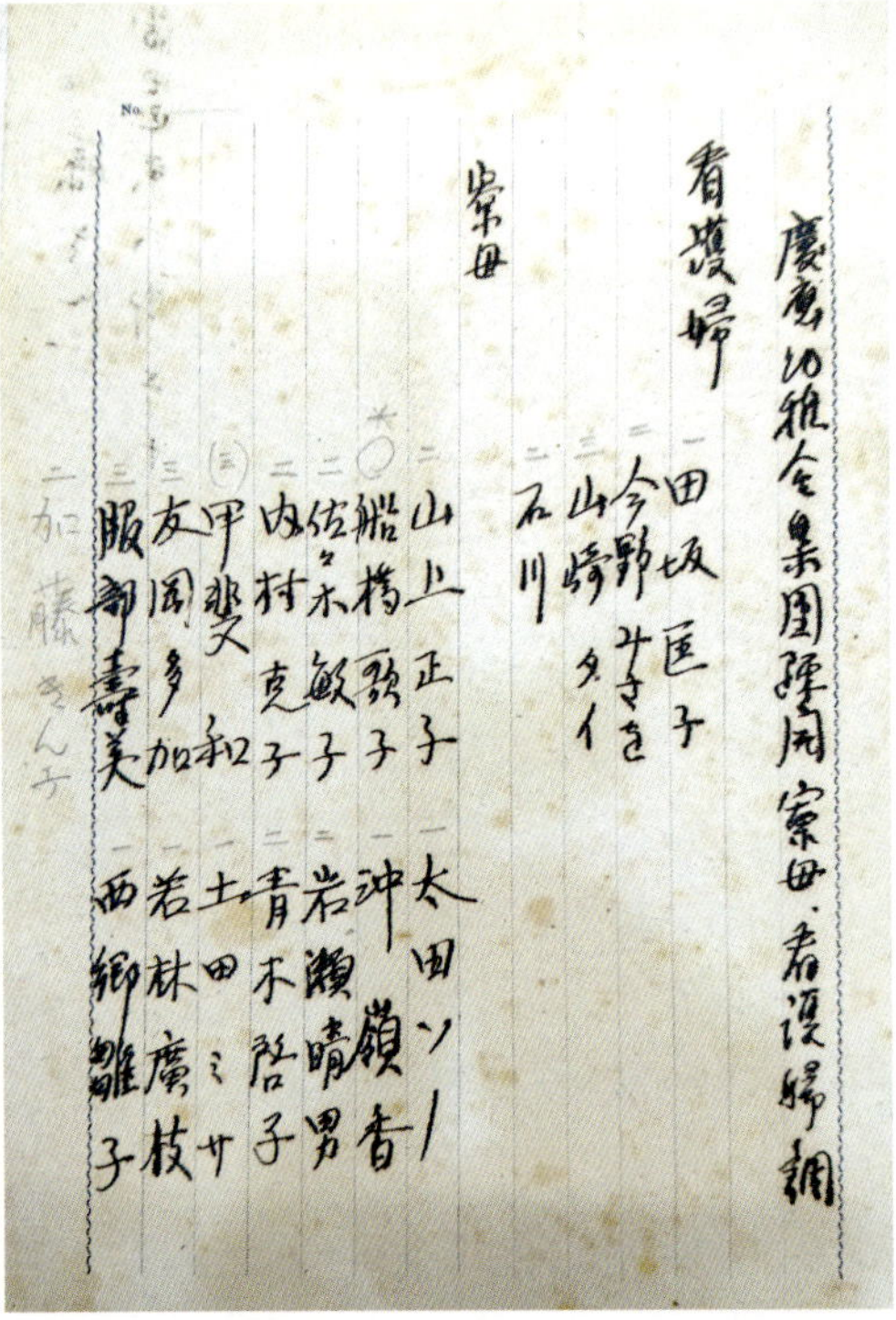

慶應幼稚舎集団疎開用寮母、看護婦調

看護婦

一 田坂匡子

寮母

二 今野みさき
三 山崎タイ
二 石川
二 山上正子
一 太田ソノ
二 船橋顕子
一 沖嶺香
二 佐々木敏子
二 岩瀬晴男
二 内村克子
二 青木啓子
三 甲斐和子
一 土田ミサ
三 友岡多加
一 若林廣枝
三 服部壽美
一 西郷雛子
二 加藤きん子

【5056】

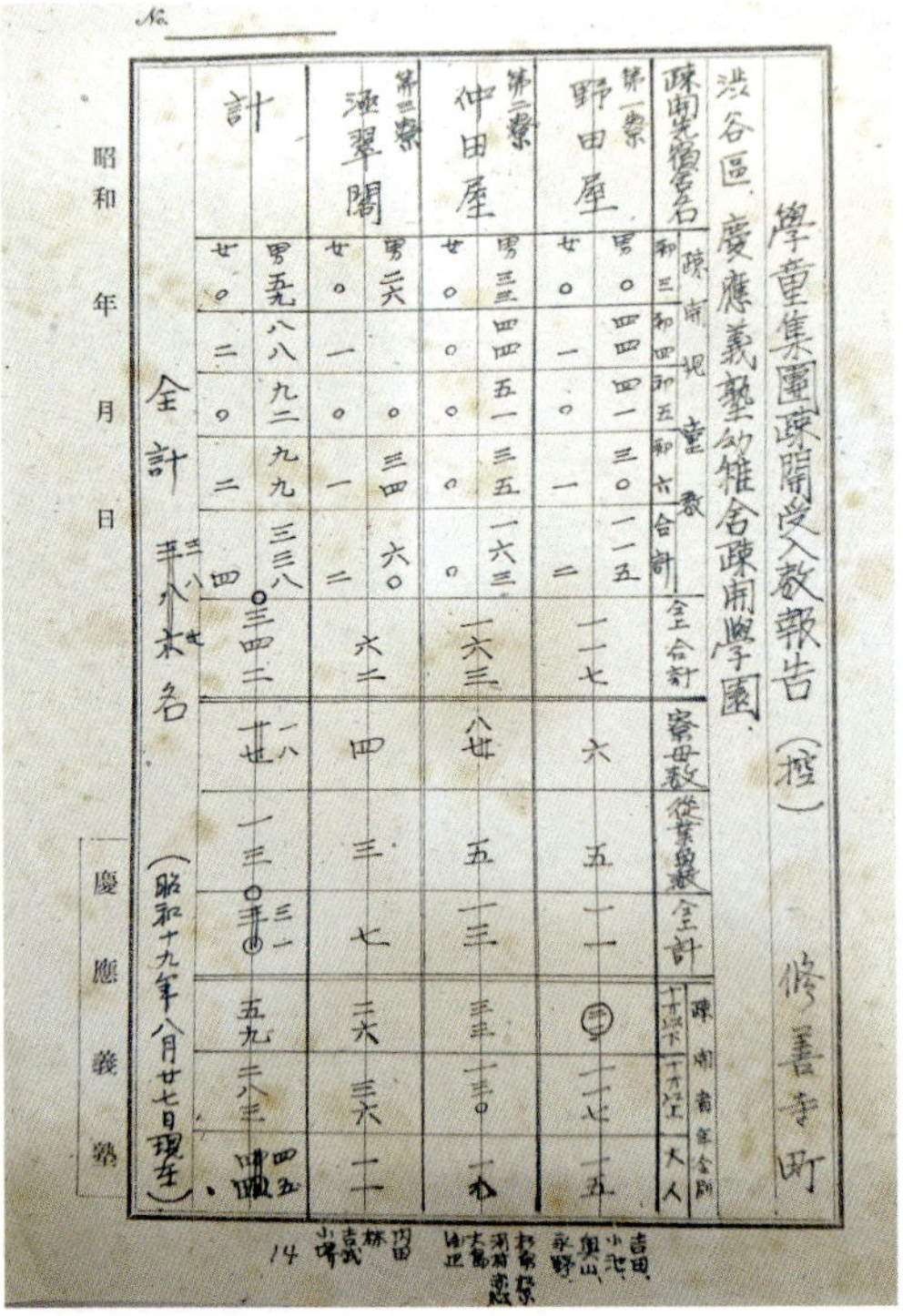

No.

學童集團疎開受入數報告（控）

渋谷區 慶應義塾幼稚舎疎開學園 修善寺町

疎開先宿舎名		三年	四年	五年	六年	合計	全合計	寮母數	従業員數	全計	十才以下	十才以上	大人
第一寮 野田屋	男	〇	四四	四一	三〇	一一五	一一七	六	五	一一	[illegible]	一一七	一五
	女	〇	一	〇	一	二							
第二寮 仲田屋	男	三三	四四	五一	三五	一六三	一六三	八	五	一三	三三	一三〇	[illegible]
	女	〇	〇	〇	〇	〇							
第三寮 滌翠閣	男	三六		〇	三四	六〇	六二	四	三	七	二六	三六	一一
	女	〇	一	〇	一	二							
計	男	六九	八八	九二	九九	三三八	三四二	一八	一三	三一	五九	二八三	四五
	女	〇	二	〇	二	四							

全計 三八八名

（昭和十九年八月廿七日現在）

昭和　年　月　日

慶應義塾

【5109】

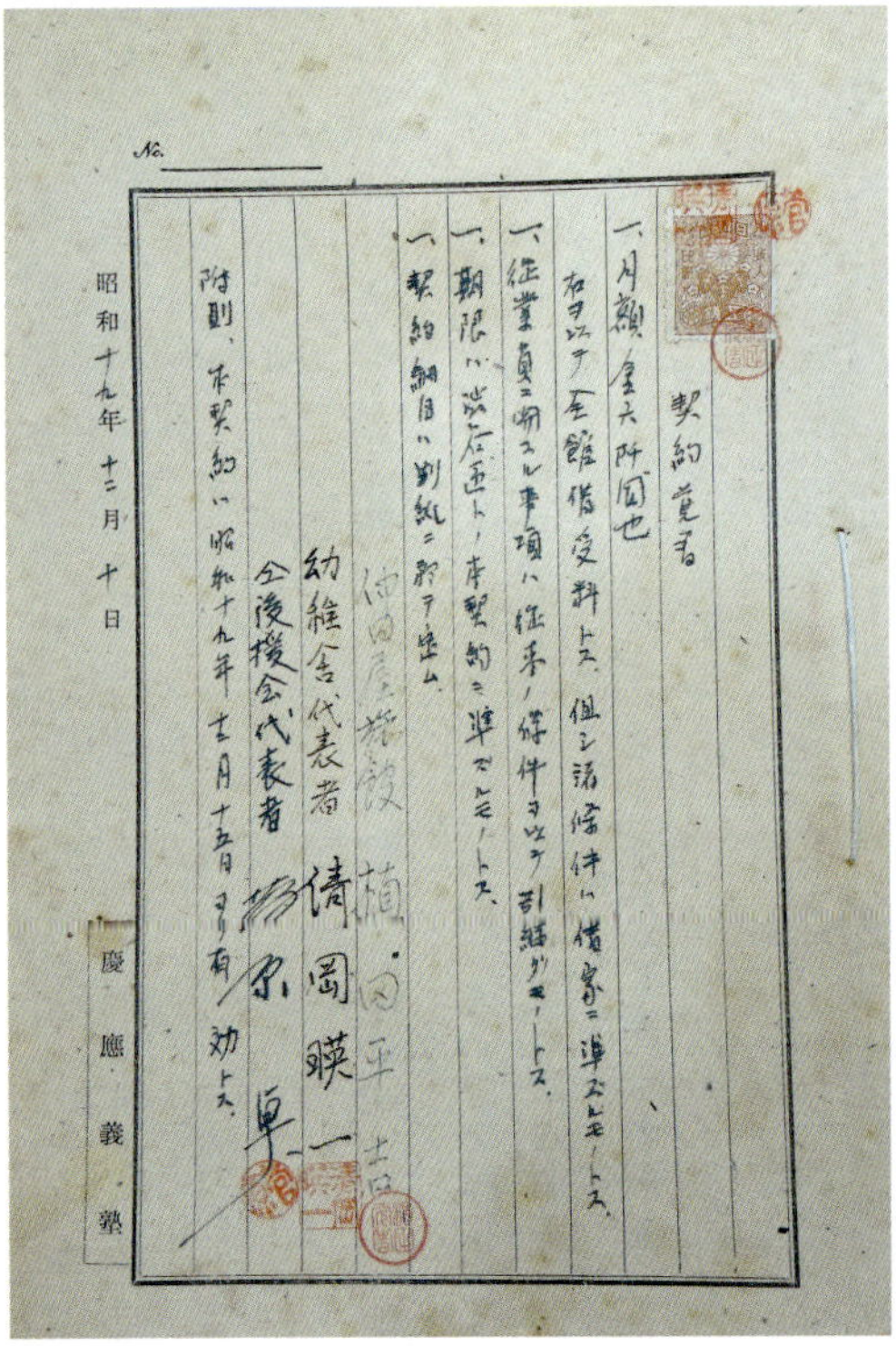

No.

契約覚書

一、月額金六阡圓也
右ヲ以テ全館借受料トス。但シ諸條件ハ借家ニ準ズルモノトス。
一、従業員ニ関スル事項ハ従来ノ條件ヲ以テ引継グモノトス。
一、期限ハ当分ノ間トシ本契約ニ準ズルモノトス。
一、契約細目ハ別紙ニ於テ定ム。

仲田屋旅館 植田平

幼稚舎代表者 清岡暎一

父兄後援会代表者 [illegible]

附則、本契約ハ昭和十九年十二月十五日ヨリ有効トス。

昭和十九年十二月十日

慶應義塾

【5098】

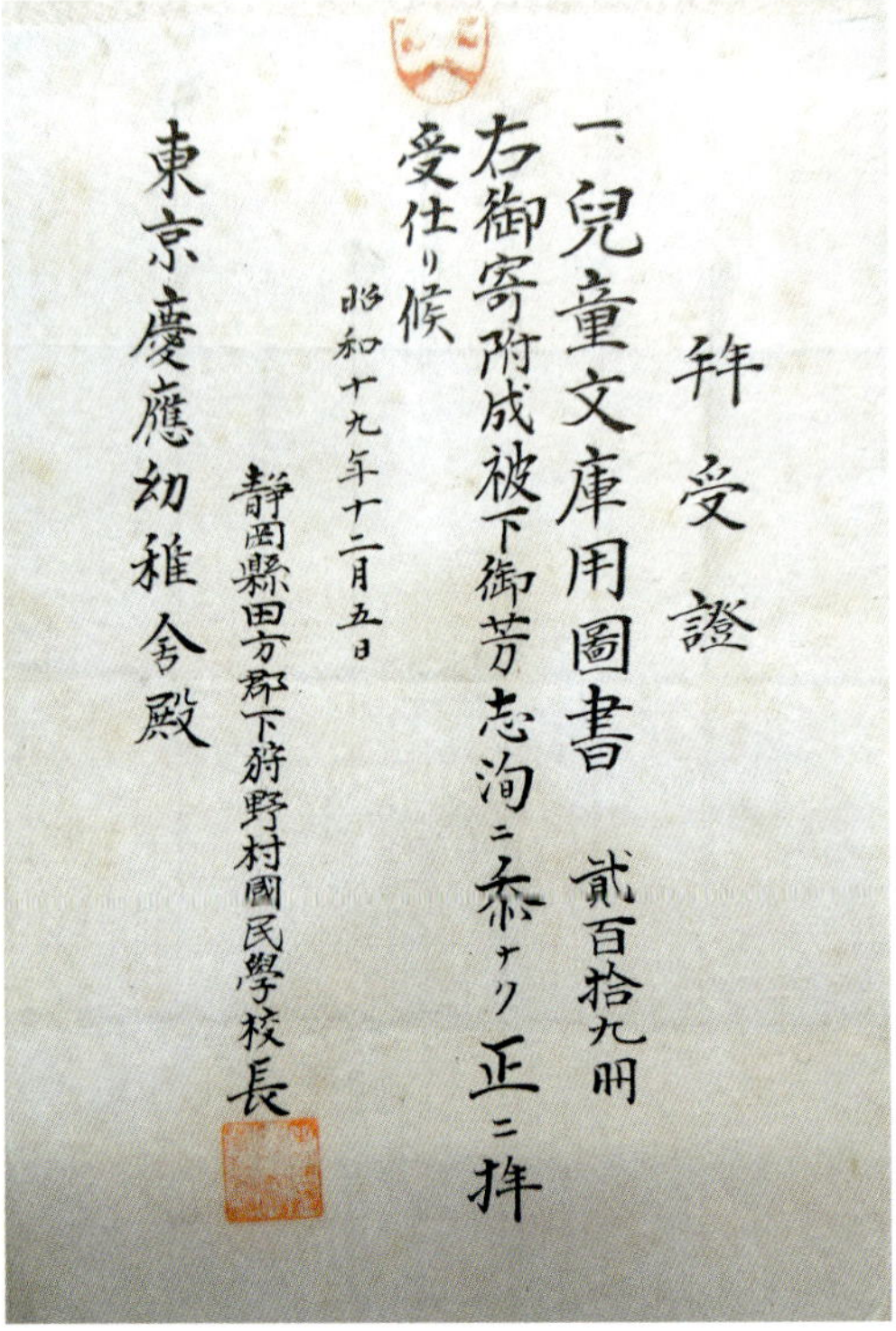

拝受證

一、兒童文庫用圖書 貳百拾九冊

右御寄附成被下御芳志洵ニ忝ナク正ニ拝受仕り候

昭和十九年十二月五日

静岡縣田方郡下狩野村國民學校長

東京慶應幼稚舎殿

【5102】

慶應義塾福澤研究センター所蔵 【 】はセンターの資料番号

慶應義塾幼稚舎
疎開学園の記録 別巻

慶應義塾幼稚舎

目次

第十五章 『修善寺疎開学園の碑』

カバー挿画　阿部太郎

凡例

一、原則として、仮名遣い（旧かな、新かな）、漢字用字（旧字、新字）は発表時の原文を尊重し、そのままとした。明らかな誤植、句読点等の脱落、字句統一については、最低限の修正を施した。

一、本書は、複数の筆者による証言という性格もあり、必ずしも一致した事実ではない点もあるが、史料としての価値を尊重し、そのままとしてある。

一、各文末の＊は編者による解説である。

一、文中、今日の人権意識に照らして不適切に思われる箇所があるが、歴史的性格に鑑みてそのままとした。

第十五章　『修善寺疎開学園の碑』

――平成二十九年九月七日、修善寺にて「慶應義塾幼稚舎　疎開学園の碑」の除幕式・祝賀会が開催された。その式次第、参加者名ならびに参加者による寄稿をまとめたもの。

写真　清水　健　撮影

修善寺疎開学園の碑　除幕式・祝賀会

【除幕式】　　於：修禅寺

11：30	開会の辞		
	挨　拶	慶應義塾幼稚舎長	大島　誠一
	除幕式	修禅寺住職	吉野　真常
		あさば旅館当主	浅羽　一秀
		卒業生代表	菅原　　節
		慶應義塾長	長谷山　彰
		前慶應義塾長	清家　　篤
		慶應義塾幼稚舎長	大島　誠一
		幼稚舎生代表	沖　　　昇
		〃	永井　和輝
	読　経	修禅寺住職	吉野　真常
	挨　拶	慶應義塾幼稚舎教諭	日向野　豊
		卒業生代表	林　　恭弘
	記念撮影		
12：10	閉会の辞		

司会　武田敏伸（慶應義塾幼稚舎主事）

【祝賀会】　　於：あさば旅館

12：40	開会の辞		
	挨　拶	慶應義塾幼稚舎長	大島　誠一
		あさば旅館当主	浅羽　一秀
		卒業生代表	鈴木　光雄
	乾　杯	慶應義塾長	長谷山　彰
	来賓紹介		
	会　食		
	挨　拶	前慶應義塾幼稚舎長	加藤　三明
14：10	閉会の辞		

司会　武田敏伸（慶應義塾幼稚舎主事）

修善寺　幼稚舎疎開学園の碑への想い

浅羽　一秀
（修善寺温泉あさば旅館当主）

平成二十九年九月七日、伊豆修禅寺の境内に「幼稚舎疎開学園の碑」の除幕式が大島舎長の黙祷に始まり執り行われました。慶應義塾幼稚舎創立一四〇周年を三年前に迎えられ、脈々と刻んだ歴史の中でも、とりわけ太平洋戦争の時代が世の中にとっても辛く、厳しい時期だったと思われます。七〇年前我が国が置かれていた環境の下で、一九四四年八月二十五日から幼稚舎生約三四〇名もの学童を親元から引き取り、長期間にわたり修善寺での集団疎開という大きな決断をされた事は歴史の上でも例のない一大プロジェクトだったのだと思われます。

わたくしの旅館も疎開先の一つに選んでいただいておりました。代々家業として、商いをしており祖父、祖母そして当時中学生であり、後に慶應義塾大学へ進学した父親から疎開の話は、事ある毎に聞いておりました。日本がどこへ行っても、厳しく辛い時期に親元を離れて暮らす幼稚舎生の寂しさ、不安は計り知れないもので少しでも紛れる様、敷地内の能舞台で毎日の乾布摩擦、山歩き、スケッチ等十分な事も出来なかったけれど、子供達の笑顔が見られる事が毎日の幸せであったようです。また、贅沢な食事も用意できない日々、工夫し人数分用意する事で精一杯であった事が悔しかったとも申しておりました。

疎開の送別会に祖父は、たまらなく寂しくなり半切に「志たしみし　このひととせの　皆様と　別れをしまん　こよひ一とき」と書き宴席に掛けました。それを、林恭弘様が今日

まで大事に保管して頂き、幼稚舎の卒業生の御好意により額装し、この度の祝賀会床の間に掛けさせて頂きました。

この歌の下で七〇年の年月を経て同じ場所に疎開をしていた当時の幼稚舎生の方々と、疎開先の子孫であるわたくし共や、「野田屋」「仲田屋」の方と同じ空間に集まり祝賀会ができているという、ひとときが感無量でございました。

疎開学園の受け入れでわたくしどもの宿の歴史の中にも、大きく刻まれておるのは、その日々が改めて人との関わりや、宿屋としての原点を見直す事が出来た大切な出来事だったからだと存じます。戦後七〇年を機に前幼稚舎長の加藤三明先生を筆頭に「疎開学園」や「疎開」に関する資料や記録をまとめて一冊の『慶應義塾幼稚舎 疎開学園の記録 上』を刊行され、青森県の木造に碑を建立されたという事を知りました。あとがきから卒業生の中にも修善寺にも碑をという声があるという事を知り、碑の建立を頂くなど烏滸がましいという想いと、修善寺に建立し次世代に語りついで残っていく事、多くの方に知って頂く事は自分の任務なのではないかと強い想いがございました。幸い、その旨をご相談いたしましたら修禅寺のご住職も、護持会長も境内でよろしければと快諾を頂く事ができ早速に加藤先生にご連絡いたしました。

その後、疎開学園を経験された卒業生の方のみならず、広く卒業生をはじめ建碑資金として五一九件にも及ぶ方々から多額のご寄付を頂いたとお伺いいたしました。わたくしも中等部からお世話になり、改めて慶應義塾の温かさと絆の強さに感動と塾員であることを誇りに想いました。お一人お一人の想いがあってこそ、実現に結びついたのだと感謝の念に堪えません。

建立に向け、加藤先生はじめ主事の武田先生も幾度となく修善寺に足をお運び頂き、当日までの段取りと打ち合わせを綿密にしていただきました。石碑の制作にあたっては幼稚舎

の日向野先生は、昨年末寒さ増す中、真鶴産小松石の天然石から小学三、四年生と同じ身長の一三〇センチの高さで丸みを帯びて、見た目安心できるあたたかい形を見つけ出して頂きました。その後も二十回以上も修善寺へ足を運んで頂き、この地の隅々を調べあげ、疎開当時の日常に一つ一つ丁寧に向き合い、実際にその場に立ち感じ、想いを深めて頂いたからこそ、石碑の周りを取り囲むように砂利や下草を用いて、修善寺の景観を創り出し、本当に素晴らしい石碑に地元の多くの方からも喜びの声と同時に、過去にこの地で集団疎開を受け入れていた事を知る機会にもなりました。

除幕式、祝賀会当日は長谷山塾長、清家前塾長をはじめとする疎開をされていた卒業生の方々総勢八十五名がお出ましを頂きました。当時の卒業生の方からのご挨拶の中に、疎開初日修善寺に到着した日、あさば旅館から見た真っ赤な炎のような夕焼けと黒々とした山の陰を今でも鮮明に覚えていて、それはその日から始まる日々の生活や戦争に対する不安と恐怖を暗示しているかのようだったと仰っておりました。きっと、この疎開は児童の方々にとっては、人生の中でも、思い起こす事さえも辛いものではないかと思います。それでも、式典当日こちらまでお出ましを頂き、修善寺の地やわたくし達子孫にまで感謝を頂き、疎開学園の碑まで建立にお立ち合い頂いたというのは、永遠に顕彰されていく意義を次世代に示し、二度と自分達のような想いを繰り返しては絶対にならない、平和な今の毎日がどれだけ尊いものであるか伝えて頂いた事だと、大変偉大な先輩方を尊敬申し上げると共に、未来への舵取りを誤らない為にも実直に過去に向きあっていかねばならないと強く感じました。

この度の「慶應義塾幼稚舎 疎開学園の碑」に携わらせて頂き、永い慶應義塾幼稚舎の歴史の中に『慶應義塾幼稚舎疎開学園の記録』(上・下)が記された事、また、多くの方々に平和を改めて考える尊い物、時間を与えて下さった、加藤三明先生に大変な感謝とその多大なご尽力に心より尊敬申し上げます。

御縁に感謝いたします

野田 和敬
(野田屋子孫)

「慶應義塾幼稚舎 疎開学園の碑」の除幕式に参列させていただきありがとうございました。

私が、慶應義塾に入学させていただき曲がりなりにも卒業できたのも、この疎開学園で野田屋を指定していただいたご縁の賜と改めて深く感謝いたす次第です。

五年ほど前、加藤先生から「疎開時代の記録をまとめているので、何か知ってることを教えて」というような電話を戴きました。小学校時代に祖父から、「慶應幼稚舎の集団疎開を受けていた」事だけは聞かされていましたが、その他には何もお伝えすることもなくお役にたてずにおり誠に申し訳ございません。

当時の私が知っている疎開学園時代の事柄は、どのような経緯で入手できたのかわかりませんが、疎開学園で野田屋に寮母として奉仕されていた石井法子（旧姓塚本）さんが書かれ、幼稚舎同窓会報第百二十四号に掲載された「疎開学童と共に過した十ヶ月」の原稿のコピーを何度か読んだことぐらいでした。（『慶應義塾幼稚舎 疎開学園の記録 上』一九九頁に再掲されています）

『慶應義塾幼稚舎 疎開学園の記録』を拝見してまず驚き、深い御縁を感じさせていただいたのは、修禅寺境内での記念写真には、祖父母や幼少時の叔父叔母まで写っていたことでした。早速叔父叔母たちに見せたところ、「お父さん、お母さんの若い時だ」「私がこんなところに写っている」「いつ撮影したのか、覚えていない」などなど、さまざまな反応があり、皆で、当時の事を思い出しながら、懐かしんでいました。この写真には、父の姿が見えません、石井さんの原稿には、父眞甫は、立教大学に在学中で、幼稚舎が修善寺に来てから、学徒出陣で出征したと書かれていました。その際幼稚舎の皆さんで、横瀬の神社まで見送ってくださったそうです。ありがとうございます。父は、終戦まで広島に居たそうです。因果関係は定かではありませんが、昭和三十七年十一月に白血病で他界いたしました。

今回、「慶應義塾幼稚舎 疎開学園の碑」が建てられた場所には、修禅寺が経営する私立修禅寺幼稚園の簡素な門がありました。その後ろの宝物殿の場所には、木造平屋建ての園舎と猫の額ほどの園庭があり、幼稚園児として昭和三十五年四月から、三十七年三月までの二年間通いました。九月七日の除幕式の際に改めてその場所に向い、五十五年前の幼稚園児の時代を思い出しました。普段の日は、狭い園庭や床がささくれた室内で遊んでいましたが、運動会のリレーでは、お寺の境内を横切り本堂の前を通って折り返してくるコースを使っていたことです。

幼稚舎の疎開先となったおかげで、修善寺温泉の三軒の旅館の何人かの子孫は、慶應義塾とご縁を持つことができました。あさばは、現当主の、浅羽一秀君（中等部より）と先代の浅羽肇氏（昭和二十九年経卒）、仲田屋は、植田平氏（大正時代のご卒業、疎開学園時代の仲田屋主人）、植田和平氏（昭和四十五年商卒）と息子の植田晃平君（普通部より）、野田屋は、私（慶應高校より昭和五十五年商卒）と長男野田泰彦（幼稚舎より）。加えて清岡暎一先生が療養された、新井旅館からは、相原浩人氏（昭和四十二年工卒）が、塾で学びました。修善寺には、現在三十件ほどの旅館がありますが、この疎開時代に慶應義塾とご縁を持たせていただいた旅館以外からは、誰一人塾に入学したものはおりません。強烈な事実です。

余談になりますが、昭和五十七年、浅羽肇氏の発案で、地元の三田会結成の機運が高まりました。浅羽氏のリーダーシップに牽引され、中伊豆地区の塾員と月ヶ瀬リハビリテーションの斉藤所長をはじめとする先生方と職員の皆様にも加わって戴き、三十名ほどの「伊豆三田会」を設立、初代会長には、植田平氏が就任しました。設立総会は、当時の石川忠雄塾長にもご来臨の栄を賜り、修善寺総合会館にて執り行いました。石川先生には、仲田屋が経営する修善寺グランドホテルにお泊り戴き、翌日三島駅までお送りしました。三島までの約三十分間、緊張してハンドルを握る手がじっとり汗ばんでいたことだけを思い出しました。

改めまして、幼稚舎百四十余年の歴史の中で、最もつらく苦しい時代に曲がりなりにも御縁を戴いた者の子孫として、品位ある除幕式に参列させていただき誠にありがとうございました。疎開学園の記録誌を読み聞かせながら、息子、孫たちにも、幼稚舎、慶應義塾と野田屋の御縁を伝えさせていただきます。

私にとっての修善寺

野田　直子
（昭和四十三年K組卒）

今回修禅寺の境内に「慶應義塾幼稚舎　疎開学園の碑」が建てられその除幕式に参列させていただき、つくづく時代を越えたご縁をまた更に感じさせられました。

私は幼稚舎昭和四十三年K組を卒業した後、中等部、女子高、大学と進み、大学時代同級生だった主人と二十五歳の時（昭和五十五年）に結婚しました。主人は大学卒業後、家業である旅館の伊豆修善寺温泉「のだや去留庵」に専務として

帰っていました。大学時代は大きなプールがあったので同級生達と大勢で夏休みというと遊びに行っていました。その頃から、野田屋には戦時中幼稚舎が疎開に来ていたことは聞いていたような気もしますが、あまり意識の中にありませんでした。

主人の父は三十七歳という若さで亡くなり、母は七歳の長男（主人野田和敬）、五歳の長女（三三子）、一歳の次男（直希）を抱えながら旅館のおかみを昭和五十八年ごろまで続けていました。父が亡くなった時に幼稚舎が疎開していた野田屋は、渡月荘金龍という旅館に渡り、当時野田の祖父母が作った別館「のだや去留庵」に母と子供たちは移り住んだそうです。

私が嫁いだ時には叔父（父の弟）が社長になっていました。幼稚舎の時に担任だった川崎悟郎先生に修善寺野田屋に、お嫁に行くことになったことをお伝えすると先生から疎開のお話や何かに出ていた記事を送ってくださいました。丁度結婚式の日が六月の初めで幼稚舎同窓会の日と重なり先生にはご出席していただけなかったのですが、理科の永野先生が修善寺までご参加くださいました。

結婚後は川崎先生、近藤晋二先生、甘利直義先生、加藤三明先生が皆さんで泊まりにいらしてくださり、鍬守先生には、「あの野田屋さんに嫁いだのか～！　不思議なご縁だ！」とおっしゃっていただきました。

嫁いで三年ほど経った時、主人が東京で仕事をすることになり修善寺を離れることになりましたが、初めての旅館での生活や子育て、スーパーマーケットも無かった温泉場での新婚生活を今でも時々なつかしく思い出します。

母も亡くなり野田家先祖代々の墓は修禅寺にあり今でも毎年訪れていますが、今回「慶應義塾幼稚舎」という私の体の一部ともいえる名前の入った疎開学園の素敵な記念碑が境内に建立されたことは、主人共々本当に嬉しく感じております。

除幕式では戦時中幼稚舎生で疎開なさっていらした大先輩方のお話も聞かせていただき、同世代の私の母が渋谷区富ヶ谷小学校から同じ静岡県の御前崎に疎開していたことと重ね合わせたり、修善寺に暮らしていたことなどいろいろと思いめぐらせたりすることができました。

それぞれの時代を一所懸命生きてきた先輩方、母達にも敬意と感謝をもって、次世代のためにも世界の平和を祈るばかりです。

「幼稚舎疎開学園の碑」除幕式に出席して

井草　實
（旧姓 大地）
（沼津井草呉服店会長）

伊豆市修善寺の修禅寺境内に、親戚の「あさば旅館」当主・

浅羽一秀君の尽力により「慶應義塾幼稚舎 疎開学園の碑」が建立された。そこは、私が通った修禅寺幼稚園の跡地（現在は修禅寺宝物館）であり、思い出深い場所である。当時は幼稚舎生との接点はまったくなかった。その後、私は塾高へ進学し、三年時に木野文海君、宮島欽一君と同じクラスになった。両君はラグビー部、私は競走部に所属し、共に放課後は練習で忙しく、かつ三年時のたった一年間だけだったので、深い交友もなく過ぎてしまい、両君が疎開学園に来ていたことを知ったのは卒業後のことであった。今回の除幕式で再会できるかと期待していたが、会うことができず残念だった。

　私が一九九九年に提供し、お手伝いしている「修善寺幼稚舎の杜」の植樹も今年で十八回を数え（一回は降雪のため中止）、その間参加した幼稚舎生は七百名を超えるのではないかと思う。これからの植樹の折には、是非とも疎開学園の記念碑を訪れ、戦時中の大先輩方の困難をしのび、平和の大切さを噛み締めて欲しい。

地元の責務として

原　京
（一石庵店主）

修禅寺門前で茶店を営むかたわら、この地の歴史、訪れた文人墨客についてガイドをしている。平安から始まり、鎌倉、室町、下って明治から昭和へと、この地が、この寺がどう歴史に登場し、文化の一翼を担ってきたか。だが、戦争中、この地に多くの学童が疎開していたことには無知、無関心であった。毎晩、父より戦争の話を聴いて育ったが、そこがスッポリ抜けていた。

　野田和敬君より『三田評論』の記事のコピーをいただいて気付かされた。浅羽一秀君から『慶應義塾幼稚舎 疎開学園の記録』をいただいて詳細を知った。その後、他にも菊屋に学習院、橋本屋、○久旅館に区立小学校、総勢なんと七六六名の学童が修善寺温泉に疎開していた事実にがく然とした。

　学童疎開の実態を伝えていくことは、すなわち平和の有難さを伝えることだ。記憶装置としてこの碑を充分に機能させることは、この地に住む者の責務と考える。

「幼稚舎疎開学園の碑」除幕式に参加して

長谷山　彰
（慶應義塾長）

平成二十九年九月七日に開催された幼稚舎の修善寺疎開学園記念碑の除幕式に参加できたことは、私にとって、改めて

慶應義塾の歴史における戦争の時代に深く思いを致す貴重な機会となりました。既に二〇〇九年、青森県つがる市に木造疎開学園の碑が建立されていましたが、最初の疎開先である修善寺の地にも記念碑を建立したいという幼稚舎関係者の熱意にこたえる地元の皆さんの温かいお気持ちと惜しみない努力によって修善寺疎開学園の碑建立が実現しました。碑は地域で産出される自然石を用いて、幼稚舎造形科教諭日向野豊さんが制作し、碑文は疎開先の一つで現在も残る涵翠閣（現あさば旅館）の当主浅羽一秀氏の揮毫によっています。碑文を据える場所は歴史の舞台として有名な修禅寺の御住職吉野真常氏が快く提供して下さいました。さまざまな人々の思いが重なって碑の建立が実現したことを誠に嬉しく、有り難く思います。

先に公刊された『慶應義塾幼稚舎　疎開学園の記録』に記された大島誠一舎長の序文を拝読して、七十年前の疎開が幼稚舎百四十年の歴史の中間点に起こり、そして最も辛く苦しい時期であったのだと一応は認識していましたが、除幕式や祝賀会の場で、実際に疎開を経験した卒業生の皆さんのお話を伺って、文字では十分に伝わってこない歴史の重みを実感しました。幼稚舎百周年の機会に吉田小五郎元舎長によって執筆された『幼稚舎の歴史』は疎開中の状況全般を知る貴重な記録であり、今回の『疎開学園の記録』にも収載されていますが、その中で、私が強い印象を受けたのは、吉田先生が末尾に書かれた次の一文です。「生徒もよくがんばってくれましたが、先生方、寮母さん、お医者さん、看護婦さん、連絡員、みなよくやってくださいました。かく申す私もよくやったつもりです。幼稚舎百年史の中で僅か一年二カ月、そのことをこんなに長く書いたのは、釣り合いから申せば不当かと思われますが、私にとってやむにやまれぬ出来ごとで、つい遂長くなりました。ごめんなさいネ。」疎開学園の記録では、色々な方が当時を振り返り、吉田先生が責任者として奮闘し、様々な苦労を背負いながら、そのことを同僚にこぼすこともなく、毅然として義塾の誇りを守り抜かれたことを語っています。その吉田先生が三十年後になって、当時の苦労がよみがえり、思いを文章に込められたのでしょう。「かく申す私もよくやったつもりです」という言葉には万感の思いが込められています。そして、その後に、深刻さを慌てて打ち消すかのように「ごめんなさいネ」というやわらかい口語体にしていることも、かえって、疎開が苦難の日々であったことを物語ってくれます。

また疎開先での幼稚舎時代の日記を『仔馬』第六巻五号疎開特集号（昭和三十年）に提供した安東伸介先生とは、その生前、文学部の先輩教授と後輩としておつきあいがありましたが、常に春風駘蕩たる態度、鋭い批判も諧謔を混ぜた柔らかな話しぶりに包みこみ、人生の苦労を片鱗も感じさせないお人柄でした。その安東先生が、疎開から十年後、文学部の学生時代に、ご自身の日記は子供の日記ではないと断わり、「僕は率直に言って、こういう日記を子供が書かねばならぬ様な時代が二度と再び訪れぬことを願う。疎開生活なんか、僕達だけの経験で沢山である。」と吐き出すような調子で付言されています。

修善寺疎開学園の碑は高さ約一三〇センチ。疎開した頃の幼稚舎中学年生の平均身長に合わせた高さになっているとのことです。長い歳月を超えて、今は平和な時代にあえて碑を建てることは、幼い子供が親元から離れて集団で避難しなければならなかった戦時中の異常な出来事を歴史の狭間に埋もれさせることなく、永く伝えたいという関係者の思いによるものです。そのお思いを慶應義塾は未来にわたって受け継いでゆきたいと思います。

七十二年の時を超えて

清家　篤
（前慶應義塾長）

二〇一七年九月七日伊豆修善寺の修禅寺において開催された「慶應義塾幼稚舎 疎開学園の碑」除幕式に出席する機会を得たことはまことに有り難いことでした。好天に恵まれ、修禅寺の境内で、おごそかな中にも暖かい雰囲気に包まれて進められた式典は、いかにも慶應義塾幼稚舎らしいものだったと思います。碑の設計は幼稚舎教諭の日向野豊さんによるもので、この土地の地形・風景をモチーフにした、当時の生徒たちの目線の伝わってくるものでした。

戦争による学童疎開というような事は、二度とあってはならない事です。幼稚舎の百四十年を超える歴史の中の一年数ヶ月とはいえ、決して忘れてはならない出来事でしょう。そうした経験を将来の幼稚舎生が経験することのないように

するためにも、この出来事をしっかりと伝えていかなければならないと思います。同時に、そうした厳しい状況下でも示された人々の善意や高い人間性についても記憶に留めておくことはきわめて大切な事です。

第一に記憶されるべきは修善寺の方々の厚意です。そして修善寺から木造を経て一九四五年秋の疎開学園解散に至るまで、生徒を一人も欠かすことなく家族の許へ帰した先生方の生徒を思う気持ちと、その責任感です。さらに両親や家族と離れて大変な疎開生活を耐え抜いた幼い幼稚舎生たちの健気さも忘れてはなりません。

除幕式で当時の幼稚舎生を代表して挨拶された林恭弘さん、懇親会で挨拶された鈴木光雄さんのお話はどちらも胸を打つものでした。八十歳を超えてなお驚くべき記憶力を発揮され、ご自身の体験から現代にも通じる深い見識を示されたお話の見事さに感嘆したのは私ばかりではないでしょう。お二人のお話は、疎開経験は幼稚舎生にとっていかに強烈なものであったのだろうということを想起させると同時に、その当時ひたすら生徒のことだけを考え、生徒を守り、教育にあたられた先生方の日々の御努力の成果を、七十二年の時を超えて今日に示すものでもあったと思います。

残ること、残すこと

都倉　武之
（福澤研究センター准教授）

歴史は、何もせずとも残るべくして残るものと、誰かが残そうとしないと残らないものとがあると、最近夙に実感します。幼稚舎疎開学園の歴史にも、両方の側面があると思います。そうして、今回の記念碑完成までに至る何年にもわたる調査と資料発掘の蓄積は、まさに後者であったと思います。「執念」ということを感じた修善寺訪問でした。

私自身は、福澤研究センターにおいて、全塾的な視点で資料発掘を心がけてきました。とりわけ意識したのは、やはり「残そうとしないと残らないもの」でした。聞き取りであれば、特別な戦争体験をした方だけでなく、いわば日常や当たり前のことを記録すること、敢えて求めなければ口を開かない人々を探すことに傾注しました。

もう一つ意識したことは、すでに本などに掲載されて知られている資料も含め、オリジナルの資料を確認することです。戦争の問題は様々な配慮から、原典に手を加えられて公表されたものも多く、現に慶應生の遺稿などにも同様のケースが見られました。将来にわたるこの時代の検証可能性を担保することを意識しました。

この点、幼稚舎疎開学園に関する一連の調査は、かなり行き届いたものであると敬服しております。

幼稚舎の調査資料の一部を、加藤三明先生のご協力の下、三田で展示させて頂いたときのこと。修善寺疎開中の献立表を見ている来場者が「いいもの食べてるなあ」という意味のことを口にしているのに出くわしたことがあります。その方自身は慶應出身では無く、ご自身の疎開体験と比較してそのような言葉が出たものと思います。公立校などの疎開児童の中には、本当に言葉にできない陰惨な体験をした方もいると聞きます。碑という形で後世に残せた幼稚舎は、幸福であったという見方もできるかも知れません。

次は大きな歴史の中で、他の疎開とどのように共通しどのように違うのか、幼稚舎の中でも集団疎開に参加しなかった方の動向や体験との異同、その後の進路、そのような視座から慶應義塾の対応の特徴や評価を議論することが、これからますます深化していくものと思います。

それにつけても、加藤先生をはじめとする先生方の並々ならぬ情熱には改めて敬意を表します。資料や人を探し、進めていく力。興味関心があるだけではできない根気、忍耐は並大抵では無いと思います。そしてこのような地道な営みの輪が広がっていく義塾の良さも改めて実感させて頂きました。このたびは誠に有り難うございました。

「慶應義塾幼稚舎 疎開学園の碑」建立除幕式に参加して

柄越　祥子
（福澤研究センター調査員）

福澤研究センターにある幼稚舎の舎長を務めた清岡暎一先生の資料の中には、疎開に関わる記録も残っている。特に、修善寺の疎開に関する記述は多く、当時の幼稚舎の職員室の

空気を感じ取ることができる。今回除幕式に参加させていただきながら、修善寺の街を歩き、当時に思いをはせることができた。

　一九四四年六月、政府は「一般疎開ノ促進ヲ図ルノ外特ニ国民学校初等科児童ノ疎開ヲ促進スル」ことを閣議決定し、国民学校初等科三年生から六年生までの「縁故疎開先のない」児童を集団疎開の対象とした。幼稚舎も国策に従って、基本的に縁故疎開を勧奨する方針を採っており、清岡先生の日記には「為に生徒を失ひ自然休校となることを」覚悟するとの記述がある。公立の学校と違い生徒の授業料で運営をしている私立学校は、縁故疎開という形で児童が減っていくことは経営上死活問題であった。しかし、当初、認定学校と呼ばれた私立小学校の集団疎開については東京都からも正式な話はなく、資金の問題もあり慶應義塾側も自発的にそれを推し進める状況ではなかった。清岡先生の日記に拠ると「集団疎開を強行せん」と最初に主張したのは幼稚舎の教員たちであった。集団疎開を実施したことにより、幼稚舎の教育が途絶えることなく続いたともいえる。

　まもなく、行政からも認定学校の集団疎開の話が出る。そして保護者の協力や慶應義塾の理解も得て、幼稚舎の集団疎開事業はスタートして行くが、計画段階から付け焼刃的な政策が、実際に集団で人が動き、生活が始まった時にどれほど混乱を極めたか、想像に難くない。こうした状況下、疎開児童、教員、保護者、受け入れ地域の人々のご苦労とご協力によって、幼稚舎の集団疎開が成り立っていたのである。そうした思いが今回の碑の建立に直接間接につながっていったのであろう。

　実際には、幼稚舎の中でも集団疎開ではなく、個人疎開をされた方もたくさんいる。公立国民学校で修善寺に疎開をしていた学校もある。疎開経験者全体に目を向ければ、疎開していたために戦争孤児になった方、そこでのひどい経験のために戦後も集団疎開に参加したことを隠さなければならなかった方々など、この碑の背後にはさまざまな戦争体験と戦後の生活が想像される。こうした人々をも含めて、集団疎開とはなんであったのか、この悲劇がなぜ起きたのか、こうしたことを繰り返さないためにどうしたらいいのか、今後、この碑とともに、私たちや後世の人たちは考え続けていかなくてはならないのだと、思いを新たにすることができた。

「幼稚舎修善寺疎開学園の碑除幕式」に参加して

菅原　節
（昭和二十年B組卒）

修禅寺境内に「慶應義塾幼稚舎 疎開学園の碑」が建設され、その除幕式と祝賀会（「あさば旅館」）に参加させていただきましたところ、OBを代表して「除幕」の一員に加えていただき、感激もひとしおでした。

記念碑の建設、当日の除幕式、祝賀会開催まで、今回の行事のご関係者皆様のご苦労ご尽力に、疎開に参加した生徒の一人として、改めて深謝申し上げます。

六年B組の一人として「涵翠閣」（あさば別館）での日々の思い出は、現「あさば旅館」の大きな池越しに見える能楽堂が昔のままで、そこでの乾布摩擦、そして池に接する大広間での食事、座学、面会日、幾度もお世話になった「ひょうそう」の治療の怖かったことなどなどいろいろ思い出されました。疎開中苦しいこと、辛いことも沢山ありましたが、「稲刈りのお手伝いでのオムスビ」、「大きな浴場での大騒ぎ」「三年生を従えてのブタの餌（残飯）やり」なども思い出されました。

「涵翠閣」では我々六年B組と三年生だけでしたし、「あさば旅館」のお心遣いもあって、戦時下に親元を離れての集団生活という思いもかけぬ境遇でも、空腹を抱えながらも無事に過ごし帰京の日を迎えることができたのは、先生、寮母さん、そして「涵翠閣」の方々のご尽力のたまものと、七十年余を振り返って感謝、感謝でした。

私の修善寺での辛い記憶が比較的薄れてしまっているのは、帰京の日「三月十日」の強烈な記憶のせいではないかと思い、ここに書き加えさせていただきます。

一九四五年三月十日、六年生は卒業のため東京に帰ることになりましたが、どのようにして「涵翠閣」の方々とお別れしたのか思い出せません。三島でながいこと（確か三島神社の境内だと思います）列車を待たされたのはよくおぼえています。

横浜駅でまたまた、ながいこと停車してから、夕方、発車して間もなくだったと思いますが、窓から見える東京の方向の空が真っ黒な煙のような（と思った）ものに覆われていました。たまたま横浜から乗ってきた男の人に「あれはなんですか」と、恐る恐る尋ねると、「あれは昨夜の東京空襲の火事の煙だよ」と、お前は何も知らないのかと言いたげな、そっけない返事でしたので、「うそだ！」と口にこそ出さなかったものの、そんなことがあるものかと、ただただうつむいていました。

貨物線を通って恵比寿駅に到着したころには、前夜のアメリカ軍の空襲（日本の大都会へのＢ29による初の大空襲）の凄まじい火災の火が暗くなった夜空を真っ赤に染めていました。

爆撃に遭わなくて良かったと思うとともに、東京が燃えている。これからどうなるのだろうかと、初めて戦争というものに直面し、その恐ろしさを、ひしひしと実感したのを今でも鮮明に記憶しています。

空襲による火の手の印象があまりに強かったためか、それから、父に連れられてどの様にして家に帰ったのか、一番うれしかったはずの母との再会がどの様であったのかも全く記憶にありません。

修善寺「慶應義塾幼稚舎疎開学園の碑」建立除幕式挨拶

林　恭弘
（昭和二十年Ｂ組卒）

今から、七十二年前になりますが、慶應義塾幼稚舎六年Ｂ組　林恭弘でございます。

この度、「慶應義塾幼稚舎　修善寺疎開学園の碑」の除幕式に参列させていただくことが出来まして、誠に光栄に存じております。この記念碑の建立に当たっては、慶應義塾、とりわけ幼稚舎大島舎長はじめご関係の方々のご尽力、曹洞宗福地山修禅寺ご住職、そしてあさば旅館の浅羽社長始め地元の方々のご理解とご協力を得て実現したものと拝察いたします。往時この地でお世話になった一人として、誠に感慨深いものがございます。改めて心よりお礼とお喜びを申し上げる次第でございます。

昭和十六年十二月八日に、天佑を保有し万世一系の……で始まる先の大戦開戦の詔勅を、あの幼稚舎の校庭で拝聴してから約三年、戦況も厳しさを増した昭和十九年、学童の集団疎開が決まりました。昭和十九年八月、幼稚舎正面玄関奥のテラスで、当時の小泉塾長、清岡幼稚舎長、私共の担任の林佐一先生方とクラス全員で記念写真を撮りました。

そして、その数日後の昭和十九年八月二十五日にこの修善寺に参りました。暑い一日でした。私ども六年B組と三年B組は、あさば旅館別館、涵翠閣が指定されました。

到着した日の夕方、旅館二階裏側の窓から見た、真っ赤な夕焼けと黒い山々（達磨山でしょうか）のシルエットを今でもはっきりと覚えております。それは、その日から始まる日々の生活や戦争に対する不安を暗示しているかのようでもありました。

当時、幼稚舎生は私共の涵翠閣の他に、野田屋、仲田屋にお世話になっておりました。週に一回は、全員この修禅寺の境内に集合して朝礼が行われており、疎開学園責任者の吉田小五郎先生のお話が印象的でありました。

旅館での日常は、私共の場合、能楽堂での乾布摩擦に始まり、大広間での授業、午後は時々下狩野国民学校の教室を貸していただいての授業、そして山歩き、スケッチといった日々でした。そして、この間、日常生活においては、三度の食事の他、掃除、洗濯、入浴などなど身の回り一切について、旅館の方々には一方ならぬお世話になりましたことも忘れられません。お陰さまで、一同平穏な毎日を送ることが出来たものと思っております。

私共当時の六年生は、昭和二十年三月に普通部進学のため帰京することになりました。帰京の数日前、涵翠閣の方々が送別会を開いて下さいました。「志たしみし　このひととせの　皆様と　別れをしまん　こよひ一とき」の一句が大広間の舞台裾に掲げられておりましたのが印象的でした。

昭和二十年三月十日に帰京致しました。三月九日夜から十日朝にかけて東京大空襲があり、当日夜到着した解散地の恵比寿駅は灯火管制下で一面の暗闇でした。

いずれに致しましても、このように数百人もの学童を親元から引き取り、長期間にわたり疎開させるということは、いま考えても一つの大プロジェクトであり、慶應義塾一五〇年の歴史の中でも例のない決断であったと思います。

この記念碑の建立で、往時の我が国がおかれた環境の下で、慶應義塾の下した大きな決断と、地元の方々のご協力を得て実現した修善寺疎開学園、そして当時の私共幼稚舎生が、現にこの地で過ごした日々が、ここに永遠に顕彰されることになりましたことは、極めて意義深いものと存じます。

去る四月四日に昭和二十年卒のＫＯＢ合同のクラス会を開催いたしました。勿論、この修善寺への集団疎開は話題の中心でございました。当然のことながら、年々高齢化が進み、三クラス平均して約五六％の方々が他界されております。この数字は間もなく間違いなく一〇〇％に達します。いまこのタイミングで、慶應義塾幼稚舎の永い歴史の一ページにこの記念碑建立が記されたことに、深い想いをこめて感謝申し上げる次第でございます。有難うございました。

修善寺疎開学園の碑

鈴木　光雄
（昭和二十一年Ｋ組卒）

この度の修善寺疎開学園の碑、建立に際しましては色々とご尽力賜り、厚く御礼申しあげます。当初より、先ず修善寺に記念碑をと熱望しておりました一人として、誠に感慨深いものがあります。本当にありがとうございました。その碑の前に立ってみますと、七十年前の出来事が、昨日のように思い出されます。その修禅寺の境内では、毎日のように朝礼が行われておりました。修禅寺から少し登った所の梅林は、帽子取りや水雷艦長などの遊び場でもありました。

その中でも一番の思い出は、下狩野国民学校での秋の運動会のことです。運動会には徒競走がつきものです。私は幼稚舎の一年から四年迄は、いつも四等で、景品がもらえず悔しい思いをしていました。

そして五年になった疎開先での運動会で見事一等をとったのです。でも、戦争中の事で景品はもらえませんでした。それでもこの事が私にとって大きな自信になりました。なんでもやれば出来るという〝疎開魂〟みたいなものが芽生えた事は間違いありません。

そして涵翠閣の記念パーティー、大変楽しく過ごさせて頂きました。でも、同年の友人が十名しか参加出来なかったことは、ちょっと淋しい気が致しました。いずれにせよ二冊の記念誌に続き、二つの記念碑が出来ました事は誠に喜ばしく心からお祝い申し上げます。ありがとうございます。

修禅寺境内の思い出

田中稀一郎
（昭和二十一年K組卒）

「慶應義塾幼稚舎　疎開学園の碑」が伊豆修善寺の修禅寺境内に建立され、その除幕式が九月七日にあるということだったので、疎開した者として除幕式に参列することにした。

何分にも七十三年も前のことなので、苦しかったこと、楽しかったこと、辛かったこと等は色々あったが、今はその全てが遠い昔の思い出として記憶に残っている状態である。

しかし除幕式当日、修禅寺境内で参列者の椅子に座ってふと空を見上げた時、忘れることの出来ないあの出来事が思い出されてきた。

それは昭和二十年の春、朝の八時頃から修禅寺の境内で幼稚舎全体の朝礼を行おうとしていた時のことである。空襲警報が出ていたように記憶しているが、生徒全員が修禅寺の境内に集合していた時、南の山の方から飛行機の爆音が聞こえてきた。最初は小さな音であったが、その内にゴーゴーという地鳴りのような響きとなり、やがて修善寺の町全体をゆるがすようなすさまじい響きであったが、飛行機の機影は未だ見えない。そうする内にとうとう南の山の頂から機影が現れ始めた。それはB29の大編隊であった。高度は二千米位の低高度で機体がはっきりと認識でき、しかも機数は百機以上の大編隊であったので、修善寺の町全体がB29に覆われるようになってしまった。日本の軍用機はどこにも見えず、迎撃する気配は全くなかった。

日本の軍用機が全て迷彩色に塗装していたのに対し、B29はジュラルミンがキラキラとする明るい機体で、やがて三島、沼津方面へと飛び去り、修禅寺の境内も静かになり、幼稚舎の朝礼も無事に終了した。

修善寺の町には、何の被害もなかったのは幸いであった。

当時日本は特攻作戦が主力であったが、この時期にかくも大編隊で迎撃されることもなく、日本の国内に侵攻してくるようでは、これから先日本はどうなるだろうと不安になった事を今でも憶えている。

修善寺での疎開に続き、六月には青森県の木造へと再疎開することになったが、いずれにしても各家庭から最初の疎開地となった修善寺での生活は、その後の私の人生に大きな影響を与えたことは事実であり、その意味で今回の「疎開学園の碑」建設に関わった関係各位のご努力に対し、厚く御礼申し上げる。

修善寺の思い出

玉置　憲一
（昭和二十一年K組卒）

九月七日に行われました、「慶應義塾幼稚舎　疎開学園の碑」除幕式に参列させていただき、改めて当時の事を思い起こし、感無量でありました。幼稚舎の先生方が、お忙しい中多数参列され感謝にたえません。修善寺には二度ほど鈴木光雄さんらと行きましたが、今回は多くの塾関係者が参列され、立派な碑を拝見して感無量でありました。また、浅羽様には大変お世話になって深く御礼申し上げます。

戦時下に、親元を離れ集団疎開した子供たちを見守って下さった、幼稚舎の先生方、寮母さん、看護婦さんに改めて深く感謝する次第です。どちらかと言えば坊ちゃん学校であった幼稚舎生がたくましく育ったのも集団疎開のおかげであったと感じております。個人的にも幼稚舎の六年間の思い出のほとんどは集団疎開の思い出で、強烈に脳裏に残っております。当時、慶應の児童研究会に属して、後に幼稚舎の先生になられた、川崎先生、田中先生が修善寺に慰問に来て下さったことはよく覚えています。

また、幼稚舎生が多数参加してくれて、修善寺はどんなところか行って見たいので来たと言っていました。記念碑ができ、幼稚舎の杜もありますので今後も幼稚舎生の皆さんが折に触れて修善寺を訪ねてくれればと思う次第です。

私の部屋は野田屋の大広間に隣接していましたが、六年生の数名が疎開学園を抜け出して、修善寺駅の途中まで脱走して連れ戻されたことがあり、夜に大広間で奥山先生からびんたをされているのを震えながら聞いていたことを憶えています。

また、二十年の三月には更に低学年の生徒も集団疎開に加わりましたが、布団が届かず、高学年の布団で一緒に寝たところおねしょをされて困ったことなど想い出は尽きません。

当時、みんなひもじい思いをしており、二カ月に一回の面会日には父兄の持ってきたお菓子を食べすぎてお腹をこわすものが続出しました。

当時はみんな栄養失調で足におできができて化膿するものが続出し、鼠径リンパ節が腫れて、親元へ帰ったものが何人もいました。また、虱が流行して薬湯に入らされたこともあります。のちに、医学書をみましたら、虱というのは捕虜収容所で発生するもので栄養失調と密接に関係していると書いてありました。温泉だけは毎日入れたのは大変幸せであったと思います。

取りとめのない思い出ばかり書き連ね大変失礼しましたが、当時の小学生が八十を過ぎて、亡くなった方々も多く、最後の思い出を作って頂き、心より感謝しております。

「疎開学園の碑」除幕式に参加して

渡邊眞三郎
（昭和二十一年K組卒）

平成二十九年九月七日、八時半に幼稚舎に集合し、バスで修禅寺に向かった。当日、天気予報は雨で、しかも激しく降るとあった。天現寺の空も黒雲に覆われていたが、加藤先生の「私は晴れ男です」との言葉どおり、修禅寺に着いた時には薄日もさしており、除幕式は無事にとり行われた。碑は修善寺の地をイメージして制作されたとのことで、境内の雰囲気に良く溶け込んでいると感じられた。

式後、歩いて祝賀会場のあさば旅館へ向かう。五年生の時の宿舎であった野田屋は駐車場になっており、木造三階建ての威容を見ることが出来なかったのは残念だったが、六年生の時にお世話になったあさば旅館は、ほとんど昔のままの面影を残していた。石畳の回廊が作られてはいるものの、大きな池の向こうに能舞台が建つ景色は、毎日眺めていたもので、懐かしさが胸にこみあげてくるものがあった。

当時をふり返ってみると、初めて親許を離れての生活で心細かったのに加え、食料事情厳しく、『幼稚舎史』にも「日々痩せ細ってゆく姿を見て暗然たるものがあり……」と記されているように、常に饑《ひも》じい思いをしていたことは事実である。かと言って、日々の生活が暗いということではなかった。後年になって、他校の集団疎開経験者達の話を聞く機会が有り、食料不足は同じであるが、不潔な環境やいじめ等の酷さに驚いた記憶が有る。幼稚舎でもこのような問題が全く無かったとは思えないが、少なくとも、表面化して、我々に暗い影を落とすようなことは無かった。これは先生方が、細かい所に迄気を配り、親身になって我々を見守って下さったからであろう。

昭和二十一年K組卒は、吉田小五郎先生が担任であった。先生をご存知の方は、きっとあの温顔を思いおこされるであろうが、疎開の時も同じであった。ニコニコと笑いながら声をかけて下さる先生に、どれだけ励まされたことであろうか。

疎開の時代から七十年余が過ぎ、吉田先生を始めお世話下さった諸先生方は殆ど物故されている。除幕式に参加して、その面影を偲び、改めて感謝の気持ちを新たにした次第である。

「疎開学園の碑」除幕式に参加して

小島　昌義
（昭和二十一年O組卒）

素晴らしい除幕式でした。平成二十九年九月七日修禅寺境内の一隅に「慶應義塾幼稚舎 疎開学園の碑」が建てられその除幕式が行われました。武田敏伸主事の司会で先ずは疎開学園に拘られた物故者の皆様への追悼の黙祷が行われました。此の事は、私たち此の疎開学園に参加したもの達として石碑とともに考え深いものでありました。立派な石碑に魂が込められ、思いが込められた心地でありました。

当日は一寸雨模様で雨が心配されましたが、幸い式典の時間には薄日もさす天候でした。思えばこの修善寺の疎開学園に来た昭和十九年八月二十五日は土砂降りの雨でした。傘は布団等と一緒に送ったため、修善寺駅から宿泊先の仲田屋迄の約二キロを、傘の無いまま、ずぶ濡れで歩いて来たことを記憶しています。

それから七十三年、この疎開学園でお世話になった先生方、寮母さんは皆さん殆どが鬼籍に入り、また一緒に疎開生活をした仲間の多くも同じように鬼籍に入りました。私たちは、この先生方寮母さん、そして仲間に支えられ此の疎開学園での生活を送り今日を迎えており、感謝の気持ちをこの除幕式での黙祷で伝えることができたと思います。黙祷の間、本当にいろいろな方々の顔、名前が浮かびました。疎開学園の生活は決して楽しいものでは在りませんでしたが、私の知る限りでは事故もなく、過ごせたのは、先生方、寮母さん方のお陰であったことをもう一度思い出した次第です。素晴らしい除幕式でありました。

疎開学園の思い出

河合　伸治
（昭和二十二年K組卒）

もう七十年以上も昔の出来事であり、おぼろ気な思い出であるけれど、書いて見ようと思う。

野田屋に入った第一学寮では、大広間に全員集まっての夕食後のひと時を歌の時間として過ごすのだった。当初は先生に指名された生徒が一人ずつ全員の前に出て行き、軍歌、戦時歌謡、或いは民謡など何か一曲、六年生の安東さんのオルガンの伴奏で歌って席に戻るということを三〜四名が行い、その後、全員で「疎開学園の歌」を合唱してお開きとなるのであった。

この時、歌うように指名された生徒の殆どは、当然ながら何の準備、練習もしておらず、おずおずと小さな声で恥ずかし気に歌うので、私はもっと元気に楽しく歌えればと思っていた。

そこで或る日、廊下を通りかかった、私共四年生の担任である小池先生に、思い切って「僕を指名して下さい」とお願いしてみた。先生は「そうか。分かった。今晩‼」と仰ってその日の夕食後の歌の時間となった。

小池先生は大広間を見廻してから「誰か自分は歌ってみたいと思っている者はいるか。いたら手を挙げて」と仰った。生徒達は、そんな奴いるのかと互いに顔を見合わせている時、私は真っ先に「ハイ！」と手を挙げた。他にも二〜三人の手が挙げられた様だった。

「おっ、いたか。よし、じゃ、河合‼」と先生のお声。私は皆の前に出て行きオルガン奏者の安東さんに「学徒出陣の歌です」とお願いし、その伴奏で「花もつぼみの若櫻……」と当時ラジオで聞き覚えた歌を歌って拍手を貰いながら席に戻った。「次に誰かいるか」と先生のお声があり五〜六人の手が挙げられ、確か小泉経二郎君だったと思うが指名されて歌った。その様にしてその日はこれまでの数倍もの生徒たちが歌った。

その翌日の歌の時間には希望者の手が「ハイ！」「ハイ！」と挙がること、挙がること、これまでとは打って変わり、賑やかで活発な雰囲気になっていった。

数日後、小池先生から「君のお陰でとても良い時間になった」と滅多にないお褒めを頂いた。

余談であるが、学童疎開中の他の小学校の先生方も、私共の寮から外に漏れる歌声、歓声を聞いて何をしているかを何人もが見学においでになり、その雰囲気に「流石は幼稚舎」と一様に感心されたという事であった。

除幕式に参加
そして娘に語った疎開の話

杖下　孝之
（昭和二十二年Ｏ組卒）

一、除幕式

九月七日、この日がどんなに待ち遠しかったことか！　三月末に幼稚舎から「修善寺の幼稚舎疎開学園の碑の除幕式を九月七日に行います」という手紙が届いた時、ああ、九月か！　まだかなり先だな、よしそれ迄は体調を崩さないように頑張ろうと思ったので、前日は疎開当時の事を思い出しながらいささか興奮気味になり、なかなか寝付けなかった。

当日は八時三十分に幼稚舎からバスが出るというので、バスの中で皆と話をして行けるのを楽しみに、バスに乗せて頂くことにした。当日は娘に車で送ってもらって、七時半過ぎに幼稚舎に到着した。出発まで休憩所として用意して下さった懐かしい教室で待っていると、河合君ご夫妻、福澤君、頴川君達、私がお世話になった野田屋さんのお孫さん野田和敬氏ご夫妻と、除幕式に参加する幼稚舎生などが集まり、出発までの一時を過ごした。この間も幼稚舎の教諭の方々は、準備のため忙しく動き回っておられ、頭が下がる思いだった。

平成二十一年十月十七日に行われた、青森県木造での疎開学園記念の除幕式の時は、羽田空港集合であったが、その時の「木造疎開学園の碑」の小冊子に、参加した幼稚舎生の感想文に、「その日の朝、羽田空港に着くと、沢山のおじいさん達がいらっしゃいました」と書いてあったのを読んで「ああそうか、自分ではまだ若いと思っていたのに、なるほどな」と思ったのを思い出し、今回参加した幼稚舎生も、朝来て、ジイサンが沢山いるなと同じ様に感じているんだろうと思った。

バスが幼稚舎を出発して順調に修善寺へと走る間も車内では、参加者の自己紹介で、当時のダイコン、ニンジン、トロロコブ、豆かす御飯の話など、やはり当時の食べ物での辛い思い出がまず飛び出したりしているうちに、修善寺に到着、マイクロバスに乗換え、除幕式会場の修禅寺に到着。式場には既に列車などで来ていた卒業生、ご来賓の方々が会場で待っていた。

幼稚舎の大島舎長の挨拶で始まった式は記念碑の除幕で最高潮に達し、除幕で現れた記念碑は、お寺に建立するのに相応しい風格の素晴らしいもので、碑文と共に感激の一瞬であった。修禅寺のご住職の吉野真常様の読経も大変有り難く心が洗われようであった。

除幕式が滞りなく行われ、祝賀会場のあさば旅館へとむかったが、マイクロバスの車窓から見た修善寺の町並みは、疎開から七十数年もたった今、私が思っていたイメージとはかなり違っていた。当時あった旅館が無くなっていたり、赤い欄干の橋が増えていたり、昔は無かった宿泊施設、家並など、また昔はもう少しのどかな感じであった温泉街の雰囲気、もうすこし田舎だったという雰囲気が感じられなくなっていたのと、道路がこんなに狭かったのかとも感じた。

しかし祝賀会場の、あさば旅館に到着すると、立派な風格のある門は昔のままで、また一番記憶に残っていた素晴らしい能舞台と庭園を見た時、昔の思い出がよみがえり感激であった。しかし昔は門を入るとすぐに能舞台が目に飛び込んできた様な記憶もあった。

祝賀会には、あさば旅館の御当主で記念碑の建設にご尽力下さった浅羽一秀氏、野田屋さんのお孫さんの野田和敬氏ご夫妻、旧仲田屋さんの植田和平氏など、昔お世話になった旅館の方々、修禅寺ご住職の吉野真常様を始め、ご来賓の方々

が列席され、盛大なもので、また祝賀会のお料理もあさば旅館のご厚意で用意された、素晴らしく、とても美味しいご馳走であった。ご馳走を頂きながら、頴川君と「こんなご馳走があの疎開の時に出ていたら、きっと気絶していたよね」と話していた。

今回のこの幼稚舎疎開学園の碑の除幕式は、祝賀会と共に当時、修善寺に疎開していた私にとって感慨深く、まさに感謝の一言に尽きるものであった。

この記念碑を境内に建てることを認めて下さった修禅寺のご住職、建立にご尽力下さったあさば旅館の御当主の浅羽一秀様はじめ、幼稚舎の大島誠一舎長、幼稚舎の加藤三明前舎長、今回の準備にご尽力下さった幼稚舎の教諭の方々、事務局の方々には心より感謝しています。

修善寺と木造の、「感謝と戦争のない平和な世界を願う」記念碑は、幼稚舎の百余年の歴史の中で初めての、戦争に伴う困難な歴史の一こまとして永久に伝えられることと信じています。また除幕式に参加した幼稚舎生も、現在の平和で豊かな社会では想像もつかない、この時代のことを学び、記憶にとどめ後世に伝えてほしいと願っています。

この疎開で私たちも大変で貴重な経験をしましたが、この幼稚舎始まって以来の学童疎開に、我々が存在していたことが、幼稚舎の歴史に残ることを誇りに思います。

我々児童を戦争の危険から守り、困難な食料調達、児童の健康管理にご尽力して下さった先生方、学校関係者、寮母さん、看護婦さん、父兄の方々のお陰と心より感謝しています。

二、娘に語った疎開の話

修善寺から幼稚舎に戻り、迎えにきていた娘と帰りの車の中で、戦争を知らない娘が、疎開のことを聞いてきたので当時のことを語りながら帰った。

＊娘「修善寺は安全だったの？」
＊私「アメリカのB29という爆撃機が、日本の都市を爆撃するのに、マリアナ諸島から来てその百機の大編隊が修善寺の上空を通ったが、修善寺には爆弾を落とさなかったから大丈夫だったよ。でも上空のB29の編隊に対して、日本の高射砲が撃ちまくったけど届かなかったんだ。でも高射砲弾が炸裂する黒い煙は凄かったよ。でも空襲警報のサイレンが鳴ると昼間は近くの山や修禅寺の竹林に退避し、夜は防空服装をして旅館の広間に集まったんだよ。一度、三津浜での蜜柑採りの時、高高度を飛ぶB29を日本の戦闘機が追跡するのを見たが追いつかなかった。」
＊娘「疎開先は旅館だったから、御飯は沢山食べられたの？」
＊私「戦争で食料も全ての物資が欠乏していたから、いつもおなかが空いていたよ。そして夜御飯のおかずは毎晩、輪切りの大根と人参を臭い醤油で煮たのと、とろろ昆布のお汁だったから、我々はダイコン、ニンジン、トロロコブという歌をうたっていた。そして御飯も少なかったので、御飯を食べてからその丼にお茶をいっぱい注ぎ、空腹を紛らわしていたんだ。これをドン茶と言っていたんだ。この様にいつもおなかを空かせていたから、野山に歩きにいったときには、道端のスカンポという草の茎を食べたり、野生のツツジの花を十枚位重ねて食べたりしていたよ。だから友達との話はいつも食べ物の話だったよ。一度皇后陛下から何かの記念として、御歌と共に、恩賜のビスケットというのを頂いたときには嬉しかったね。」
＊娘「家族とはずっと会えなかったの？」
＊私「時々面会日というのがあって、その時はお母さんが、おはぎやお菓子を持って会いに来てくれたので、面会日は本当に楽しみにしていて、おなか一杯食べられた。でも当時はいつでも会える訳ではないので、何時になったら東京に帰れるか、コックリさんという占いもしていたんだ。それから修善寺から木造へ再疎開した時、三島から乗った列車が品川駅で十分位停車した時、事前に知らされていた家族と会えた。灯火管制で薄暗い夜の品川駅に、お父さん、お母さん、兄達が来ていて我々は窓から顔を出し話が出来たけど、その時はこれが家族との今生の別れになるかもしれなかったんだよ。」
＊娘「木造ではどうだったの？」
＊私「木造に到着した時、迎えに来て下さった地元の方の一人だった、西教寺の藤川さんが、「ワーこのワラハンド（津軽弁で児童の事）制服着て革靴履いてら！」と驚いたと話していた。木造町は田圃の広がる田舎町でのんびりした雰囲気だったよ。私の宿舎の前には稲穂の垂れた田圃が広がっていたけど、食糧事情は更に悪くなり、小川の土手に生えているセリやアカザを採ったり、田圃でタニシを採り、小川でナマズを釣ったりして食べていた。また自由時間には田圃にいるイナゴを捕まえて串に刺し、焼いて食べて空腹を紛らわしていたんだよ。」

＊娘「木造は安全だったの？」

＊私「最初は安全だと思っていたが、そのうち下北半島大湊の海軍の軍港を攻撃しに来たアメリカの戦闘機グラマンが、寄宿舎の上空を旋回し、地上で動くものには機銃掃射をしたので、我々は押し入れの中に隠れていた。また青森市が夜間空襲を受け、上空が真っ赤になっていたから、終戦近くには決して安全ともいえなかった。また我々は宿舎のグラウンドで木刀で敵を倒す訓練もしていたんだよ。」

＊娘「木造では毎日何をしていたの？」

＊私「修善寺と同じに、朝六時に起きて布団をたたんで押し入れにしまい、部屋の掃除をして食事をして、部屋での座学や、地元の向陽国民学校へ勉強しに行ったりしていた。また岩木川に泳ぎに行ったり、リンゴ園に行き台風で落ちたリンゴを拾って食べたり（皮、芯、種まで食べた）したこともあった。それから毎日三時になると、職員室から『班長、風呂敷持って集合！』の声がかかり、班長が風呂敷を持って乾パンを貰ってくると班員が鋭い目で見守る中、割れている物は継ぎ合わせ、皆が納得すると各自に配ったんだ。これをハンプロと言った。食べ物については皆厳しい目で見ていたね。」

＊娘「天皇陛下の終戦のラジオ放送を聞いてどう思った？」

＊私「八月十五日の正午に校庭に整列して、天皇陛下の玉音放送を拝聴したが、ガーガーと雑音がひどく何を言ってるか分からなかったけど、先生から、日本が負けて戦争が終わったと説明があった。その時は日本が戦争に負けたという悔しさより、正直これで家に帰れるんだと思ったよ。もっとも今だから言えるけどね！」

この様な木造の生活も終わり、十月十八日に地元の方々の見送りを受け、東京へと帰ったが後の木造同窓会の時、木造まで看護婦として面倒を見て下さった、石川桐先生が「戦争が終わって、子供達を親元に帰すのに、子供達は目が落ちくぼみ、痩せていて、このままでは帰せないという事で、農家から豚を買ってつぶして食べさせた」と語っていた。この娘に語った疎開の話で娘も、戦時中の疎開生活がどの様なものだったか分かったと思うので、今の平和で、何不自由のない生活の有り難さが分かったと思う。

幼稚舎疎開学園の思い出

寺田　繁
（昭和二十二年Ｏ組卒）

七十三年も以前の思い出として正確な記憶は自信がありませんが、はっきり覚えていることを断片的に記述してみます。

私は小児喘息の持病があり、修善寺の気候は湿気が多く体質に合わなかったので、発作が起きることがしばしばありました。

　疎開はじめの頃はみな元気がよく、ある日、隣の班の襖を開き、戦争ごっこが始まり、枕の投げ合いなど大騒ぎになった。翌明け方、発作がひどく、新井屋旅館で静養となった。二階の小部屋にはK組の大橋誠君が静養中で若いお母様が付ききりで看病にあたって居られた。翌日か？病状の良いとき、里見八犬伝の物語を朗読していただいた。私には初めての物語であった。病状はすぐ良くなり、また仲田屋に戻ることが出来た。

　家からは、喘息の薬と称して黒飴にエビオスの粉末をまぶしたものを、毎日一粒教員室へ受け取りにいった。ある日、めずらしく秋山譲介君がひどい喘息の発作がおき、先生から君の薬を分けてやっていいかなと聞かれ、もちろんどうぞと返事した。秋山君はすぐ良くなり、あとでお礼を言われた。

　戦時下食料難といっても、我が家にいたときはそれ程感じなかったが食事は激変し、しばらくは喉を通らなかった。山菜のおかずはあったが主食の米は殆ど姿を消し、麦と豆かす（大豆の油を絞った残りかす）でそれも次第に豆かすの方の比率が多くなって行った。時々イルカの肉もおかずには出ましたが、不味くて持て余した。一センチ位の厚さの皮下脂肪とわずかの肉部分、臭くて皮から短い毛らしきものも見えた。脂肪の部分は硬く弾力があり中々噛み切れない。体質的に合わないせいか、下痢をするので、極力食べないよう残してしまった。家庭に居るときは、好きなものばかり食べる偏食家であったが、これらのお陰で偏食は無くなりました。

　食事と共に甘いものが食べたくそれぞれが考え、チューブ式の歯磨きが甘かったり、メタボリン？という薬が苦いけど甘いということで食べるものがいました。

　家は和菓子屋だったので、父が黒糖をゼリーにして、自家用車で大量に積んで幼稚舎生全員に配ったこともあったが、それも運搬手段が無くなったのか途絶えてしまった。

　何より楽しかったのは、面会日で家族に会え、甘いもの等も沢山持参してくれたことです。しかし、面会日に家族が来られない生徒もいて、部屋の隅で悲しく、我慢していた。自然に？班の全員に土産が行き渡るよう父兄も気を配っていたようでした。

　下狩野小学校の教室を借りて授業が行なわれ、帰り道、川村先生が先導して食べられそうな草、オオバコ？オンバコ、ノビルなど食用になる山菜、草を見つけて持ち帰った。

　つらい思い出だけではなく、達磨山登山、蜜柑狩り、梅林園などの遠足も楽しいことも沢山ありました。

　午後は自由な時間がありそれぞれ好きなことをして過ごしていて、私は将棋を初めて覚え、先生は雨宮君でした。私は模型工作が好きで、木のソリッド・モデルを作るのに熱中していたが、せいぜい、隼、鍾馗（戦闘機の名称）の単発機であったが、五年生の寺本圭一さんは四発の九十七式大型飛行艇のソリッド・モデルを作っていて、いろいろ作り方の講釈をしてくれました。

温泉場なので毎日風呂に入りましたが、大島先生は大浴場で日本古式泳法を披露、何通りも見せてくれて、生徒のなかにはそれを真似する者もいた。

大都会と違って、空襲を受ける心配はなかったが、ある日夜中、空襲警報のサイレンとともに、全員起床、大広間に集合、静かにしていると大仁が空襲を受けていると爆音もわずかに聞こえた。昼間、警戒警報が鳴ると、裏山に避難するのだが、天気のよい日に直線の飛行機雲を何本も引いた銀色に光ったB29の編隊飛行がみられ、高射砲の破裂弾が編隊の遥か下で炸裂していた。もどかしく悔しい思いをした。ある時、空中戦も見られ、日本の戦闘機は小さくて見えないが飛行機雲を渦巻き螺旋のよう、鉛筆で書いたような曲線で、B29の機体に挑んでいた。そのうち、一機が編隊から遅くなりやがて機体がくらりと傾くと駿河湾のほうに見えなくなってしまった。

校医の町田先生の弟様が横浜で空襲に遭い、怪我をされ仲田屋に辿り着き治療を受けたあと、空襲の様子を話していただき、ショックを受けた。

翌年三月、六年生は卒業となり帰京するので、全員修善寺駅で見送りをした。東京へ帰れるということで、羨ましく思った。

見送りには幼稚舎生だけでなく、下狩野国民学校の生徒も多数参加し、女生徒の何人かが赤須さん、赤須さんと大声を挙げて叫んで手を振っていた。(赤須さんは下狩野小学校の合同学芸会などでピアノ演奏して人気があったようだった)

戦況が悪化し、青森に再疎開となり、出発の三日程前に御殿場の親戚に個人疎開をすることになり、上の姉が迎えに来てくれて、修善寺とはここでお別れとなりました。

今回の除幕式に参加でき、改めて現在の生活に感謝していますが、残念ながら生涯を終えた友人も多くいることも深く考えています。

このような、素晴らしい式典が出来たことに、関係の皆様に深く感謝する次第です。

天現寺から修善寺へ

横山　隆一

(昭和二十二年卒学年)

1、プロローグ

暑中見舞で、植田新太郎さんから「九月七日、楽しみですね。」と返信があった。最初に思ったのは、福澤先生の「人に迷惑を掛けないという訓え」。そして、八月三十一日、夏休みの宿題「絵日記」が無いことだった。三年生迄は、八月三十一日、明日から新学期。でっち上げの絵日記を半徹夜で書いたことだった。

二〇一七年九月七日(木)七十二年前のこの日は、決死隊が出た日だった（雨中六年生食糧受取り、リヤカー運搬）ということは、九月四日は修善寺授業開始の日だったということになる。八月二十五日に東京出発。一週間後の九月一日に下狩野国民学校第二学期始業式に出席。先生方の手際の良さには驚いた。所変われど教育は変わらず。後世、縁故疎開の諸兄が、現地で神童扱いだったことが肯ける。記念すべき日だったことが分る。

2、バス往復

当初、どうやって現地に行くか思案していたところに、バスを出すということで飛びついた。大島舎長他スタッフの御配慮に感謝する。

然し、バス利用となると、二度の心臓手術を経て（二十五年前カテーテル、三年前バイパス手術）、服用薬十種十五錠。副作用のトイレが気になった。小生の墓所は富士霊園。バスで新宿から二時間～二時間半。今回伊豆となると、三時間半以上。八時三十分発のバスに間に合う時間とトイレの問題。

九月四日からリサーチを開始した。九月四日、六時十七分発のバスで、新越谷から広尾まで。八時前、広尾着。これでバスに間に合う。

九月五日、六時三十四分の二番バス。八時十七分広尾着。これでは間に合わない。みずほ銀行に会費納入。

九月六日、トイレ確認。広尾は後方、六本木は反対側、神谷町は前方で確認。

当日、神谷町で用を済ませ、バス乗り込み。トイレの前で一人読書。ところが往復二時間半。一度もトイレに入らなかった。杞憂に過ぎなかったが、快適なバス往復であった。

3、現地式典

当時「菊はペンより強し」に考えさせられた菊屋を過ぎて、修善寺に着いた。

席が空いているのに福澤先生の曾孫、同期福澤文士郎君が立っているのが気になったが、こうもり傘を杖がわりにしていたので納得した。（小生も狭い所に座るより、立っていた方が楽な事もある。）

清家前塾長が見えたので「あれっ」と思ったら、長谷山新塾長も見えていたのには感激した。慶應義塾の原点は「幼稚舎に在り」を痛感した。八十三才。今更「良い子になろう気を揃え」ではないが、社中協力の有難さが身に染みた。

当時六年美組の林さんのお話は、経験者以外には長かった様な気がするが、修善寺しか経験していない私にとっては、目をつぶると当時の事が走馬灯の様に甦って感無量だった。当日附の御朱印を二枚頂いた。

十月二日、集団面会（加藤先生資料）が、吾が家の最後の一家団欒であった。（翌年四月父戦死、修善寺も五月で切り上げた。）

4、祝賀会

当時、涵翠閣（現あさば旅館）利用は、六年美組と三年生以下で、慶組は野田屋、應組は仲田屋という配置だった。従って、当時の想い出は「修善寺物語」の能舞台だけだった。

一九四七年卒業の当時の四年生は、互齢会を結成し、最初は仲田屋、次に野田屋（金龍）で会をして、あさばで三回目をやった。当時、余所者であったにも関わらず、先代、先代女将には種々お世話になった。当代の一秀氏が、昭和六十二年経済学部卒業ということで、小生現役時代最後の入社生というのも不思議な御縁だった。

御馳走を頂いて、バスといい、料理といい、会費三千円でいいのかと思っていたら、級友から「寄附が集まったからいいんだよ」と言われて、好意に甘えた。

当時五年生の鈴木さんのお話で、体罰なし、苛めなし、木造行きの品川一時停車で生徒の起立挙手敬礼には、おしなべて同感、感動した。

修善寺疎開学園記念碑除幕式に列席して

兼松　雅務
（昭和二十三年K組卒）

三島駅から伊豆箱根鉄道に乗り換えて修善寺駅に着いたが、沿線の低い山々とともにマンションや住宅が多いのは意外だった。修善寺駅から修善寺温泉の宿舎まで当時は徒歩で約三十分かけて歩き、これからの生活に不安な気持ちを持ち続けていたことだろう。

今回当時の三つの宿舎の配員表を目にして同宿の仲間の顔を思い浮かべた。涵翠閣（現あさば旅館）の同室には六年生三名と私を含めた三年生が三名だった。池に面した二階の部屋だったが上級生との同室は不安が大きかったが、よく面倒を見てくれたと思う。このうち六年生の林恭弘さんに今回図らずもお会いできた。同表によると同宿の同級生は二十一名居たはずだが、今回同学年の参加者はわずか三名とさびしい思いをした。当時の生徒はいずれも今や八十歳を超えており、健康や都合で式典に参加出来なかったのは仕方がないところだろう。これが最後の機会かもしれないと、もうすぐ金婚式を迎える家内を伴って記念式に参加できたことを感謝しなければならない。

社会人になって十年ほどして同学年の間で修善寺に行ってみようということになり、マイクロバスで十名ほどが参加して旧涵翠閣に一泊して当時を懐かしんだ。バスが難儀をするなど道は今ほど整っていなかったが、建物や池や能楽堂などは往時のままだった。修善寺に来たのはそれ以来だから五十年ぶりということになる。辺りは温泉町らしい派手さがなく往時とそれほど変わっていなかったが、野田屋が焼失し仲田屋も旧来の建物は残っているが経営が変わっているという。その中であさば旅館が池や能楽堂など昔の風情を残しながら建物は和の美しさを表現したすばらしい姿を残していて、ここでの式典後の祝賀会が華やかに行われたのは嬉しかった。

記念碑建立には浅羽一秀氏の多大な尽力をはじめ修禅寺住職の厚意と理解があったことを感謝したい。

十か月に及んだ修善寺での生活の記憶は断片的だが、疎開学園の記録誌とともに当時の記憶を呼び戻している。毎日のように頭上に飛来するB29編隊と空襲警報に防空頭巾をかぶっての待避、大広間での座学、修禅寺での朝礼、下狩野国民学校への山道での通学、食事後の勇ましい歌の合唱、寸劇、ミカン狩り、そして忘れられない待ちに待った面会日での母とのひと時と土産の食べ物などが思い起こされる。

東京大空襲で自宅は罹災し弟と祖母が母とともに危うく命を救われたこと、父の乗船が敵の潜水艦に撃沈され、それとは知らず轟沈の軍歌を勇ましく歌っていたことなどを思い浮かべる。木造に行ったらもう生涯会えないと、兄が白金小学校の集団疎開で栃木の川治温泉に滞在していた縁で幼稚舎に別れを告げて合流して今市市に疎開をしたが、その後の厳しい生活環境を経て東京に戻り、六年生で幼稚舎に復学できたことの喜びは大きかった。

今回疎開学園の記念碑の除幕式に参列できて戦中戦後の生活が改めて思い出され、周りの方々や母の手でよくぞ生き続けて来られたとの思いに感慨無量だった。

修善寺疎開学園の碑 除幕式に参列して

加藤　武男
（昭和二十六年O組卒）

平成二十九年九月七日修善寺疎開学園の碑除幕式に出席でき大変嬉しく思うと共に大変感激いたしました。当日は雨の予報もありましたが、暑く無く寒く無く天気にも恵まれました。

修禅寺境内に設置された記念碑は設計、制作された日向野先生のお話では高さは小学三、四年生の平均身長で、碑の周りには桂川や独鈷の湯をはじめ、遠くの山々があしらわれ、親しみの湧くものです。これは修善寺の自然の中で生活する幼稚舎生を表現している様で大変素晴らしい碑です。

私は昭和二十年（一九四五年）四月から六月の間修善寺に疎開しておりました。一年生で三月の早生まれだった上に生来の記憶力の弱さのためか、修善寺での日常生活はほとんど覚えておりません。成人してから石川桐先生に「加藤君はしょっちゅう泣いていた」とお会いする度に言われるので、泣き虫だったのだと思います。戦局の厳しさに伴い七月から青森の木造町に再疎開したのですが、木造では雀の焼き鳥、りんごなど食べ物についての記憶が沢山あります。しかし修善寺での食べ物についての記憶がほとんどないので、多分食は満たされていたのだと推測しています。これは涵翠閣をはじめ地元の方々による援助で実現されたと思います。改めて皆様に感謝いたします。

碑建立にあたり修禅寺住職をはじめお寺の関係者、浅羽様、幼稚舎教諭をはじめ塾関係者、寄付に協力してくださった方々のご協力の結集により立派な碑が完成したことを皆様と共に喜んでおります。

今後これで終わりではなく幼稚舎生をはじめ多くの人々に平和の重要性を伝える一助として、この碑を活かしてくださることを塾関係者にお願いいたします。

除幕式終了後「あさば」旅館に移動して昼食をいただき、歓談をいたしました。私は一年先輩で幼稚舎時代大変お世話になった垣内様に六十六年ぶりにお会いでき、改めてお礼を申し上げお話しする機会を得て大変有意義な時間となりました。また「あさば」さんでの食事はすべて美味しく、この食事だけでも修善寺に来た甲斐があったと思いました。

最後に改めて私達生徒を守ってくださった涵翠閣の方々、多くの地元の方々に感謝しております。また特に先生方には当時の状況で子供達を如何に守るか大変な心労があったと思います。本当に深く感謝しております。

大島　誠一
（幼稚舎長）

修善寺疎開学園の碑

除幕式　式辞

皆様、こんにちは。慶應義塾幼稚舎長を務めております大島誠一です。

はじめに、今は亡き疎開学園に携わられた教員、校医、寮母、看護婦の皆様、当時の幼稚舎生、そして疎開でお世話になりました修善寺の皆様のみたまに対して哀悼の意を表して黙禱を捧げたいと思います。

皆様ご起立をお願いします。「黙禱」

ありがとうございました。ご着席ください。

本日、集団疎開により昭和十九年八月末からおよそ十か月にわたって幼稚舎生を泊めていただいた野田屋、仲田屋、涵翠閣にゆかりのある皆様、修禅寺のご住職、幼稚舎の疎開学園に縁する皆様のご列席をいただき、「慶應義塾幼稚舎 疎開学園の碑」の除幕式を開催できましたことは、疎開当時幼稚舎生であった卒業生はもとより、現在幼稚舎に奉職する私たち教職員にとりましても、大きな喜びであります。

すでに、昭和二十年七月から終戦を経て東京へ戻ることができた十月二十日までのおよそ四か月過ごした再疎開の地・青森県西津軽郡木造には、二〇〇九年十月に「幼稚舎疎開学園の碑」を建立することができましたことから、修善寺の疎開学園を経験した卒業生の方々から「修善寺にも碑を建立したい」という声が上がっていました。

この度、あさば旅館ご当主の浅羽一秀様を介して、修禅寺のご住職吉野真常老師のお計らいにより、修禅寺の境内に念願であった碑を建てさせて頂けることになりました。吉野様には心より感謝申し上げます。

これにより、太平洋戦争中に幼稚舎が疎開学園を開いた際にお世話になりました修善寺と木造の両地に、平和と感謝の気持ちを込めた「疎開学園の碑」が揃い、喜びとともに安堵の気持ちでいっぱいであります。

最後になりましたが、本日の除幕式に至るまでに碑の建設に携わって頂いた方々に対して心より感謝申し上げて、式辞とさせていただきます。

ありがとうございました。

祝賀会挨拶

本日は、お忙しい中、幼稚舎疎開学園の碑の除幕式にご列席いただきまして、まことに有難うございます。

二〇〇九年に、再疎開の地である青森県木造町の旧制木造中学寄宿舎跡地の「銀杏ケ丘公園」に「幼稚舎疎開学園の碑」を建立することができました。しかしその後、なかなか修善寺に碑を建設する機会には恵まれませんでした。

そうした中、三年前の二〇一四年に幼稚舎は創立百四十周年を迎えましたが、疎開から七十年ということで、「疎開学園」に関する資料、記録を蒐集した本にまとめたいという機運が高まり、一昨年秋に『慶應義塾幼稚舎 疎開学園の記録』（上巻）を、昨年秋に（下巻）を刊行することができました。

さっそく『疎開学園の記録』を疎開当時第三学寮であった旧涵翠閣、現在のあさば旅館ご当主の浅羽一秀様にお送りしたところ、修善寺にも幼稚舎疎開学園の碑を望む卒業生の声があることを知った浅羽様が修禅寺を訪れてご住職にそのことを伝えると、ご住職から「境内でよければ」というお話をいただいた旨の連絡をいただきました。

大変有難いお話であることからそのご厚意をお受けしまして、この度、修善寺の地に疎開学園の碑を建立できることとなりました。

先ほど除幕式を行いました修禅寺の境内では朝礼やラジオ体操を行い、目の前の池やその対岸にある能舞台など当時の面影を残す旧涵翠閣である当あさば旅館で寝食を共にしたことは、寂しく、辛く、苦しかったことでありましょうが、今では懐かしい、思い出の場所ともなっているのではないかと拝察いたします。また、下狩野国民学校へ通うために山を越えて二キロメートルの道のりを歩いたことも蘇ってくるのではないでしょうか。

疎開学園を経験された卒業生の皆様には旧交を温めるとともに、当時のことに想いを馳せていただければ幸いです。

最後になりましたが、本日、幼稚舎疎開学園に縁する皆様に見守って頂く中、吉野真常ご住職の導師の下で碑の除幕式を執り行えましたことに、改めまして感謝申し上げます。

まことにありがとうございました。

除幕式を終えて

二〇〇九年に建立された再疎開の地・木造の「疎開学園の碑」に遅れること八年、ようやく疎開の地・修善寺に「疎開学園の碑」が建設できました。

木造の疎開学園の碑は、宿舎に割り当てられた旧制木造中学寄宿舎の跡地にできた「銀杏の丘公園」に建設されました。碑は、きれいに整備された公園にふさわしい、洗練されたデザインです。

他方、このたび建設された修善寺の疎開学園の碑は、立地が修禅寺というお寺の境内ということで、その雰囲気にふさわしい、修善寺の自然ともとけあうデザインです。

碑石の選定と設計を幼稚舎造形科の日向野豊教諭にお願いしました。碑石を修禅寺に見立て、手前の枯山水で桂川とも呼ばれる修善寺川や伊豆最古の温泉といわれる独鈷の湯を、碑の後ろの植栽で修善寺の山々を表した設計には思わず唸らせられました。さらに、碑の揮毫をあさば旅館ご当主の浅羽一秀氏にお願いしました。一秀氏は疎開当時幼稚舎生がお世話になった浅羽靖氏のお孫様で、疎開学園の碑の揮毫をお願いするにあたって最適任の方でした。あさば旅館は室町時代後期の一五〇〇年代初めから五〇〇年以上続く老舗旅館で、ご当主の一秀氏も見事な書を書かれます。小松石の荒々しさを残し碑石とは対照的な、和らぎのある優しい筆致で、疎開学園の碑にふさわしい揮毫をいただきました。

碑の除幕を終えて、疎開学園を経験され、今は八十歳を超えた卒業生の方々に碑の建立を喜んでいただけたことがなにより嬉しいことでした。さらに、このたびの碑の建設にあたって多くの方々の温かいご配慮とご尽力を賜り、人の縁と絆を強く感じることができたことは望外の喜びでした。深く感謝申し上げます。

疎開学園の碑除幕式を計画して

武田　敏伸
（幼稚舎主事）

修善寺に於ける疎開学園の碑の建立。この話はあさば旅館の浅羽一秀氏から加藤三明先生が受けたものでした。

疎開学園の碑の建立は、加藤先生中心に話が進むものとばかり思っていましたが、平成二十九年の二月。突然、加藤先生から「あとは任せていいね。」と言われて正直困惑しました。というのも、私は除幕式に参加したこともなく、まして や企画など経験したことがなかったからです。何から取り掛かったらいいのだろうか、何をどうやって進めていけばいいのだろうかと、全く雲を掴む様な話でした。

幸い石碑の制作は、同僚である造形科の日向野豊先生が担当することになりましたので、制作に関することは日向野先生に任せて、進捗状況だけを把握するができました。職場が同じということで、すぐに連絡を取り合えたのは、状況を把握する上では、かなりやりやすい面がありました。

事務的なことは大島誠一舎長、加藤先生、そして事務室の宮澤法子さんのアドバイスを受けながら進めることにしました。

まずは除幕式の日程決めです。日向野先生に完成に要する期間を確認して、幼稚舎の教員が参加できる日、しかも土日祝日は修禅寺の法要で多忙なことを考え、平日に除幕式を行うことにしました。そのような観点で考えると唯一候補に挙がったのは、九月七日という日にちでした。まだ暑い時期なのですが、この日以外考えられなかったため、修禅寺に連絡して、取り急ぎ予約をとりました。そして招待者や声をかける卒業生を考えて手紙を送り、人数を把握しました。

教員、幼稚舎生以外の凡その参列者の人数を把握した後、青森県木造の疎開学園の碑除幕式の式次第を念頭に置いて修善寺に向かい、修禅寺の吉野真常住職と相談をしました。そこで大まかな式次第と所用時間が決まりました。次に浅羽氏と奥様の弥佐様とお会いして、除幕式を行った後の祝賀会にどこか適当な場所がないものか伺ったところ、浅羽ご夫妻から「是非、うちの大広間を使ってください」とお申し出がありました。あさば旅館でしたら思い出のある方も大勢いらっしゃいますし、修禅寺からも近い。そして料理も楽しみです。あさば旅館の大広間の収容人数から、参加者の人数も決まりました。本来は三十から四十人の部屋ですが、レイアウトを考えて八十人まで入れるようにしてくださり、全体で八十人の会にすることにしました。

今度は、準備してくれるイベント会社の選定です。この件も全くどうしていいか分からず、吉野住職に伺ったところ、ＪＡメモリアルセンターという所を紹介して頂きました。そこでＪＡメモリアルセンターに出向いたのですが、ＪＡメモリアルセンターは仏事専門の所だったのです。それはそうでしょう。お寺の紹介だったのですから。当初は担当の矢田慎二氏の提案してきた看板も、何となく慶事の雰囲気はなかったですし、テープカットはしたことがあっても除幕式の経験はないということで、私の提案に対応するのもかなり苦労されていたようです。それでも色々と調べてくださり、除幕式に適う用意をして頂きました。

こうして何となく全体像は掴めてきたのですが、再度浅羽ご夫妻と打ち合わせをする中で、修禅寺の前はバスが入らないので、どのように参列者を誘導するか、またご年配の方もいらっしゃるので、修禅寺からあさば旅館までどのように誘導するか等、話を詰めていけば詰めていく度に、計画に抜けがあることが分かり、不安がどんどん募っていきました。

除幕式前日には、日向野先生と私は設営のため修善寺に入らなければいけません。幼稚舎から参列者をお連れするのは、幼稚舎教員です。しかし、時期的に夏休みに入ってしまったため、他の教員となかなか連絡がとれず、この点も、かなりのストレスになりました。

今年の夏休みは家に居ても、「天現寺からのバスは、トイレ付にしないとまずいのではないだろうか」とか「引率責任を負わせるわけにはいかないものの、医師に帯同してもらわないといけないのではないだろうか」「記録の写真の為にカメラマンは必要ではないか」と、事あるごとに思い付き、休んだ気がしませんでした。

除幕式が近付き天気予報で調べると、あまり芳しいものではありませんでした。また当日、幼稚舎集合時刻に遅刻者が出てバスが出発できない場合どのように対応しようかと、考えても仕方ないことまで心配になってきました。

そして除幕式前日。私は日向野先生と一足先に修善寺に入りました。ここで初めて、日向野先生が制作した石碑を目にしました。身内の仕事を誉めるのも何ですが、大変素晴らしいもので感激しました。石碑の高さは一三〇センチで、これは疎開時の幼稚舎生三~四年生の身長を表しています。そして石碑の周囲を見ますと、白い砂利が長細く敷き詰められており、その中に丸い大きめの石が左端に一つ、四角い小さめの石が中央に一つ置かれていました。白い砂利は修禅寺の前を流れる桂川、丸い石は独鈷の湯、四角い石は虎渓橋をイメージされておりました。三つの宿に分宿していた幼稚舎生が、朝、左側に独鈷の湯を見ながら、虎渓橋を歩き桂川を渡って修禅寺に行く様子が表現されています。そして一三〇センチの石碑こそ、修禅寺を表し、また幼稚舎生そのものを表している。日向野先生の説明を聞いて、なんとストーリー性があり、素晴らしいデザインなのだろうと感動した次第です。

一応、雨プランも考えたのですが、天気予報も昼までは雨が降らないというように変わってきて、何となくうまくいく予感がしてきました。

前日はできる範囲で矢田氏と準備を済ませ、修善寺東小学校（旧下狩野国民学校）の校長にも挨拶して、吉野住職や浅羽ご夫妻と最終打ち合わせ。その後に宿に入りました。勿論不安もあったのですが、翌日が楽しみになってきたのは不思議です。

除幕式当日、目が覚めて先ずしたことは、カーテンを開けることでした。天気は快晴とは言えないまでも、雨が降る雰囲気ではありません。残りの設営をするために、日向野先生と修禅寺に向かいました。準備をしていると私の携帯電話に幼稚舎の教員から天現寺を出発したという連絡があり、もう逃げられなくなったと実感しました。

天現寺からではなく現地に直接お越しになる参列者の方もいらっしゃり、参列者の受付や招待者の方への挨拶等をしていると、遂に天現寺からバス二台に分乗した参列者が到着しました。

除幕式は五分遅れて開式。司会として一言目を発声する時に緊張はしましたが、あとは式典、祝賀会を進行するのに必死で、あまり覚えていません。あの場に居てあまり記憶にないのも、少し残念です。しかし式典、祝賀会とも何とか無事終えることができて、本当にほっとしました。

こうして式典、祝賀会を開催できたのも、あさば旅館の浅羽ご夫妻、修禅寺・吉野住職、ＪＡの矢田氏に助けて頂いたお陰です。この場をお借りして感謝申し上げます。

そして、次にこのような機会がありましたら、今度は一参列者として参加して、疎開を経験されている先輩方のお話をじっくり伺いたいと思っております。

語り継ぐために

加藤　三明
（幼稚舎教諭）

平成二十一年十月、幼稚舎が修善寺から再疎開した津軽の木造に「慶應義塾幼稚舎 疎開学園の碑」を作りました。私が慶應義塾一五〇年記念の写真集の編集委員を務めて、写真集に慶應関係の史跡地図を挿入することになった時のことです。東北地方の史跡が少ないので、何かないかと思いを巡らしていたところ、平成元年に訪れたことがあった木造のことを思い出したのです。寄宿舎が第一学寮になっていた旧制木造中学校跡が公園になっていたので、ここに幼稚舎生が苦しい生活をしていたことを後世に伝え、当時の木造の方々の厚意に感謝し、二度と学童疎開が行われるようなことがない平和な世界を祈って、碑を作ったのです。既にその時、卒業生の方から、なぜ期間も長く、人数も多い修善寺ではないのかと御意見を頂戴していました。

さて今から三年前のある日、昭和二十一年卒業の鈴木光雄さん、村田基生さん、玉置憲一さん、堀田良一さんが修善寺に疎開の碑を建てることはできないかと、私のところへ訪ねてこられました。しかし、宿舎としたのは温泉旅館ですから全て個人の方の経営で、その敷地に疎開の碑を建てることは想像できませんでしたし、全員で朝礼をやった修禅寺境内はと言われても、修禅寺のような名刹と交渉するのは難儀だなと気が引けて、とても修善寺に碑という思いにはなりません

でした。そこで、皆さんが、特に鈴木さんがお持ちになられていた手紙、プリント、資料などがありましたので、これをまとめて幼稚舎が『修善寺疎開学園の記録』として発行するのはどうかという案を出したところ、大変喜んで下さったのです。それから暫くして、前回の四名に英正道さんや亡くなられた小林陽太郎さんなどを加えて、私を訪ねて来られ、修善寺だけでなく、疎開全体を冊子としてまとめてもらえないかという希望を申されました。しかし、疎開全体をまとめるなどという大仕事はとても無理だと、それとなくお断りしました。しかし、編集の構想を進めていくうちに、修善寺を扱うとどうしても木造についても触れないわけにはいかないことに気付きました。そして『慶應義塾幼稚舎 疎開学園の記録』上巻を一昨年、下巻を昨年、発刊する運びとなったのです。

そして、これまでの話を「あさば」の御主人浅羽一秀さんと雑談で話し、また、上巻の後書きにそのことを書かせて頂いたことから、浅羽さんが気を利かせて、修禅寺の吉野真常住職にその話をしてくださったのです。

突然、一秀さんから電話があり、「修禅寺境内に疎開の碑を建てていい」ということを伺いました。青天の霹靂とはこのことでしょうか。考えてもいないことを言われ、その時は動転していました。修善寺に碑を建てることを反対している卒業生もいらっしゃることも知っていました。建設資金はどうするのか。この行為を無にしてはいけないなど色々な事が頭を駆け巡りました。そこで、『疎開学園の記録』の編集に携わった先生方に意見を聞くと「ここまできたならやりましょう。」ということで、大島舎長の承諾を得て碑の制作が決定しました。

建設資金は、木造の時は、疎開経験のある学年の卒業生を中心にご寄付を頂きましたが、今回もその方々にご負担頂くのは忍びないので、一口五千円と少額にして、卒業生全員や『疎開学園の記録』を読んで頂いた方など広く募金を呼びかけました。当初は募金を集める自信がなく、それが碑建立に二の足を踏んでいた理由の一つでしたが、この企画に賛同して頂いた方が思いの外多く、その結果、五二一件八七七万五千円の寄付が集まりました。本当に有難い限りです。

碑のデザインは、幼稚舎造形科教諭の日向野豊先生に依頼しました。それは疎開ということを幼稚舎の次の世代に引き継ぐには若い先生に関わってもらわなければならないと思ったからです。揮毫は、いつも達筆な毛筆によるお手紙を頂戴していたことから浅羽一秀さんにお願しました。幼稚舎がお世話になった三つの旅館で、唯一引き続き御子孫が営業なさっている「あさば」の当主で、しかも塾員であることからこれ以上の適任はありませんでした。

以上のようなことから、今回建立された碑は、疎開経験者の方々の思いが、吉野住職と浅羽さんの計らいと、卒業生のご協力によって完成したものなのです。

九月七日、除幕式が行われました。天気だけが心配でした。幼稚舎をバスで出発する時は、小雨模様でしたが、除幕の時は、雲間から青空が見え、陽が射すほどになりました。木造の碑の時も除幕の時にパッと晴れ間が広がったのです。亡くなった先生方や卒業生が天から見守ってくださっていたのでしょうか。

幕が引かれると、碑を中心として植え込み全体を一つの世界とした光景が目に入りました。そして日向野先生の説明で納得、感動しました。碑は、高さ一三〇センチで、疎開の幼稚舎生をイメージしたそうです。碑の前を横切る白い砂利の流れは桂川を、その流れに置かれた平たい石は虎渓橋を、その左、松が自生した自然石は独鈷の湯を、後ろの石は伊豆の山々を表しているということです。碑の制作のために、この地に二十回も通った努力が実ったのです。彼にデザインをお願いして本当に良かったと思いました。

祝賀会は、「あさば」の大広間で行われました。内部はリニューアルされているとはいえ、疎開当時の建物で営業している「あさば」は、祝賀会にこれ以上ないふさわしい場所でした。浅羽さんご夫婦をはじめ、野田屋の御子孫野田和敬・直子さんご夫妻、仲田屋の御子孫植田さんが、慶應義塾からは長谷山彰塾長、清家篤前塾長が参加してくださったことは、この式典の意義を深める意味で嬉しいことでした。

そして、驚愕したのは八十歳半ばの昭和二十年卒業林恭弘さん、二十一年卒業鈴木光雄さんのスピーチです。原稿を見ず張りのある声で淀みなく話され、長過ぎず短過ぎず、記憶も確かで話の筋も分かり易く、秀逸のスピーチでした。

大広間の床の間には、月光荘画材店の日比なせさん（昭和三十四年E組卒）の厚意で額装にされた

「志たしみし　このひととせの　皆様と
　　　別れをしまん　こよひ一とき」

の書が掛けられていました。この書は、昭和二十年三月、六年生が中学進学のために修善寺を発つ送別会が「あさば涵翠閣」で開かれたときに掛けられていた書です。それを送別会が終わった後に、当時六年生の林恭弘さんが頂戴してきて、それを七十余年、林さんが所持されていたのです。浅羽一秀さんにこの書をお見せすると、当時「あさば」の当主だった祖父浅羽靖さんの字だと、感慨深げに話されていました。

「あさば」の料理も、心づくしのお料理と言うのでしょうか、何を口にしても美味でした。和食にそれほどの思いがあるとは思えない幼稚舎生までが、「御飯がおいしかった」と話していました。なにからなにまで良いことづくめの除幕式・祝賀会でした。

全国に学童疎開の碑はごく僅かありますが、全国の学童疎開を経験した多くの方々は、辛い、悲しい、ひもじい思いをした経験を碑に残すなどという事は思いもつかないことでしょう。しかし、幼稚舎疎開学園の碑が二つでき、今、こう

して幼稚舎の疎開学園に参加した方々がここに出席されているという事は、幼稚舎の疎開学園が特筆すべきものであったことを証明しているのかもしれません。そして疎開学園を経験された方々が戦後の日本の成長を担って、今の私たちがあります。そこで、幼稚舎としては、当時の教職員の努力、幼稚舎生の頑張り、地元の方々の協力を忘れないよう語り継がなくてはならない責務があります。恵まれた私たちはその先人の努力のもとにあることを理解していくべきです。その糸口になるのが、修善寺の碑ではないかと思います。木造は遠くなかなか足を運べません。しかし、修善寺は日帰りでも訪れることができますし、浅羽さんの親戚で、疎開をした学年と慶應高校から同期の井草さんのご厚意で修善寺幼稚舎の杜があり、毎年四十名ほどの幼稚舎生が修善寺を訪ねます。そういう意味で、修善寺に碑ができたということは、幼稚舎にとって大変意義ある事だと思います。

受け継ぎ今に生きる事の大切さ

藤本　秀樹
（幼稚舎教諭）

『慶應義塾幼稚舎 疎開学園の記録』の編集に、加藤三明先生からのお声かけで携わる機会をいただけたことは、私にとって貴重な経験となりました。また、慶應義塾幼稚舎修善寺疎開学園の碑の除幕式に参加する機会にも恵まれ、過酷な疎開生活を体験された先輩方と当時の場所で時間と空間を共有させていただくことができました。このことは、当時を知らない恵まれた平和な時代を幼稚舎で過ごせる私にとって、未来を歩むうえで大切なことを気づかせていただきました。編集作業と除幕式・祝賀会を通じて、先輩方がおっしゃっていた言葉や行為の意味が、どこでどのように生まれたのかを知る手がかりをいただけたと、心から感謝しております。

　その中でもとりわけ、あさば旅館での祝賀会で卒業生代表として挨拶をされた鈴木光雄先輩は、私が先輩のお手紙（『慶應義塾幼稚舎 疎開学園の記録 下』第九章一四九〜一六三頁）の編集をお手伝いさせていただいたご縁もあり、嬉しくも親しみを感じました。そして、ご挨拶にあった「疎開中にいじめと体罰は一切なかった」は、私にとって電流が走る言葉でありました。この言葉からしばらく離れることができなかったのです。

　これは、私なりの過去の延長線上に発生したとも考えらます。何故なら、幼稚舎就任二年目、それは、過酷な修善寺・木造疎開学園を経験された元幼稚舎教諭の近藤晋二先生クラス（平成元年O組）の六年高原学校中の出来事と繋がったからです。近藤先生のクラスはアットホームで男女仲の良いクラスでした。現在も変わりありません。しかし、親元から離れての十日間の宿泊生活ですから、終盤に差し掛かると多少なりとも問題がないわけではありません。校内大会敗北後、ある児童の不平や不満がつみかさなって、少人数対大人数の喧嘩に発展した時の先生の対処方法が蘇ってきたのです。

先生は子供同士の喧嘩について、就寝前のクラスミーティングで、低学年のうちにクラスで徹底したことを再確認されたように思います。結論として、「一対多数の喧嘩は、一人がいかなる理由であれ多数が悪し」一人の人間として「卑怯なことはしない」故、心温かく叱り諭されたように記憶しています。近藤先生は、随分と後になってから、叱った根拠について、幼稚舎一年生時の担任の先生であった吉田小五郎先生の教えから発していたと、雑談の際に、教えて下さいました。また、その際におっしゃっていた「高原学校は長ければ長いほど良いものであると僕は考えている。」も今でも忘れることはありません。

しかし、就任当初の私は疎開のことを全く理解できておらず、近藤先生が児童と向き合っていらっしゃった物事の本質を全くもってイメージできてはいませんでした。今考えると何ともなく申し訳ない気持ちであります。

それは、上巻一九七頁にある奥山貞夫先生の文章「初めは、おたがいに我儘で喧嘩をしたりの事件がありましたが、だんだん日が経つにつれて、仲良く助け合い、とても辛抱強くなりました。」にも通じるのではないかと感じとることができ、お蔭で、私が歩んだ高原学校と疎開との関連性を垣間見ることができたように感じています。

編集作業と修善寺疎開学園の碑の除幕式の経験を通じて、未来に向けて新しいことに挑戦するとき、公平に判断する物差しとなり、次の世代に理念を明確に伝えることができるきっかけを与えていただいたことに改めて感謝申し上げます。そして何よりも、気概をもって今に生きることの大切さを教えていただいたようでなりません。有難うございました。

継ぐこと　伝えること

杉浦　重成
（幼稚舎教諭）

修禅寺での除幕式の後、『あさば』で祝賀会が開かれました。その折に卒業生の鈴木光雄さんからお話を賜りました。つらく厳しかったであろうことが想像に難くない修善寺での疎開学園での生活の様子を、穏やかな優しい語り口でお話しくださいました。お話の途中に「これが幼稚舎の教育ではないのか」と仰り、三つのエピソードをご披露されました。

一つ目は疎開学園では「御真影」を飾らなかったこと、二つ目は修善寺から青森県木造に再疎開する時の品川駅到着時のこと、加えて、「先生たちが何よりも子供のためを思っていた」ことの三つでした。

清岡暎一先生のお力で『幼稚舎』という名前が守られたこ

とと合わせて、当時としては当たり前であったであろう、また、そうすることが必然であったであろう「御真影を飾る」ことをしなかったという決断をされた当時の先生方の気概に思いを馳せました。戦時下という非常時において、揺るぎない信念を貫くことは極めて困難であったはずです。しかし、現在、そして未来に向け、何が子供たちにとって一番大切なのかを常に考えておられたのだと感じました。昭和二十年十月十五日付の『木造通信』の終刊号で吉田小五郎先生は「私どもの口から申すのはどうかと思ひますが、我々の學園は確かに模範的のものであったと自負して憚りません」（『慶應義塾幼稚舎 疎開学園の記録 下』二五頁）とお書きになっています。吉田先生をはじめとする先生方の強さ、そして厳しさが思われます。

修善寺から木造へ向かう途中の品川駅で停車時間があった時、他校を含めた多くの児童が車窓より身を乗り出して家族との別れを惜しんだようですが、幼稚舎生は出発時には車内に一列に並んで敬礼をしたことを知りました。戦況によっては家族との「今生の別れ」となるかもしれないのに、幼い子供たちに随分と厳しい措置を取られたことを感じました。空襲によって大きな被害を受けた東京の街並みを見せたくなかったのではないかとか、出発遅延に繋がるような予期せぬ混乱が起こるのではないかとか、今となっては当時の先生方のお考えは推察することしか出来ません。もしかすると、それぞれの子供に差異があってはならないとの判断があったのではないか、とも考えてしまいます。何らかの事情で家族が一人も見送りに来られない子供がいたとしたら……、自分だけ差し入れが受けられない子供がいたとしたら……。これから木造に向かう子供の心は大きく痛んでしまうと思われます。一見すれば、厳しいと感じられる措置も「何よりも子供のためを思っていた」と考えれば氷解します。子供たちを愛するがゆえに、厳しく接したのだと感じられます。

　中国の古典『尉繚子』に「善将者愛与威而已（善く将たる者は愛と威のみ）」という言葉があります。立派なリーダーになるには、思いやりと厳しさを兼ね備えていればいい、という意味です。疎開学園の先生方全員がこの「愛」と「威」を心得て誠意と真心をもって子供に接しておられたからこそ、終戦後に一人も欠くことなく無事に幼稚舎に戻れたのだと思います。

　吉田先生は『芽茂（六）』の中で「われわれは、いつの場合にも、子供を守り、その小さい心の動きを敏感に察して、強い刺激を避けなければならぬ、同時に父兄に無益の心配をかけてはならないのである」（『慶應義塾幼稚舎 疎開学園の記録　上』一三六頁）とお書きになっています。このことは、時を経た現在においても決して忘れてはならない重要なことであると感じます。戦時下とは異なる平和で安全な世の中を生きる私たちですが、こうした信念をしっかりと受け継ぎ、過去の延長線上にある現在、そして未来へと伝えて行かなければならないという使命を与えられたことを強く感じます。

　私の父は、東京の青梅にある寺に集団疎開していました。私が幼少の頃は、父に連れられてよくこの寺に出掛け、近くにある田んぼで無邪気に泥だらけになって遊び、おたまじゃくしや蛙を捕まえた記憶があります。父は「疎開を想い出すから」といって、キュウリやトマトを殆ど口にしませんでした。ただの好き嫌いの言い訳だ、と思っていましたが、幼稚舎の疎開の資料を編集するうちに、「それならば、どうして父は疎開した場所に私を連れて行ったのだろうか」という疑問が湧いて来ました。当時の自分と同じ年頃になった息子を照らし合わせ、平和であることの幸せを感じていたのでしょうか。それとも、青梅の風景や様子を私に見せ、感じさせ、何かを伝えたかったのでしょうか。一昨年、父は他界しました。もはや、尋ねることすら叶いません。

　このたびの「慶應義塾幼稚舎 疎開学園の碑」の建立や『慶應義塾幼稚舎 疎開学園の記録』（上・下）の刊行、さらには別巻の編集を通して、私は当時の先生方や疎開を経験された先輩方から何を学び、何を受け継ぎ、そして、今後に何を伝えていかなければならないのかを深く考えるようになりました。

　先ずは、子供たちの安全や健康に留意し、命を守ることだと思います。現在、平和で幸せな生活を送れているからこそ、それが当たり前になりすぎてその意識が希薄になっているような気さえします。当時の先生方に倣って「何よりも子供のためを思う」気持ちを常に念頭におくことを再認識しました。続いて、子供に接するにあたり、「愛」と「威」、「優しさ」と「厳しさ」の調和を考えることです。私自身が置かれた状況を把握し、心を配り、時に応じて言動が伴うのか、ということです。そうした中で「幼稚舎の教育」を受け継ぎ、疎開学園での生活を今後に伝えていかなければなりません。一番新しいものが一番優れているわけではないと思います。新しいものは古くなります。しかし、いいものは決して古くはなりません。今回の疎開学園の事業を通して、当時の先生方や幼稚舎生の姿勢や考え方、その心を忘れず、強く心に抱き続けたいと私は感じています。

木造と修善寺と

神吉　創二
（幼稚舎教諭）

平成二十一（二〇〇九）年十月。幼稚舎疎開学園記念碑の除幕式・祝賀会に参加する機会を与えていただき、初めて木造を訪れました。当時幼稚舎生として疎開学園に参加していた先輩方は、幼稚舎生や私に、疎開中の出来事を決してお説教のような口調で話されることはありませんでした。寧ろ、車窓からの流れる景色を眺めながら、静かに半世紀も昔の出来事を反芻されているような、穏かな表情をされていました。とある先輩がおっしゃっていた「喉につかえていたものがやっととれた感じ」「胸が一杯で言葉にならない」という言葉が印象的でした。祝賀会で合唱した世代を超えた「幼稚舎の歌」。戦争の時代を生き抜いた先輩方があって、今の幼稚舎があるのだということを体感し、大変に感激しました。幼稚舎の歴史の中で、戦時中の疎開学園については、決して風化させてはならないと感じました。実際に自分の目で疎開について見聞きできたこと、記念碑除幕の歴史的瞬間に立ち会えたこと、その雰囲気を肌で感じられたこと、先輩方とお会いできたことは、私にとって大変貴重な体験になりました。

あれから八年が経ちました。

『慶應義塾幼稚舎 疎開学園の記録』（上巻・下巻）の編集に携わったことは、幼稚舎の歴史をより身近に学ぶことができた大変貴重な機会になりました。それは、遠い過去の出来事として傍観するのではなく、あの時代を生き抜いてきた先輩方が実際に近しくいらっしゃるという意識、共に木造を旅したという（一方的な）一体感から生じる、近い出来事として幼稚舎の歴史を感じることができた機会でした。

戦後に生まれ、そして戦争を経験した親族もいなくなってしまった私にとって、母校であり奉職する幼稚舎の先輩方から直接的に教えていただいた戦争のことは、まさに生きた教科書でした。しかし、誤解を恐れずに記すならば、『疎開学園の記録』編集時に見る「戦争」は、惨たらしくて荒寥としていて不憫で悲哀で、とても直視できないような哀しすぎる地獄絵図ではなく、そんな大変で悲しい中にあっても元気で生き生きと前向きに過ごしている、今と変わらぬ活発な幼稚舎生の姿でした。

平成二十九（二〇一七）年九月七日。幼稚舎から出発した二台のバスは、修善寺へ向かいました。どんな碑が出来上がったのだろうか、その対面に心躍りました。と同時に、幼稚舎の歴史にとって今日は間違いなく記録・記憶される一日になるのだろう、その一日に立ち会おうとしていることに心地よい緊張感を抱きました。

修禅寺での除幕式。白い布から姿を現した記念碑は、幼稚舎造形科教諭である日向野豊先生の渾身の作品でした。修禅寺の境内の目立ちすぎないその場所に、控えめに且つ存在感を示す記念碑でした。修禅寺境内を歩く観光客の目には、我々はどう映ったのでしょう。いったいどんな団体と思ったでしょう。遠い戦争の時代に想いを馳せ、そうして念願かなって疎開学園の記念碑が建ったのだという感慨を、誰が知ることができたでしょうか。

あさば旅館での祝賀会も素敵な時間でした。疎開学園に参加された先輩方、関係者や来賓の方々、現役幼稚舎生と幼稚舎教員。これだけの幼稚舎を愛する人たちが一堂に会するその厳かで和やかな雰囲気の場に、今こうして自分がいられることに理屈抜きに感激しました。

夕刻にバスで天現寺まで戻り、タクシーで帰路につく先輩方をお見送りしました。先輩方のその満足そうなお顔が印象的でした。あっという間の一日。名状し難い満足感がありました。

今回の修善寺における疎開学園の碑の建立は、偶然の成り行きではなく「必然」であったように感じます。全てが何かの力によって導かれているようにも、そして様々な人と人との結びつきが、この幼稚舎の歴史を作ってきたようにも思えるのです。

慶應義塾幼稚舎は、あの時代を経て今あるのだ、ということを強烈に感じさせる夏休み最後の一日でした。

翌日の二学期始業式。久し振りに会ったクラスの子どもたちの顔を見て、昨日の余韻が残る修善寺での出来事を、どう話そうかと一瞬躊躇いましたが、先ず心を込めて幼稚舎生活を過ごすことからだと思いました。まだ小さい二年生の子どもたちと、いつか『幼稚舎の歴史』を共に読んで、疎開のことを共に考える日が来るのだと思います。

木造と修善寺と。

この二つの記念碑は、幼稚舎の歴史を永久に刻み、そしてあの時代を生き抜いた先輩方があって今の幼稚舎があるということを伝え続けてくれるでしょう。

幼稚舎の誇る宝物です。

疎開学園の記録　編集作業に参加して

清水　久嗣
（幼稚舎教諭）

『慶應義塾幼稚舎　疎開学園の記録』の編集に携わり、戦時中の幼稚舎疎開に関して多くのことを知ることができました。

戦禍が激しくなり、児童・生徒らが多数、東京から疎開したということは知っておりました。家族から離れて過ごすことは、彼らにとってはとても寂しいことだったことでしょう。また、親にとっても断腸の思いで送り出したことと思います。その実情や当事者の気持ちを知ることによって、本当に苦しい時間を過ごしたのだと感じました。

先の大戦から七十余年。戦争のことについて語れる方々が鬼籍に入り、少なくなって参りました。戦争を知っている方々は、それぞれたいへんな思いを持って生きていらっしゃいました。その体験を聞いて、次の世代に伝えることがこれからの私たちの仕事の一つになることでしょう。この記録を残すことも、単なる記録としてではなく、次の世代へのメッセージになります。

私事を挟んで恐縮ですが、父は広島県尾道市出身で、原爆の被害に直接遭うことはなかったそうですが、その恐ろしさを話してくれておりました。母は東京におり、東京大空襲などの戦争体験があります。焼夷弾の降り注ぐ音がするたびに逃げ回ったそうです。「ヒュルルルル」という音とともに落下したきたそうです。焼夷弾の油が顔に飛び散り、大火傷を負った友人がいたそうです。その方とはそれ以来、会うことがなかったと言っておりました。また、機銃掃射で友人が撃たれて亡くなったという話も聞きました。このような話を何度も聞かされました。しかし、戦争休験のない私に、何度も同じ話を繰り返し話した意味が、ようやくわかるようになってきました。

戦争の悲惨さを伝えるためには、戦争を知らなければなりません。体験したことのない私たちは、戦争のことについて聞いたり見たりして、想像しなければなりません。時には目も背けたくなるような写真に出合ったり、聞くに涙する話を拝聴したりすることもあります。しかし、それらを知ることにより、次世代に戦争の愚かさを直接伝えることができるのだと思います。本書はその一助になります。

戦争を知ることにより、愚かな人間の行いを止めるためのエネルギーになると私は思います。それにより、何よりも親子の間に不幸を作ることを避けることができるはずです。

『慶應義塾幼稚舎 疎開学園の記録』（上・下）に触れて一番心に残っているのが、親子の愛情が感じられる部分です。特に、親子間での書簡のやり取りには、深い深い愛情が感じられ、体が震えるほどの感動を覚えました。

今でこそ、メールやラインのやり取りができ、瞬時に文章を送ることができますが、戦時中の郵便事情はあまりよくなかったはずで、手紙や葉書を心待ちにしていたことでしょう。

下巻の林恭弘氏の手紙（葉書）には、そのほとんどに元気であり、安心してほしいという趣旨の一文が入っています。まずは家族に元気でいるから心配しないでほしいという意味が入っているように思われました。また、祖母への葉書の多さにも、祖母思いの人柄がわかります。

戦争で引き裂かれてしまった家族の悲しさだけでなく、温かな関係も読み取ることができ、そのような事態を招いた戦争がいかに愚かなことであるかがわかります。

その他にも、日記の掲載があります。その時に児童らがどのように暮らしてどのように考えていたのかがわかります。また、教員が児童を守るために奮闘している記録もあります。

本書は、単に幼稚舎の戦時中における疎開の記録にのみならず、広く、次世代へのメッセージも含んでおり、戦争を起させないための資料として重要な役割を持っていると思います。どうか、一読だけでなく、時に触れて読んでいただき、今の日本に必要なことや足りないことを、本書を読むのが難しい世代はわかりやすく伝えて欲しいと思っております。

本書の編集に携わることができたことを、幸甚に存じます。

編集に携わらせていただいて

廣瀬真治郎
（幼稚舎教諭）

私は、今年四十歳を迎える。両親共に戦後生まれなので戦争というものを折に触れて考えることはあっても、身近なものだとか、リアリティーのあるものだとか感じることはこれまでなかった。家族の中で唯一、第二次世界大戦の戦地へ赴いていた祖父に話を聞こうと試みたことはあったが、「当時のことは思い出したくない。話したくない。」との一点張りで、多くを語ってはくれなかった。その祖父も三・四年前か

ら記憶が曖昧になり、施設に入る事になった（その後、一昨年亡くなった）。いよいよ戦争というものを身近な人から聞く機会がなくなってしまったと思っていた、そんなタイミングで、「疎開学園の編集を手伝わないか」という旨の呼び掛けが、教員での連絡会議終盤でなされた。私は迷うことなく手伝わせてほしいと加藤先生に申し出た。

四年前に東日本大震災の被害に遭われた東北へ訪れた際、現地の被災者は、皆さん口を揃えて「このつらい経験を語り継いでほしい」、「風化させないでほしい」と仰っていた。戦争も震災も辛い経験ではあるが、それらを乗り越えてくださった先人の方々の苦労があったからこそ、今、我々がこうして幸せな日々を過ごせている事を忘れないためにも。本当の苦しみを知らないなりにも、自分たちができることを何かしたいという思いは心の奥底に常々あった。確かに戦争は祖父が言っていたように思い出したくもない辛い記憶なのだろうが、これから日本或いは世界を背負って立つだろう若者は知っておく必要があるのではないかと思う。今回、そのほんの一端だけでもかかわらせていただく事ができ、当時の幼稚舎生たちがどれだけ辛く苦しい生活を強いられていたのかということを目の当たりにすることができたのは幸運なことである。

以前給食の調理場があった場所に、幼稚舎の舎史資料は保管されている。その舎史資料室から疎開当時の資料をなるべく多く探し出すことから作業が始まった。多くの資料が出てきて、どの資料も興味深かったが、個人的には、当時の幼稚舎生やかかわる大人が何を考え、どのような生活をしていたのか知る事のできる資料には強く心を奪われた。特にハガキや手紙、日記等のインパクトは強い。いかに生活が苦しいのかという事が詳細に書かれているにもかかわらず、丁寧な字や絵で、親や教員等の大人に対して敬意を払った文章が書かれているのである。以前に知覧へ訪れ、特攻隊の方々がご家族に向けて書いた手紙を読んだことがあるが、特定の方の手紙だけがそうなのではなく、どの方もしっかりとした字で、自分の果たす役目の責任や名誉について前向きな思いが書かれていた。内容や立場は違うが、疎開中の幼稚舎生の字や絵からはある種同じような印象を持った。私も含めて現代の人は、しっかりと親やお世話になっている周りの方々に敬意を払えているだろうか。また、我々はもう少し字を書くという事を大切にすべきなのではないかと。正しい字で、自分の思いを真っ直ぐ文章に丁寧にぶつけるべきではないかと。疎開中の幼稚舎生の字や文章を目の当たりにし、幼稚舎の教員として、字や文章を身に付けさせるという指導をしっかりしなければいけないと慙愧の念に堪えないところである。

また、当時の日記や当時を振り返る座談会等から読み取れる当時の生活や考えについては驚かされ通しだった。食料が不足していたというのは何となく想像できていたが、私がしていた想像をはるかに超える大変な食糧事情がそこにはあった。しかしそれより驚かされたのは、そんな苦境に立たされた幼稚舎生は、負けず逞しく生活を過ごしていた現実である。それだけではなく、日々の生活が規則正しく、座学をはじめとしてやる事がしっかりあり、時間を持て余しているという印象を受けないのにも驚かされた。おそらく幼稚舎生が日々の喜びを感じられるよう、先生方が方々に掛け合って、工夫されたのだろうと容易に想像がつく。その一方で幼稚舎生ばかりに疎開を乗り越えた印象を持ってしまいがちだが、先生をはじめとして、校医の先生、看護婦、寮母さんなど、多くの方々の気苦労は想像を絶する。大人だって、辛い思いをしているはずだし、子どもたちの手前、弱気な面を見せてはいけないと、毎日気を張って生活なさっていたはずである。疎開当時の様子を知れば知るほど、当時の幼稚舎は、子どもとそれを取り巻く保護者や教職員が一つのチームであり、その結びつきが強く、いざという時にこそ力を発揮する集団なのだと感じた。そのために、老若男女に捉われず、誰もかれもが自分のすべきことを考え、行動に移せる行動力が不可欠なのである。あと数年で百五十周年を迎える幼稚舎も、先人の方々のように、ますます心身共に強靭な人たちの集団となれるよう、努力していく必要がある。これから先も、百年、二百年と、疎開を経験された先輩方の歩まれた道を汚すことなく、幼稚舎が更に輝きを放つ集団になっていかれるよう、日々精進していこうと決心した。

最後に、記録編集に際しては、多くの先輩方や福澤研究センターの方々、その他様々な面で支えてくださり、ご協力してくださった皆様のお陰で別巻まで漕ぎ着けることが出来たのだと思い、ここまでの記録を残すことが出来たのは、やはり幼稚舎という集団が素晴らしいからなのだと更なる確信をもった。私は感謝を述べるべき立場ではないが、この場を借りないとその気持ちをお伝えできないので、感謝申し上げたい。これ以上の続編が出ないことを祈りつつ、こういう貴重な経験をさせていただけた事に感謝して締め括りたいと思う。

『疎開学園の記録』から思い浮かぶもの

藤澤　武志
（幼稚舎教諭）

二〇一七年九月七日。藤城清治氏による影絵『光陰の中を巣立つ仔馬たち』の前に立ちながら胸の高鳴りを抑えられずにいた。これから、修禅寺に建立された疎開学園の碑の除幕式に参加するために当時疎開学園に参加されていた卒業生の方たちが来る。目の前にある名簿の中に、私が知っているお名前が二つある。鈴木光雄さんと、林恭弘さんである。二人とお会いした事は一度もない。ただ、初めてお会いするような気持ちでいられないのには理由がある。お二人にとって大切な疎開学園当時に書かれた手紙や日記を読ませて頂いていたからである。

加藤三明先生の呼びかけにより始まった『慶應義塾幼稚舎疎開学園の記録』編集作業に参加して、まず私に与えられた仕事は、鈴木光雄さんが疎開学園中に書いた手紙と家族から鈴木光雄さんに宛てた手紙をパソコンに打ち込む事であった。藤本秀樹先生が途中まで打ち込み終わっていたものを引き継ぎ、青色と白色のファイルに納められた手紙の内容を打ち込み始める。家族からの葉書がたくさん届くので班の皆にうらやましがられていた事、皇后陛下から賜ったお菓子を食べてしまわずに面会の時に父母に渡した事等、鈴木さん一家が強い絆で結ばれていた事が分かる数々のエピソードに触れながら、読み進める手が止まらず、その日のうちに数十枚あった手紙を全て打ち終えてしまっていた事をよく覚えている。

鈴木さんの手紙を打ち終えた後に渡されたのが、林恭弘さんの手紙と日記であった。林さんは、当時六年生だったので、卒業後に進む学校の相談や帰京前に行われた送別会、帰京前日の様子、恵比寿駅に着いた時の光景などが記されていた。送別会当日の日記には、

「最後なので女中さんがたから、宿の方一人残らずやって下さって、とてもありがたかった。僕は、この送別會は一生のよい思い出になると思った。」

と書かれていた。その言葉通り涵翠閣でもらった「志たしみし…」の歌を今まで大切に保存されていた林さんは、どのようなお方なのであろう、いつかどこかでお会いできればと思っていた。

幼稚舎の玄関を訪れる卒業生の方々が目の前を通る度に、胸の高まりは強くなっていった。そして、ついに林さんがいらっしゃった。受付を済ませようとされている林さんに声をかけずにはいられない。

「私は、幼稚舎の教員で藤澤と言います。『疎開学園の記録』を編集する時に手紙と日記の打ち込みを担当させて頂きました。」

と言い終えた時に、林さんは笑って私の言葉を受け止めてく

ださっていたが、きっと驚かれた事と思う。ちゃんとした自己紹介もせずに、勢い余って話しかけてしまった事を後悔するよりも、お会いする事のできた喜びで頭の中はいっぱいになっていた。そして、もっとお話ししてみたいという気持ちがふつふつと湧いてきていた。しかし、そのような時間は準備されていない。

修禅寺で行われた除幕式。滞りなく進行する式典で卒業生代表として挨拶をしたのは、なんと林さんだった。直接お話をする事は叶わなかったが、林さんの言葉を聞くことができる。語られる言葉の一つ一つは、私の頭の中で手紙や日記の言葉とつながり、体の中に染みこんでいくような感覚があった。当時は不安な気持ちであった事が語られた時には、手紙の冒頭には必ず「あいかはらず大元氣です」と書いていらっしゃった事を思い出し、家族を心配させないようにする心配りを同じ立場で出来たかどうか考えさせられてしまった。

場所をあさば旅館に移して行われた祝賀会。ここでも驚きが待っていた。会の始めに卒業生代表として挨拶をしたのは鈴木光雄さんだったのである。鈴木さんの言葉は力強かった。会場にいる多くの疎開学園を知っている卒業生ではなく、現役幼稚舎生と私たち幼稚舎教員に向けてのメッセージであった。体罰もいじめもなかった疎開学園、恵比寿駅から木造へ向かう前に見送りに来た父母に対してした敬礼、疎開学園を閉じる際に吉田小五郎先生から送られた「子供達の上に幸あれ！」という言葉に込められた子ども達の幸せを考え続けてくれた先生達の熱意、それらをひっくるめた「疎開魂」を励みに今を幸せに生きていらっしゃるというお話は聞いているだけで胸が熱くなった。鈴木さんと一言でもいいから交わしたいと考えていた私は、文の寄稿の依頼書を渡す際に、意を決して話しかけた。葉書に描かれていたノラクロの絵の話をした時に、鈴木さんは照れくさそうに笑いながら私の肩にそっと手をかけて下さった。

林さんや鈴木さんと直接お会いしてから、『疎開学園の記録』をもう一度読み直している。ただパソコンに打ち込んでいただけの時とは違い、今ではお二人の笑顔、除幕式や祝賀会で語られていた言葉が自然と浮かんでくる。これから幼稚生に疎開学園の事を語る時、まず思い浮かぶのもお二人の手紙や日記に書かれていた話であろう。この経験は、これから幼稚舎で教員を続けていく私の財産になると確信している。

碑の制作に思うこと

日向野　豊
（幼稚舎教諭）

このたび、畏れ多くも修善寺疎開学園の碑の制作を担当させて頂きました。散文的ではありますが、その制作の過程を記し、ここに掲載致します。

幼稚舎教諭の加藤三明先生に同行し、私が修善寺を訪れたのは、平成二十八年の七月でした。乗客もまばらな伊豆箱根鉄道駿豆線の車窓から眺める、ぽっかりとした可愛らしい小さな山の群れや、緑の美しい田園風景は、のどかでゆったりとしておりました。疎開当時の幼稚舎生が、どのような気持ちで電車に揺られていたのか、想像に及びませんでした。加藤先生には、修善寺の街を歩きながら、丁寧に疎開の歴史をご説明頂き、修禅寺、あさば旅館、野田屋跡などの縁ある場所をご紹介頂きました。この後、約一年二か月の間、二十回程この地を訪れ、修善寺の皆様からお引き立てを賜ることは、この時は想像できませんでした。

加藤先生から「修善寺にも疎開学園の碑を」というお話を伺い、一介の美術教師でしかない私が碑の制作の依頼を頂いた際、粘土や木材を中心に扱ってきた彫刻家崩れの自分に成せるものか不安でした。更に、戦禍を生き抜いて力強く社会を再興された皆様に向けて、また、幼稚舎を受け入れ様々にお世話くださった修善寺の方々に向けて、どのような記念碑を制作すればその事実に見合うものができるか分かりませんでした。もう一つの疎開先である木造の疎開学園の碑を、幼稚舎を卒業された高名な建築家の横河健氏がデザインし、私はその碑を現地で拝見したこともありましたし、大変多くの皆様のご厚意により、多額のご寄付が集まったことも伺っておりました。重大な任務を仰せつかってしまったと、今でも感じております。しかしながら、美術作家としても社会人としても至らない私を拾ってくださった幼稚舎と皆様に対し、何か少しでもお役に立てればと思い、無条件に私を信頼してくださる加藤先生や皆様のご期待に応えられるよう、図々しくも制作にあたらせて頂きました。私のような者に制作の全てをご一任頂き、作業しやすい充分な環境をご提供くださった幼稚舎の懐の深さには、今もなお感激致しております。

碑の建立のために働きかけてくださった、「あさば旅館」当主の浅羽一秀様と、それに快く応じてくださった、修禅寺住職の吉野真常様には、格別のご厚意を賜りました。心より感謝申し上げます。浅羽様には、あさば旅館（旧涵翠閣）についてご説明頂いただけでなく、旧仲田屋をご紹介頂き、当時のお話や修善寺の美しさと文化についてもご教示頂きました。また、加藤先生の依頼により、石碑の碑文である「慶應義塾幼稚舎　疎開学園の碑」の書を何十枚と丹念に揮毫してくださり、その素晴らしい筆捌きばかりの書の中から最も石碑にふさわしい書を選ばせて頂きました。（グラビアⅱ頁①）吉野様には、何度も作業上の便宜を図って頂きました。また、修禅寺境内、境内の裏山、東海第一庭園と呼ばれる庭園、そして奥の院をご紹介頂き、制作のヒントを与えてくださいました。更に、人に対する姿勢や、植物や動物を愛護される姿、時折お話してくださる説話から、多くのことを学ばせて頂きました。吉野様やお寺の皆様のご厚意が無ければ、もっとこぢんまりとした石碑になっていたかもしれません。

初訪問の日、吉野住職から、碑の設置候補地として二つの

場所をご提案頂きました。決定した場所は、修禅寺宝物館の手前、幅四メートル七十センチ、奥行き二メートルの雛壇状の敷地です。私にとって、その敷地は大変広く立派に見えました。素晴らしい空間でした。敷地には既に、紫陽花が二株と椿が植えられており、いくつもの百合や檜葉も茂っていました。また、敷地周囲には古めかしい軒平瓦が柵のように据えられており、重厚な獅子口（瓦の一種）が三体、オブジェのように座していました。頭上には細やかな葉の紅葉が茂り、程よい日照環境でした。大変恵まれた敷地であります。

碑の制作にあたり、私が武器として用いることのできそうなものには、学生時代の建設現場アルバイトや、小平市の公園に記念碑を建てた経験と、ランドスケープデザイン、石庭、庭の草木などへの興味程度しか無く、資料を漁ったり見聞を広めたりするなどの充分な勉強や調査が必要でした。修禅寺御用達業者の山口石材さんには、今回の制作で様々にお世話頂きました。修善寺界隈に点在する石材や由緒ある石碑を見学し、いくつもの可能性を共に検討してくださったことは大変心強かったです。また、私は修善寺駅から修禅寺までの道程を、夕闇と小雨の中で歩き、当時の幼稚舎生や教職員の方々が、どのようなお気持ちで歩かれたかを考えながら、修善寺の景色を見て回りました。そして、疎開学園の記録や修善寺の歴史から学び、修善寺温泉一帯をくまなく歩き回ることで、修善寺らしさを感じる趣と、その風景を損なわないデザインの方向性を希求するようになりました。特に、石碑の本体となる石材は、修禅寺の情景に馴染むよう、表面加工をしない自然石がよいと判断し、時間をかけて石材探しを行いました。

石材については当初、全て修禅寺近辺の石材で制作することを目標としておりました。しかし、石材のサイズや作業工程の問題、何より石材の強度や美観の点で、碑の中心となる石材だけは、これといったものが見つからず難航しました。百幼稚舎教諭の岩井祐介先生と共に探索して目にしてきた、百年以上前に建立された石碑のような見事な石材は、もうほとんど採掘されない類のものでした。そこで目線を変え、石に詳しい人々から情報を収集しました。その中でも、過去に幼稚舎に勤め、現在は横浜初等部の図工科に所属している岡田健太郎氏から頂いた、「小松石」の情報に注目することにしました。小松石については、幼稚舎教諭の杉浦重成先生から、「本小松石」という正式名称をご教示頂きました。「西の庵治、東の本小松」と言われるほどの高級石材で、各地方では石材の高級さを強調するため、それぞれ特産の石の名前の下に「小松石」と銘打ち箔付けするほど、非常に人気で重宝されてきた歴史があるそうです。そうした数々の石と区別するために「本小松石」と名乗るようになったとも言われており、調べるにつけ、由緒ある銘石ということが理解できました。私は、自然のままでも、加工し、研磨しても、品のある表情、色味、密度、質感を持つ本小松石に惹かれ、碑の石材として充分な魅力があると感じました。その中で最も碑にふさわしい石材を探しに、原産地である伊豆半島の根元にある地、真鶴を訪れました。

真鶴では何軒かの石材店を訪ね歩きましたが、最終的に竹林石材店さんにお世話になりました。真鶴駅の北を車で十分も経たない内に、山の中に入ります。その山が丸々、本小松石の採石場でした。岩の塊で出来たとてつもなく広い穴と崖の光景からは、石と闘い、石を愛した人々の逞しい労働の歴史を感じることができるかのようでした。（グラビアⅱ頁②）自然そのままの石は、悠久の時を経て圧縮した岩盤から採り出され、ふたつと同じ姿をしていません。採石場のそこかしこに並べられた石材は、どれも特徴的で、それぞれにイメージが広がるようでした。気になる石材を選りすぐり、絞りに絞って、四度目の訪問で決定したのは、子どもの背丈ぐらいの高さの、山型の美しい石でした。経年変化で滲み出た鉄分が、表面にあたたかみのある紫がかった絶妙な表情を与えてくれていました。私はこの石に、疎開を経験され、戦中、戦後を生きた幼稚舎の皆様の人生が投影できるように思えました。他の石の可能性を絶つのをもったいないと感じながらも、後に退かぬよう、その日の内に、設置するための石材底面の切り揃え加工に入りました。私の死後も、この石は疎開学園の事を語り継ぎ、その時お世話くださった修善寺の方々への感謝の意を示すものとして残るため、重大な決定でした。皆様からどのような評価を頂いても、私はこの石と心中するぐらいの覚悟でした。この時点で、平成二十八年の暮れに入っていました。

主石の決定により、インスピレーションが与えられ、今まで明確には定まり難かったデザインが進展しました。この地に訪れる方々が、疎開学園の事実に心を集注することができるような、修善寺の象徴的な情景を凝縮して表したいと考えました。今となっては余談ですが、デザイン決定当初は、吉野住職から利用許可を頂いた、修禅寺の石材や古瓦を活かす方向でした。石碑に触れられるように中央に石段を敷き、獅子口の瓦を横に立てて経の巻の穴に花を生けられるように設置することを考えていましたが、要素が多すぎるのとメンテナンスに問題があり、植栽を施すこともあって断念しました。修禅寺の歴史を感じられる魅力的な素材を使わないのは大変もったいないように思いましたが、そうした素材から滲み出る古風な色香に頼って阿ることで、全体のバランスが失われるのは本末転倒だと判断しました。デザインの過程で、他にもたくさんの魅力的な石材と出会いましたが、後ろ髪を引かれる思いで見送ってきました。

主石の碑文の彫刻、碑誌と台石の加工、既存の植物の植え替え、石を支える鉄筋コンクリート基礎の打設などを経て、準備が整った八月後半、石材の搬入と設置を開始しました。（グラビア：ii頁③・④）今回使用する石材が集結し、その石材たちがクレーンで空中を舞い、厳かに設置されてゆく光景は、感動そのものでした。私は、主石周囲の石の設置場所をスコップでひたすら手掘りし、石を運んでは交換して眺め、より理想的な石材の配置に努めました。特に六方石のような細長い石は、充分に埋める深さが無ければ倒れてしまいます。しかし、土中は拳大以上の岩石が入り混じったガラ（瓦礫）だらけで、スコップの刃が立たないこともしばしば有り、久々に手強い肉体労働を体験しました。昔の開拓民や築城などの普請役を負った人々の辛さと逞しさを想像すると、私などは青二才そのものでした。私は坊主頭なもので、観光客の方から「お坊さんも大変ね」とのお言葉を頂くことがありました。山口石材の職人さんと二人で石の設置を終えた頃には、完成までの全貌が見え始めました。私は修禅寺を訪れるたびに、作業後ではありますが、毎回の感謝と無事の完成を祈りました。しかし、石材の設置が終わった日、私のような者がこの歴史深い土地をこの手に掛けて作業を進めさせて頂けることに、改めて込み上げるものがありました。

植栽については当初、私自身がその場に適う植物を調べて選び、全て植える覚悟で進めてきましたが、命あるものですので、すぐに枯らしてしまうなど、今後の影響を考えると、なかなか手が付けられませんでした。土壌の性質、半日陰に適した植物の入手、植物の生育上の注意点や生育度合い、手入れやメンテナンスの問題など、私はあらゆる方面で知識も技術もないため、ついに植木屋さんの手を借りられるように許可を頂きました。予てから、幼稚舎教諭の萩原隆次郎先生よりご紹介頂いていた、グランスケープの大石剛正氏より、業界でも有名な小田原植木の近藤増男氏に相談できるよう便宜を図って頂きました。近藤社長は快く相談に乗ってくださり、伊豆堀内園さんをご紹介くださいました。堀内園さんは、私から疎開学園の経緯を聞くや否や、手厚く応じてくださり、後述する松の生えた伊豆産の大きな軽石（溶岩石）や、平たい軽石に茂ったイワヒバの群生などの、珍しく貴重な品まで提供してくださいました。地形、土壌、半日陰の日照環境など、この場に適した控えめながらも豊かな緑を実現するための植物を色々と提案してくださったお陰で、落ち着いた趣の植栽が実現できました。堀内園さんと植栽を施したのは、八月末から九月二日までの間です。無骨な岩肌のような景色が、徐々に日本庭園のように品のある緑の生命の世界に変わりました。今回縁のあった植物は、イワヒバ、スギゴケ、リュウノヒゲ、ヒメリュウノヒゲ（タマリュウ）、ヒマラヤユキノシタ、セキショウ、エビネラン、春ラン、ヤブラン、ツワブキ、ユキシノブなどです。季節ごとに、ささやかな花を見せてくれると思います。元々植わっていた椿（侘助）は、いつか花を咲かせてくれるかもしれません。植え替えて一株にしたアジサイは、成長が早いので、いずれ手入れが必要となります。有難いことに、修禅寺の方々により水遣りや清掃をしてくださるそうですが、頼ってばかりもいけませんので、私も時折、様子を見に行って手入れをしたいと思います。毎年恒例の修善寺「幼稚舎の杜」植林の際、参加者の方々にお世話頂ける機会があれば幸甚です。（グラビア:ii頁⑤）

石碑の手前に流れる白い伊勢砂利の枯山水は、最後まで素材の選定に悩みました。枯山水の両岸の土留めを、砕石の壁にするか、瓦の層にするか、それとも石段にするか、試してみなければ分かりませんでした。瓦を三層にして段を造ろうと試みましたが、どうしても人為的な硬さが出て気になったため、最終的に、より自然な情感を含む鉄平石に変更しました。この鉄平石は、鋭く武骨なイメージの鉄平石とは違って、形がやわらかく、白みがかっており、質感的にも品よく穏やかに感じました。もっと他の手段があったのかもしれませんが、溶岩石や半日陰の植栽で全てを渋めに落ち着かせて、周囲の風景に馴染ませ過ぎてしまうのではなく、色彩のコントラストが効いた白い流れを一線設けることで、目を惹くデザインとなればと考えました。枯山水に紅いモミジの葉がひらりと舞い降りるなどして、石碑を取り囲む世界が一層豊かになればと、淡い期待までしております。

仕上がったものを言葉でまとめるとすれば、石碑は、それ自体が疎開を体験された当時の幼稚舎生を象徴すると同時に、当時の修禅寺を象徴しています。石碑の石材は、前述した通り、本小松石の自然石です。小山のような形をしており、重量は一トンを超えます。これ以上大きくて立派な石もありましたが、この石材の高さが大きなポイントでした。その高さは、設置場所が雛壇状になっているため、数字より高く見えるかもしれませんが、約一三〇センチメートルあります。これは、小学校三年生から四年生の身長と同じぐらいになります。当時の幼稚舎生の面影を投影できるようにと意図したものです。碑文は、前述した浅羽一秀氏による揮毫です。それを山口石材さんが手彫りで彫刻しました。石に字を彫る際、通常は石の表面を洗浄してから行うようです。しかし、私はこの石の表面の紫色に滲んだ経年変化の表情こそが味わい深く美しいと感じ、その色味をできるだけ残すようにして頂きました。手彫りや運搬の際には、衝撃によってその色味に傷

が入って、欠けたり、剥落したりする場合がありますが、山口さんには無理を飲んで作業して頂きました。（グラビアⅲ頁⑥）

石碑の周囲を取り巻く敷地は、修善寺の地をイメージしました。石碑の奥には背景として、伊豆産の大きな軽石（溶岩石）を大胆に両断したものを、伊豆の山々に見立てて左右に設置しました。また、敷地の両端や軽石の間には、高低差をつけた伊豆の六方石を配置しました。これらの伊豆産の石は、今や入手困難の代物です。美術教育の現場では、昔と比べると素材や道具が改良されている面もありますが、恐ろしい早さで生産中止の商品が増えています。原料が手に入らないことや新素材の導入などで品質が変わったり、業者が廃業したりといった状況です。特に現場で感じる限り、紙の業界は顕著です。石の業界も、同じような状況であると聞きました。また、安くて大きい外国産の石材に席巻されている感は否めないようです。そうした中で、貴重な石材を導入することの意義は大きいと考えます。（グラビアⅲ頁⑦）

伊豆の六方石の中でも特に重厚なものは、石碑の手前に敷きました。これは修禅寺の前に架かる橋（虎渓橋）を表します。白い伊勢砂利の枯山水は、修善寺を流れる桂川を表します。疎開学園の幼稚舎生や教職員の方々は、毎朝、分宿された三つの旅館を出て、その橋で桂川を渡って、日枝神社を経由し、修禅寺に集まりました。その境内で朝礼を行い、元気よく挨拶を交わし、そうしてお互いの無事を確認されたのだと思います。このデザインは、訪れた方々の視点を導く引き込み線であり、枯山水で視野を広げるとともに、六方石の橋で視線の集中を喚起しています。

枯山水の桂川の左側では、堀内園さんによる大きな軽石が堂々と存在を誇示しています。この軽石は、戦後五十年頃に自然に根を張った松が生えた貴重なものです。これを「独鈷の湯」という温泉に見立てました。（グラビアⅲ頁⑧）この温泉は、桂川の中州にあり、千年以上前に空海が独鈷杵で岩を突いて噴出させたとされる霊泉で、修善寺温泉のシンボルでもあります。当時の幼稚舎生の中には、仲田屋からわざと桂川に入って、独鈷の湯を経由して向こう岸に渡ったという、腕白な方々もいらしたそうです。修禅寺や桂川周辺の建物や街並みは、疎開当時と違って賑やかな物になっていると思います。しかし、当時は今より一層、修禅寺に向かう集注感は際立っていたことでしょう。

枯山水の右側手前には、大島誠一舎長が作成された説明文を彫刻した、疎開学園の碑誌を設置しました。碑誌は本小松石を加工した石板で、研磨して鏡面になった面には、醍醐味とも言える品の良い緑がかった美しい表情を見ることができます。その下の台石は、台としてふさわしい形状の本小松石の自然石を新たに選んだものです。せっかく素晴らしい石材と縁があったので、研磨したものと自然のもの、同時にどちらの表情も味わえる機会を設けたいと思いました。尚、碑誌の説明文、石碑の碑文、どちらの文字も塗料で目立たせた方がよいというアドバイスも頂きましたが、経年変化と風景との融和を考えると、塗料を差さない方が美しいと判断しました。今後、植栽の花が落ち、スギゴケやイワヒバも一見すると枯れたように見えてくる季節もあるでしょう。汚れも目立ってくるかもしれませんし、完成当時の姿とはかけ離れて見えて来ることと思います。しかし、私はこの石碑がどのように立派に年を重ねて情緒を醸し出す豊かな表情を見せてくれるか、今から楽しみにしております。（グラビアⅲ頁⑨）

武田敏伸主事には、最後の最後まで大変お世話になりました。式典の準備や進行は、私も慣れていないもので非常に難しい任務でしたが、数々の打ち合わせや段取りも、武田先生を筆頭とした先生方のお陰で全て滞りなく進められ、素晴らしい式典となりました。危ぶまれていた天候も晴天となり、ご出席の皆様を無事に式典にお迎えできたことは、何より素晴らしく思います。特に、疎開を経験された皆様や来賓の方々をお迎えする瞬間は、何よりも緊張しました。しかし、皆様のあたたかいお言葉とお喜びのお姿から、この日を迎えられたことに心から感謝致しました。吉野住職の読経による平和祈願の折に、私は当日ご出席できなかった方々や、お亡くなりになった方々を思い浮かべました。そうしたお会いしたことのない方々の想いも、今ここにご出席されている皆様とともに在るのではないか、一時でも深く修善寺に関わった人間として、そのように感じました。あさば旅館での祝賀会は、浅羽当主ご夫妻による、綿密なる打ち合わせとおもてなしの素晴らしさに裏付けられた、生涯心に残る喜ばしい時間となりました。疎開を経験された皆様から、御礼のお言葉を頂けたことに大変恐縮致します（グラビアⅲ頁⑩）。

私が碑の制作を通じて時々考えるのは、大切な子どもたちの身を預かる一教員として、今後、何かの災害や緊急事態の際に、果たして私は大戦当時の教職員の方々のように対応できるのか、身を挺して子どもたちを守り、共に生きていくことができるだろうか、ということです。東日本大震災で幼稚舎は、児童、教職員、保護者、周囲の皆様のお陰で、大過なく切り抜けることができたと言えるでしょう。しかし、震災被害の直撃に遭った東北の被災地では、何人かの先生方と私が災害ボランティア要員として訪れた時、その光景は凄まじく、まるで絨毯爆撃にでも遭ったようでした。被災した多くの学校は、あまりにも過酷な状況下で、生命を左右する選択と行動を迫られました。原子力発電所の崩壊の影響もあり、今も尚、元の暮らしに戻れない状態が続いています。戦時下を体験したことのない自分ですが、この震災での体験は、日常と非日常、または生と死の境界線が、常に傍に存在するものと認識しました。均衡が偏り、事態が好まざる方向、思いもよらぬ方向に流れが向かった際に、皆様と力を合わせ、できるだけよりよい方向に流れを導けるよう、まずは自分から勉強し、謙虚な気持ちで努力して参りたいと存じます。このたびの石碑制作では、私がお役に立つどころか、私のために様々にご配慮くださり、実に多くの方々から激励やご慰労のあたたかいお言葉を賜りました。私が前述のように努力させて頂くことが、お世話頂いた方々や義塾の皆様への、せめてもの恩返しとなればと思います。改めまして、私に制作をお任せくださいましたことに心より感謝申し上げます。

幼稚舎疎開学園の碑を通して思うこと

萩原隆次郎
（幼稚舎教諭）

木造に続いて幼稚舎疎開学園の碑が修善寺にも建立され、その除幕式にも立ち会うことができ、大変嬉しく思っています。木造の碑を私の恩師である加藤三明先生が準備されていた当時、私はまだ教員ではなく、建立の年に新人教員として幼稚舎にお世話になりましたが、木造の除幕式には参列することができませんでした。今回の修善寺には同行させていただくことが叶い、大変光栄に感じています。

この二年間、『慶應義塾幼稚舎 疎開学園の記録』の編集にも携わることができ、幼稚舎の地下に眠る多くの資料を手に取って目にする機会に恵まれました。その資料の中で度々目にする教員に、もう一人の恩師、川村博通先生の名前がありました。川先は私が幼稚舎入学時から三年間担任をしていただいた先生です。四年生から卒業までが加藤三明先生でした。

川先は食べ物を残さず食べる事に大変うるさい方でした。ごはんの一粒を残さず食べることは当たり前で、床に落としてしまったものも、必ず「洗って食べなさい」と厳しい口調で我々に指導されました。川先ご自身の食べ終わりには、決まって一杯のお茶を皿から皿へと移しながらそれぞれの皿をきれいに洗い、湯飲みにお茶を戻したあと、ご自分の入れ歯を外してそのお茶ですすぎ、最後にその一杯をズッと一気に飲み干すという儀式とでもいうような習慣がありました。私の記憶の中には、落としてしまったものを、たまたま席を立っていた友人が踏んでしまい、彼の靴の裏から食べ物をはがして、それを洗って食べたという記憶も残っていて、これらの経験が今の私の給食指導に少なからず影響を与えているのだろうと思っています。私が幼稚舎生だった当時は、食べ物がもったいないからだとただ漠然と考え、その教えに従っていました。教員になり、幼稚舎生と山を登るようになってからは、川先は山男だったから、山の中での少ない食料を大切に残さず食べ、お茶で食器を洗う癖も山登りの習慣だったのだろうと解釈していました。ところが疎開の資料整理を進めるうちに、川先の食べ物に対する考え方の原点が少しだけ理解できたように思えたのです。

当時の幼稚舎生の日記や作文からもわかるように、疎開学園では食料事情が最大の課題でありました。疎開学園は、運よく冬を迎える前に木造にて幕を閉じることができましたが、石川桐先生のお話では、もしあのまま冬を迎えていたら、幼稚舎生から犠牲者が出ただろうというほど食糧難は深刻だったようです。幼稚舎生は小川の周りで食べられる草やタニシを毎日のように探し歩き、大御馳走のナマズが針にかかると大騒ぎだったと記録にあります。戦時下の厳しい食料不足の中で、教職員や地元の方々も、子供たちの食べ物を苦労して調達する様子が資料を通して伝わってきます。

その食料や料理の分野での資料に川先の名がよく出てきます。幼稚舎の地下にある舎史資料室に眠る疎開資料は膨大な量で、書類や手紙の種類も多岐に渡りますが、その中で食料の調達に関する資料も多く、配給の記録や、食料の納品書や領収書のような資料もそのままに保管されています。食料担当である川先は恐らくこれら多くの書類に目を通していたはずで、その少ない食料をどのように分配すれば児童全員へ行き渡るのかというような工夫が、毎日、毎食、川先の頭を駆け巡っていたのだろうと想像します。その苦労の連続であった経験がもととなって、物が溢れる豊かな時代の幼稚舎生、つまり私たちに対しても、食べ物を残さず、大切に食べきることの大切さや有難さを教え続けたのではないかと思うのです。

大変残念なことに、今の幼稚舎生は毎日膨大な量の残飯を平気で棄てています。日によっては一日の残飯重量が数十キロにも及びます。疎開で苦労をした当時の幼稚舎生が見たら、きっと理解できない行為でしょう。今の我々に、当時の苦労を実感することはできません。しかし、だからこそ疎開の記録や資料を通してその事実を知り、今の自分たちの行動を顧みることが大切だと私は思います。幼稚舎疎開学園の碑は、五十年、百年先の大人や幼稚舎生に、自分の行動を顧みるきっかけを与え続けてくれることでしょう。

同じ幼稚舎生から学ぶ歴史

岩井　祐介
（幼稚舎教諭）

私の父は、昭和十一年生まれで、戦時中は小学生でした。当時、東京日本橋に住んでいた父は、地元の小学校に通っていましたが、その後、神奈川県の中央林間で個人疎開を経験しました。その当時の様子を私はこれまでよく聞かされてきました。自分の両親と離れて暮らす不安や食糧事情の乏しさ、空襲警報が鳴った時の状況など、父が小学生として脳裏に焼き付けた場面を、私に繰り返し話すのです。毎回同じ話でも、それらの話を聞くことは、私は嫌ではありませんでした。父の話が具体的であるからこそ、自分でイメージすることができ、事実として伝わってきました。ある歴史について学ぶ際には、具体的な情報をいかに自分でイメージすることができるかで、理解の深さが変わってくるのだと思います。

疎開といえば、私が印象に残っている文学作品に向田邦子の『字のないはがき』があります。東京大空襲の後、学童疎開をすることを決めた娘に、宛名を書いた葉書を持たせる父親。娘に「元気な日はマルを書いて、毎日一枚ずつポストに入れなさい。」と伝えます。娘はまだ字が書けなかったので、これが父親の考えた工夫です。疎開がはじまり、葉書からはみ出すほどの赤マルだった日々から、黒マルになり、次第にバツへと変わり、終いに、娘から葉書自体が来なくなります。葉書にマルを書くというだけの単純なやりとりだからこそ、そこから伝わってくるものは切実で、その時代の状況を読者に強く訴えかけてくるものがあります。

今回、『慶應義塾幼稚舎 疎開学園の記録』の編集に携わらせていただく中で、残された記録を目の当たりにすると、その時代のことがひしひしと伝わってきました。幼稚舎生として過ごすのは、いつの時代も小学生としての六年間です。その同じ幼稚舎生が経験したことは、今の幼稚舎生にとっても、自分で具体的にイメージすることができるのではないでしょうか。そうして自分で実感を持つことによって、日本の歴史への理解が深まるのだと思います。さらに、青森県の木造と静岡県の修善寺に建立された記念碑は、疎開先を訪れた際に、いつでもその当時の幼稚舎生と自分とをつなげる触媒となるでしょう。

最後に、私自身、記録の編集作業や除幕式に出席する機会に恵まれましたことに感謝するとともに、今後も幼稚舎の歴史や文化を、次の時代へと繋げていくことができるよう、微力ながら尽力させていただきたいと思います。

修善寺、過去と今

小山　太輝
（幼稚舎教諭）

二十歳の頃、友人と旅をしました。「伊豆の踊り子の旅」と題し、伊豆半島の有名なスポットを車で旅をしたのです。修善寺。幼稚舎生の頃、植林に参加していた自分にとって、この土地が幼稚舎に関係していること、疎開で使われていたという記憶が薄っすらとありました。そのため、友人にお願いをして車を止め、その地におりました。温泉街の風情を感じながら、ワサビそばや、イノシシ丼を食べ、夜の熱海へと向かったのでした。

あれから、六年。まさか自分が幼稚舎の教員として、そして、疎開学園の碑の除幕式に参列する形で、この地に帰ってくるとは思ってもいませんでした。六年前に赴いたからでしょうか。それとも疎開学園の本を読んでいたからでしょうか。バスで修善寺に到着した時は、どこか懐かしく温かく感じました。

リーダーには、平時のリーダーと有事のリーダーがいると言われていますが、ここに引率された先生方は、正に有事のリーダーとして、この地で奔走をされたのだと思います。そのことを想像するだけで胸が詰まる想いです。天現寺の地にて、穏やかで幸せな時間を送ることができている今の自分が、果たして同じように子どもたちを守りぬくことができるのでしょうか。そんなことを考えさせられます。一方で、そのような機会によって得られる経験。その無限の可能性にも想いを馳せます。一丸とならざるを得ない、その状況によって築き上げられる力は、平時では決して得られないものがあるのだろうとも想像いたします。

もちろん、そのような状況がないことに越したことはありません。子どもたちを被害者にも、加害者にもせずに平穏な日々を送ってもらえるように、今を生きるのも大人たちの役目であろうと思います。しかし、今のこの混沌とした国際情勢や国内の政治状況の中で一市民としても、慶應義塾の卒業生としても何もできていない自分の無力さにも、もやもやといたします。有事の状況下での先輩方の雄姿を想像しながら、「今」を改めて考えさせられました。

除幕式当日で印象に残っていることは、二つあります。

一つ目は、元幼稚舎教諭で現横浜初等部教諭である上西先生の涙でした。その瞬間は、加藤先生から碑の制作を担当された日向野先生へ、労いの言葉を送られた時に訪れました。碑は過去を思い出させてくれる特別な存在になるわけですが、同時に今を生きる日向野先生の心を込めた創作活動の証でもあります。婚姻者として、最も身近でその頑張りを見てこられたであろう上西先生の涙は、日向野先生ご自身の言葉とは別の形で、その気概とご苦労を私に伝えてくれました。形は違えど、七十年前の有事の中での諸先輩方の一所懸命。平時の今、情熱を傾けて取り組まれた日向野先生の一所懸命。この除幕式の中で二つの一所懸命が共に私の胸を熱くしました。

二つ目は、七十年の時を経て飾られた、先々代の浅羽当主が書かれた書です。大学院の二年間、福澤研究センターの調査委員としてアルバイトをしていた私は、都倉先生の戦争プロジェクトのお手伝いをさせていただいていました。都倉先生は、プロジェクトの中で「モノ」から戦争を伝える展示を行っていらっしゃいました。今回、正にあの会場の中で当時と今を繋ぐモノを目の当たりにした感動はいい得ぬものでした。七十年前と今を繋ぐご縁をあの大事に保管された一書によって明確に証明してもらえたような気がしました。言葉や人とも違う、時代を超えたモノにしか語れない何かをあの場で見、そして感じることができたことは貴重な体験でした。

さて、最後になりますが、私は今回、武田先生のご厚意で直前になって、この除幕式に参加させていただくことができました。改めましてそのことに感謝を申上げます。同時に、あの時代を生き抜き、過去から今の幼稚舎へと繋いでくださった、当時の先生方や諸先輩方にも深く感謝を申上げげたいと存じます。心からありがとうございました。

疎開学園の碑除幕式に参加して

上西　千春
（横浜初等部教諭）

二〇一七年九月七日、疎開学園の碑の除幕式が挙行された。式典には当時疎開学園に参加した幼稚舎卒業生をはじめ、多くの関係者が参加された。それぞれの疎開に対する思いが一同に会し、共有される場に立ち会うことができた身に余る思いをここに記しておきたいと思う。

一年ほど前に、夫であり幼稚舎造形科教諭の日向野が碑の制作を担当させていただけることになった。家では、ああでもない、こうでもないと机に向かって碑のイメージ画を描く姿をよく見かけた。日向野は普段から、紙に鉛筆で作りたい作品のイメージ画をいくつも書いているが、今回のように悩んでいる様子はあまり見たことがなかった。それもそのはずで、今回の作品は、自分だけの作品という訳にはいかない。疎開学園に参加した幼稚舎卒業生や教員、彼らを受け入れて下さったあさば旅館、碑の制作を快諾してくださった修禅寺の方々の思いが込められるものになる。机に向かう日向野の背中には、こうした強い思いがずんと乗っているように見えた。

そもそも疎開学園関係者の強い思いは、私が幼稚舎に勤務していた頃から感じていることだった。編集委員の先生方が疎開学園に関する仕事をされている様子を拝見し、その仕事の大きさ、重要さはひしひしと伝わってきた。時折、教員会議の際に、加藤三明先生より編集状況や近況の連絡があったが、その度に新たな資料の発見や、提案がなされ、文集は上・下巻になり、木造に碑を建て、修善寺で碑を建てることにな

り、プロジェクトは大きくなっていった。それはまさに、戦後七十年を過ぎても語りつくせない疎開学園に参加した幼稚舎卒業生の心を、できる限り受けとめたいと思う、編集委員の意思が形作っていったものであろう。上梓された上巻を手に取り、その本の重さに、一ページ一ページに綴られた言葉の重さに、さらにその思いを強くした。

さて、いよいよ迎えた式典当日。幼稚舎からバスを出していただき、修善寺に向かう。そこで疎開学園に参加した幼稚舎卒業生の皆様にお会いした。バスの中の自己紹介を兼ねたお一人お一人のお話は、活字よりも生々しく、圧倒的な説得力をもって聞こえた。車中の皆様に完成した碑は、皆様に受け入れていただけるだろうかという不安がよぎった。

そんな私の不安とは関係なく、昨日まで降っていた雨も落ち着き、修禅寺境内での式典は厳かに、あさば旅館での祝賀会は和やかに、滞りなく進行された。碑は無事にお披露目されたが、皆さまが碑をどう感じられたか、どうにも分からなかった。

しかしこの後、いくつかの出来事を経て、碑は無事に受け入れていただけるのではないかと私は安心することができた。まず一つ目の出来事は、祝賀会最後の加藤三明先生のお話である。碑が無事に完成したことについての慰労のお言葉があり、会場内が温かい雰囲気に包まれた。これには思わず涙がこぼれた。二つ目は祝賀会後、あさば旅館を出発する際に、浅羽ご夫妻にお声をかけていただいたことである。碑の完成を喜んで下さっているとのこと、心が救われた。と同時に、私にまでご挨拶して下さるご夫妻のお心遣いに頭が下がる思いがした。そして三つ目のささやかな出来事は、帰りのバスの中で起きた。いよいよ広尾駅近くに差し掛かった時、バス内は卒業生の方々の幼稚舎時代の思い出話で賑わった。当時走っていた路面電車の運転席にいたずらするという、今だったらびっくりするようないたずら話であった。他にも友だちのあだ名の話、冗談の応酬……それは、まさに私たち教員が日常的に見ている幼稚舎生と重なるような光景であった。このとき私の頭の中で、七十年の時を超えて、疎開学園と今の幼稚舎を繋げることができた。疎開中、私には想像もできないほど寂しい思い、ひもじい思いをしたことだろう。しかし、そこは幼稚舎生。きっと今の子たちの同じように、それ以上に、強くたくましく仲良く毎日を過ごしていたに違いない。文集に綴られていた、川で釣りをし、山で帽子とりをして遊ぶ幼稚舎生の様子に親近感が湧いてきた。

この碑が、今後修善寺を訪れる人々にとって、幼稚舎の疎開学園を知る、あるいは思い出し、思いを共有するきっかけになることを切に願う。

この記念すべき式典に出席させていただけることになったのは、幼稚舎長の大島誠一先生、主事の武田敏伸先生をはじめ、幼稚舎の先生方のご厚意によるものである。心より感謝申し上げたい。

「修善寺　慶應義塾幼稚舎疎開学園の碑」除幕式・祝賀会に参加して

木村　愛
（平成四年K組卒）

雨の中バス二台で天現寺を出発しましたが、加藤三明先生の、「亡くなられた先生方や先輩方が天から見守って下さって修善寺では晴れるでしょう」とおっしゃったお言葉通り、修善寺へ差し掛かるとそれまでの暗い空が一変し温かい日差しに包まれ、疎開学園の碑の除幕式が行われました。石碑が除幕された瞬間、石碑を建てるにあたって大島誠一先生を始め多くの先生方や当時疎開されていた先輩方、そして地元の方々の熱い想いが、静寂な中、胸に伝わってきて大変感激致しました。

車中、修善寺の疎開を経験された先輩方が、マイクで一人一人当時の思い出を語って下さいました。食糧難で常にお腹が空いて辛かったこと、疎開中病気を患いさらに辛い思いをされた事、ご両親と離れどれだけ寂しい思いをされたかなど、つい最近の事のように鮮明に語られ胸の張り裂ける思いで聞かせて頂きました。しかし共通しておっしゃられたことは、どんな辛い苦難の中でも勉強をし、そして仲間で歌ったり踊ったり、時にいたずらもして疎開生活を楽しまれていたことでした。それはまるで上野の戦争の中一日も休まず勉学に励まれ、どんな辛い状況でも仲間同士で楽しむ時は全力で楽しむ精神を慶應義塾に刻まれた福澤諭吉先生のお姿そのもののように感じられました。そして先輩方は、現在も持病を患いながらもお仕事に励まれたり、趣味を楽しまれたり全力で今を生きていらっしゃるお姿に心より感銘を受けました。

私は医師として先輩方が安全に無事に行事にご参加頂けますようご支援する立場で同行させて頂きましたが、逆に先輩方から魂のエネルギーを頂き、多くのことを学ばせて頂きました。これからもどうかお元気で過ごされますよう心よりお祈り致します。そして先輩方から伺った当時のお話や生き様を胸に、また修善寺の碑に手を合わせに伺いたいと思います。そして石碑設立にあたってご尽力された幼稚舎の先生方、地元の方々に心より敬意を表します。

除幕式に参加して

清水　健
（昭和五十八年E組卒）

今回の除幕式にはカメラマンとして参加させていただきました。恥ずかしながら、当日は概要しか知らずに天現寺からバスに乗り込んだため、時間が経つにつれて少しずつ全貌を理解したという次第でした。でもだからこそ、時間の経過と共に過去へと遡ることのできた一日となり、帰路のバスの中では今回参加できた幸運をしみじみと感じていました。

私は昭和五十八年に大島学級を卒業し、母は昭和三十一年に幼稚舎を卒業しました。ちなみに祖父は大正九年に卒業しています。今回の修善寺行きに参加できたことは、「慶應義塾幼稚舎」をより正しく理解する上でとても大切な機会であっただけでなく、個人的には、母や祖父が生きていた遠い過去の時間の断片を収集することができた貴重な機会でもありました。

日向野先生の創作への思い、修禅寺境内に碑を建てることができた経緯、お名前しか知らなかった吉田小五郎先生のお話など、数ある印象深いお話の中でも特に、「あさば旅館」で語られた修善寺から青森へと移動した時のお話は最も深く心に残りました。戦火の拡大に伴い、修善寺から青森へと移動することになった幼稚舎生たちを乗せた列車は、品川駅のホームに十分間だけ停車することになりました。両親を一目見ようと子供たちは車窓に張り付き、溢れかえるホームの群衆の中から必死で両親の姿を探したそうです。同じように親たちもまた、我が子を一目見ようと車内の子供たちを必死で見つめていたそうです。しかしわずか十分という時間内にそれだけの人数の中からお互いを見つけ出すことは不可能に近く、「これでもう二度と会えなくなるかもしれない」という想いを抱えたまま、幼稚舎生たちはただ敬礼することしかできず、列車はそのまま青森に向けて出発したそうです。

今の時代では考えられないような小学生の心の儚さに、まるで自分も本当にその車内にいるような気持ちになりました。『福翁自伝』がそうであるように、どんなに優れた歴史小説よりも、その瞬間を生きていた方のお話には圧倒的な説得力があります。この石碑は、こうした多くの人々の想いが保管されているタイムカプセルそのものなのだと、この日を通じて改めて理解することができました。そしてこのタイムカプセルは、加藤先生を始めとする現職の先生方、そして多くのご関係者のご尽力があったからこそ、ようやく現代へ運び出されたのだと思い知りました。今までの修善寺という地が、まったく違う風景に見えるようになりました。

除幕式に参加して

重野　雄亮
（六年K組）

今回の除幕式で僕は「疎開学園」というものがぐっと身近になったと思う。僕は今まで疎開とは全く無縁だったため遠い昔のようなイメージだった。しかし、実際にこの除幕式で疎開を体験した方々からお話を聞いて、戦争の酷さについて再認識した。

僕たちは〝餓え〟というものを実際に体験したことがない。まずまず、この平成の時代に生まれた僕たちには、〝戦争〟とそれに伴う〝苦しみ〟を体験する機会はなかった。先生方から疎開のお話は聞いていたが、実際に〝餓え〟と戦争での〝苦しみ〟を体験した方々のお話では全く感じることが違う。

この〝苦しみ〟は、実際に体験した人が現代の若者に語り継がなければいけないと、僕は思う。今、裕福なのが当然、毎日ご飯があるのが当然、という時代だからこそ、二度とこの過ちを犯さないために、戦争の苦しみを語り継ぐ必要性をこの除幕式で強く感じた。

この石碑の、奥の深さにも驚いた。僕は、「石碑＝岩に文字が刻まれているもの」くらいにしか、考えていなかったのだが、もっと繊細で意味がわかるとすごく感動した。

お寺の境内を貸してくださった修禅寺様、ありがとうございました。

「修善寺　慶應義塾幼稚舎疎開学園の碑」除幕式に参加して

内田　遥菜（六年K組）

九月七日。貴重な経験をして、私は改めて恵まれた環境にいると実感しました。そして、昔の幼稚舎生の行動や精神力にもとても驚きました。

二学期が始まる前日、私は「慶應義塾幼稚舎 疎開学園の碑」除幕式・祝賀会に参加しました。行きのバスの中では、周りはご年配の方だったため少し緊張してしまいました。でも、自己紹介をする時に色々と疎開学園の思い出をお話され

て、とても勉強になりました。

　数人の方は、やはりご飯が存分に食べられなかったとおっしゃっていました。夕食などで白米が出た時も、豆のかすを入れて多く見せたりしていたため本当のお米の量は少なかったそうです。又、いつも輪切りの大根とにんじん、とろろ昆布が出るので、『大根とにんじんととろろ昆布の歌』を作ってみんなで歌った、という方もいらっしゃいました。それからおなかがすいているため、カエルや雀の肉はごちそうだったそうです。

　今までご飯が食べられなかった日など無く、その事に感謝してご飯を食べるどころか、残してしまう時もある自分をとても恥ずかしく思いました。

　バスを降りてタクシーに乗り換え、とうとう修禅寺につき、除幕式が行われました。

　初めての経験で少しどきどきしました。そして、バスの中では笑顔で自己紹介していらした方も、大島舎長の代表あいさつや読経になると悲しそうな顔になり、手を合わせていました。笑顔だった人をここまで悲しい顔にさせる戦争は、やっぱりあってはならないと思いました。

　幼稚舎生代表の二人や大島舎長、長谷山彰塾長などが、

「三、二、一」

で幕を引くと、中から記念碑が現れました。記念碑は、高さ約一三〇センチで小学三・四年生の平均身長にしたそうで、疎開を体験した方達や日向野先生達作り手の思いが、ギュッと詰まっているような感じがしました。私は、このような貴重な体験をした事を一生忘れないと思います。

　除幕式を終えて、祝賀会の行われるあさば旅館までの道のりはゆっくりと歩き、昔を思い出して涙ぐんでいる方も少なからずいらっしゃいました。祝賀会では指定席で、疎開を体験した方と近くになれず、お話を伺えなかったのは残念でしたがとても良い経験でした。

　一番驚いたのは、昔の幼稚舎生は、疎開していて両親とも会えず食事も満足に食べられないのに、病気になった寮母さんの看病や食事の支度などのお手伝いをちゃんとやっていたのだそうです。今の幼稚舎生――私も含め、このような素敵な大先輩を持った事を誇りに思うべきです。又、このような行いを見習うべきだとも思います。今の私が疎開することになったら、絶対に耐えられないしお手伝いなどする余裕もないと思います。

　毎日ご飯をおなかいっぱい食べられる事に感謝し、時代は違っても同じ空の下であった、戦争や疎開の事は絶対に忘れてはいけないと思いました。

　このような貴重な体験をさせていただき、本当にありがとうございました。

疎開学園の碑　除幕式に参加して

沖　昇
（六年E組）

朝八時、集合時間二十分前に教室に行くと、そこには年配のおじさんが大勢いた。教室にいたおじさんこそ、太平洋戦争の時に、幼稚舎生で、疎開を経験なさった大先輩なのである。

バスの中で疎開の思い出を聞いていると、覚えていることの大半は、ご飯の事についてだと言う。先輩たちは、疎開中、食べられるご飯が少なくて、いつもお腹が空いていたと言う。それを聞いて、僕はいつもお腹いっぱいだからご飯を残すと言っていた自分が恥ずかしくなった。

そうこうしているうちに修善寺に着いた。修禅寺で幼稚舎生は、朝礼を行っていたらしい。そこに、今回平和を祈る碑が建てられたのである。大島先生のお話の後、卒業生などの話を聞いた後、あさば旅館に行った。ここは幼稚舎生が泊まっていた宿だ。すごく綺麗で、窓の外に池と滝があった。次は塾長先生が祝辞を述べた後、祝賀会が開かれた。

帰りのバスの中でも、空襲警報で、夜中寝られなかったこともあったと話していた。僕は戦争を止める事はできないが、今回聞いた話を覚えて戦争の大変さや疎開の辛さなどを次の世代につなげて戦争をなくしたいと思っている。

修善寺　慶應義塾幼稚舎疎開学園の碑を訪れて

戸村　栄貴
（六年E組）

九月七日、クラス委員である僕は、幼稚舎生の代表として慶應義塾幼稚舎疎開学園の碑の除幕式とその祝賀会に出席するために修善寺を訪れました。幼稚舎生十名の他、慶應義塾長を始め、先生方、当時修善寺に疎開していた幼稚舎の大先輩の方々、総勢八十名での訪問となりました。

平和な世の中で不自由なく生活してきた僕は、戦争とはどのようなものか考える機会が少なかったので、多くの方から実際のお話を聞いてみたいと思い参加しました。

修禅寺についた後、静かな雰囲気のなか除幕式がおこなわれ、この碑が建てられたお話や住職による読経があり、本堂前では記念撮影がありました。

その後、当時生徒が寝泊まりしていた「あさば旅館」に移動し、同級生の祖父とお話しする機会や卒業生の先輩による挨拶があり、当時の生活を聞くことができました。中でも印象に残ったのは、食べ物が少なくご飯を満足いくまで食べることができなかったこと、また両親との面談では周りの状況を考えて不自由な生活を正直に伝えることができなかったこと、そして勉強する時は狭い場所に多くの生徒が集まっていたため集中して学ぶことができなかったというお話です。

戦争は人々の尊い命を奪うほか、生活に必要な食べ物や衣類・勉強道具も揃わない貧しい生活をすることになってしまいます。もちろん家族と離れて生活する悲しさもあると思います。

今回の訪問を経て、同じ地球に生まれた人間同士、お互い憎み合うことなく、手を取り合って仲良く平和に暮らす日々がこれからも続いてほしいと願うとともに、そのために自分にできることはないのか今後考えていきたいと思います。

疎開学園の碑　除幕式に参加して

永井　和輝
（六年I組）

九月七日、僕は慶應義塾幼稚舎修善寺疎開学園の碑の除幕式に立ち会う機会を得た。行く前は緊張していた。『慶應義塾幼稚舎　疎開学園の記録』上・下の書簡等に目を通したり、同じく六年生の時に疎開経験のある祖父に、当時の話を聴いたりした。でも、戦争ということがどういうことなのか、僕の頭では想像もできないと思った。

それでも、記録を読むことで、その頃の幼稚舎生がどのような経験をしたかがわかった。今の僕たちと、違うようで同じこともあったようだ。僕が一番、戦時中の幼稚舎生に親しみを感じたのは、自由時間の過ごし方を読んだときである。トランプで遊んだり、本を読んだり、俳句を作ったり（これは、僕たちはそうそうしない）、劇映画を見たり（今でいうＤＶＤだろうか）、軍歌を歌ったり。七十年前の幼稚舎生はこんなことをしていて遊んでいたのかと思うと、僕たちと変

わらない子供だったことがわかってきて、嬉しくなった。

さて本題に入ろう。九月七日クラス委員の僕たちは疎開を経験された方たちと一緒に修善寺に行き、記念碑の除幕式に立ち会わせていただく機会に恵まれた。行きのバスでは、僕たちに話しかけてくれたりチョコレートを下さったりする方もいて、緊張がほぐれた。

修禅寺につくと、早速、除幕式が始まった。クラス委員議長の僕はなんと除幕の綱を引く役割を与えられた。白い手袋をはめて、綱を持つと、一瞬で幕が落ちた。現れた碑は、もともとの岩の形が生かされていて、至極格好良かった。制作を担当されたのは造形の日向野先生であった。「修禅寺の前を流れる桂川をイメージして設計した」とおっしゃっていて成程、桂川のうねりの形だと思った。

その後当時の幼稚舎生が歩いていたであろう自然豊かな道を七、八分歩き、あさば旅館に着いた。戦時中も今と変わらない建物だったのだろうかと、疑問に思っていると、どなたかが「昔と変わらないねぇ」とおっしゃっていて、僕の密かな疑問は解決された。中に入ると木の香りが気持ちよく、目の前に広がる大自然に圧倒された。そのまま二階へ。大広間の方でお食事を頂いた。大広間には、昭和二十年三月、六年生が修善寺を離れる時、当時のあさば旅館の当主が別れを惜しんで書いた短歌が、七十二年たった今でも額縁に入れられて飾られてあった。七十二年という時間の長さが、僕はうまく想像できない。でも、こういうものを見ると、戦争や疎開が本当にあったことなのだということが、良く分かる。

乾杯の前に卒業生代表の鈴木さんのおっしゃっていたことが強く印象に残っている。それはこうだ。疎開から帰ってきた後、吉田小五郎先生が「生徒たちは本当に良く頑張りました」と言ったことである。先生ご自身がかなり苦労されたと思うのに、先に生徒のことを思う姿勢に感動したと、おっしゃっていた。僕もその吉田先生の一言に感動した。その後は、豪華で美味しい料理を頂き、お土産まで頂いてしまった。

幼稚舎生が朝礼などを行っていた修禅寺の風景を見たり、幼稚舎生が当時通っていた道を実際に歩いたり、本当に貴重な経験が出来た。どれもみな、実際に行かなければ分からないことだった。そして、戦時中の幼稚舎生と現在の幼稚舎生の僕たちが、修善寺のあさば旅館で時間を共にしたことは、将来、とても大切な出来事になると思った。皆さん、お身体に気をつけて、お元気でいらしてください。

疎開学園の碑

似鳥 祐一
（六年Ｉ組）

六年一学期クラス委員だった僕たちは、幼稚舎が太平洋戦争中の一九四四年から一九四五年の間に集団疎開させてもらった静岡県伊豆市にある修禅寺で〝疎開学園の碑〟の除幕式に参加しました。

〝疎開学園の碑〟は青森県つがる市にある木造の銀杏が丘公園に初めにでき、疎開体験者の方々のご意向により静岡県伊豆市にある修禅寺の境内に第二の〝疎開学園の碑〟を建立したのです。

当日幼稚舎には多くの疎開を体験された方々がいらっしゃいました。そして、バスで修禅寺に向かう途中、疎開を体験された方々に当時の体験を話していただきました。

疎開を体験された方々の多くが、

「お腹いっぱいになれなかった」

とおっしゃっていました。僕たちの給食に出ているおかずなんてなおさら、

「白米を食べることができてうれしかった」

という話を伺うと、当時の状況がいかに過酷であったのかが感じ取れます。

しかし、また多くの方々が「いじめはなかった」とおっしゃっておられました。

食べ物だけでもこんなに過酷であったのに、いじめがないのは驚きます。もしも僕が疎開学園のような体験をしたら、耐えられず逃げ出してしまったり、あせって人に当たったりしてしまうと思います。昔の子供たちは現代の子供たちよりよっぽど辛抱強いと思います。

疎開を体験された方々の実際の経験は僕たちが想像しているよりもずっと過酷で、大変だったと思います。

今回僕たちは戦争中、戦争で戦う人以外の人たちが生活していく上で経験したつらさを目の当たりにし、戦争が再び起きないよう後世へ伝えていくことの大切さを実感しました。

そして家族にも会えず、食べ物もお腹いっぱいになるまで食べられないということを伺い、家族が横にいて、お腹いっぱいにご飯を食べることができる今が、大変恵まれていることをありがたく思いました。僕たちの〝普通〟は戦争中では全く〝普通〟ではないと思います。だからこそ、今恵まれていることに感謝したいと思います。

修善寺疎開学園の碑の除幕式に参加して

花渕　希和
（六年Ｉ組）

私は、幼稚舎生として修善寺の疎開学園の碑の除幕式に参加しました。

その当時幼稚舎生だった方の話を聞き印象に残った事を書きます。

その一つは、汽車で東京を通った時お母さんと面会できる時間はわずか十分で、それも汽車から出ずに面会したそうで

す。汽車が出発し、手を振ってお別れしたくても手を挙げ敬礼しなくてはならなかったそうです。親元を離れて生活するのは、寂しいだろうし、凄く悲しいはずなのに、面会時間が十分だけなのは、今の私たちにとって、想像もつかない事でした。

又、疎開学園では、食事の量も少なく、お肉が全く出てこなくて、いつもお腹をすかしていたそうです。

他に印象的だったのは、生徒の中でいじめがなかったということです。

両親がいなくて寂しく、お腹もすいている時、友達に八つ当たりしたくなる人は居たと思います。そこをグッと我慢して、自分の気持ちを抑えるのは簡単な事ではなかったと思います。

その当時の子供たちは芯が強く、今の私たちより大人びているなと、思いました。

私たちは、お腹いっぱいご飯を食べ、まず両親がそばに居ることは、当たり前な日常です。でも、その頃はその当たり前がなかったというのは、想像もつかないことでしたし、考えられないことでした。

私たちができる事は、当時の方々の苦労を忘れずにいること、また現在私たちの周りにある当たり前となっている日々の生活に、しっかりと感謝をし、平和を願う、その心を持ち続けることだと思います。

疎開学園の碑　除幕式について

長村有一郎
（六年〇組）

「5、4、3、2、1、0〜」武田先生のカウントダウンで幕が落ち疎開学園の碑が姿を現しました。

碑の前には修禅寺の前に流れる桂川を表現した小石が並べてあり、また奥には伊豆半島の山々を表現した石なども置いてありました。

石碑は高さ一三〇センチメートル、当時の幼稚舎生の身長に合わせて作り、修禅寺と幼稚舎生を表して作ったそうです。石碑が修禅寺と幼稚舎生、そして周辺の山や川が形よくきれいにその場に収まっていて、ぼくには、すごく格好良く見えました。

「慶應義塾幼稚舎　疎開学園の碑」は、再疎開した青森の津軽郡木造町には建てられていましたが、修善寺にはなく、卒業生の方のたっての希望により修善寺にも石碑を立てることが実現したそうです。

今回、石碑が設置された修善寺は約七十年前、幼稚舎生が疎開していたところです。

修禅寺では朝礼を行ったようです。午後は二キロほどある下狩野国民学校にいっていたそうです。

『慶應義塾幼稚舎 疎開学園の記録』には「とてもお腹がすいて、歯磨き粉を毎日食べていた人もいた。」と書いてありました。美味しくない歯磨き粉を毎日毎日なめるほどお腹を空かしていたのだなと思いました、僕は毎日三食ご飯をお腹いっぱいに食べ、しかもそれに加えておやつも食べています。もし、今日から一日一食分だけといわれたら、たぶん空腹に耐えられず歯磨き粉でも何でも口に放り込んでいると思います。そんな毎日を十か月間過ごすなんて、今の僕には想像もつきません。

そして家族とも、月に一回の頻度でしか面会はできなかったそうです。手紙のやり取りも週に一回しかしてはならず、夜布団の中では一人が泣き出すと連鎖的に次々と泣く子が出てきたそうです。

高原学校など、一、二週間程度ならまだいいかもしれませんが、一か月間家族に会えないとなると、僕もつらくなってしまうと思います。

しかし、毎日、毎日つらく寂しかったというわけではないようです。修善寺に向かう途中のバスの中で実際に疎開した先輩方の話を聞きました。お腹がすきすぎて友達数人と一緒に池の鯉を取って焼いて食べたり、座学中に手紙交換をして先生にこっぴどく叱られたり「いい思い出になった」と、みんなで笑いながら話していたこともありました。

修善寺に到着し除幕式が行われました。舎長の言葉、塾長の言葉などがあった後、卒業生の言葉がありました。

卒業生の方の言葉から、疎開はとてもつらかったということが分かりました、僕はこの疎開学園の碑の除幕式へ来たことで、やはり戦争はだめだと、平和が一番だと、改めて実感しました。

行かなければ分からなかったこと

林田　航
（六年〇組）

九月七日つまり二学期の始業式の前日に伊豆の修善寺に慶應義塾幼稚舎疎開学園の碑の除幕式に幼稚舎生代表として六年生のクラス委員が参加させていただきました。

僕は修善寺に行くことがなければ、知ることができなかったことが大きく二つあったのではないかと思いました。

一つ目は幼稚舎と修善寺の関係です。このことは幼稚舎で普通に過ごしていたら絶対に分からなかったことの一つだと思います。幼稚舎生は一九四四年八月二十五日に伊豆の修善寺に三年生以上の幼稚舎生三四〇人が集団疎開を行ったことということは正直なところ知らなかったです。疎開時修禅寺では朝礼やラジオ体操などがおこなわれていたそうです。

幼稚舎生が生活していた場所は第一学寮が野田屋さんで第二学寮を仲田屋さんそして第三学寮を涵翠閣で疎開学園は営まれたそうです。

約十ヶ月もの長い間幼稚舎生が修善寺で過ごしていたということ以外にも多くの修善寺と幼稚舎の関わりがあるそうです。

二つ目は幼稚舎生が二回疎開していたということです。幼稚舎生は修善寺の疎開後に青森県西津軽郡木造町に再疎開をしていたということです。ぼくは一度修善寺に疎開しその後終戦を迎えたのだと思い込んでいました。伊豆の修善寺は比較的東京に近いので親との面会ができたそうです。ですが、青森は遠いので面会はできなかったそうです。

修禅寺での除幕式を終えた後あさば旅館で昼食をとり、バ

スで幼稚舎に帰って来ました。この一日で幼稚舎と修善寺の関係は複雑でとても僕には理解しきれませんでした。ですが修善寺のおかげで今の幼稚舎があるのではないかと思いました。

幼稚舎疎開学園の碑　除幕式

田村　佳音
（六年O組）

夏休み最後の日の九月七日、幼稚舎からバスで約三時間のところにある修禅寺で幼稚舎の疎開学園の碑の除幕式が行われました。前日までは夏休みの宿題が全然終わっていなかったので、片道三時間もかかり、日帰りの除幕式に参加するのは本当は少し気が重かったです。しかし当日行ってみると疎開した幼稚舎の大先輩やいろいろな方々の貴重な話が聞けた大切な機会だということに気がつきました。

今回私が一番印象に残ったのは疎開時の大先輩の話でした。お腹が空いて大変だったというのは聞いたことがありましたが、幼稚舎の疎開時の話は初めて聞くことばかりでした。例えば幼稚舎と他の小学校との違う点で、天皇皇后両陛下の写真が幼稚舎には飾っていなかったそうです。慶應義塾幼稚舎は小学校と名前にないように戦争中に天皇陛下を神様のように敬うような事はしていませんでした。また授業は三学年同じ部屋で畳の上で受けました。他の学年の授業内容も聞こえてきてしまうため、集中して先生の話を聞くことは難しかったそうです。

そして戦争が激しくなると、今度は青森に再疎開することになり、東京を通ることになりました。何ヶ月かぶりに保護者に会える時間が十分設けられました。またいつ会えるか分からないという状況の中、みんなが自分の親を探そうとして、やっと見つけた時には電車の出発ベルが鳴ってしまい、幼稚舎生は言われた通りに兵隊みたいに手をおでこにつけ、敬礼をしたそうです。最後に手を振ったり、声をかけたりすることさえできずに、青森へ出発しました。

まだ七十年程しか経っていないのに、今の幼稚舎生活とはあまりに違っていて、びっくりするようなことばかりでした。今回の大先輩方の話は長い疎開生活のほんの一部だけで、疎開学園での日々は今の平和な時代に生きている私にはとても想像できないような日常生活を送られていたのだと思います。戦争中に比べて、こんなにも恵まれた環境を作ってくださる今の先生方や両親に感謝すること、もっとしっかり勉強しないといけないと改めて思いました。私は今回の除幕式に参加することができて、とても運がよかったと考え直すような一日となりました。

野田屋平面図

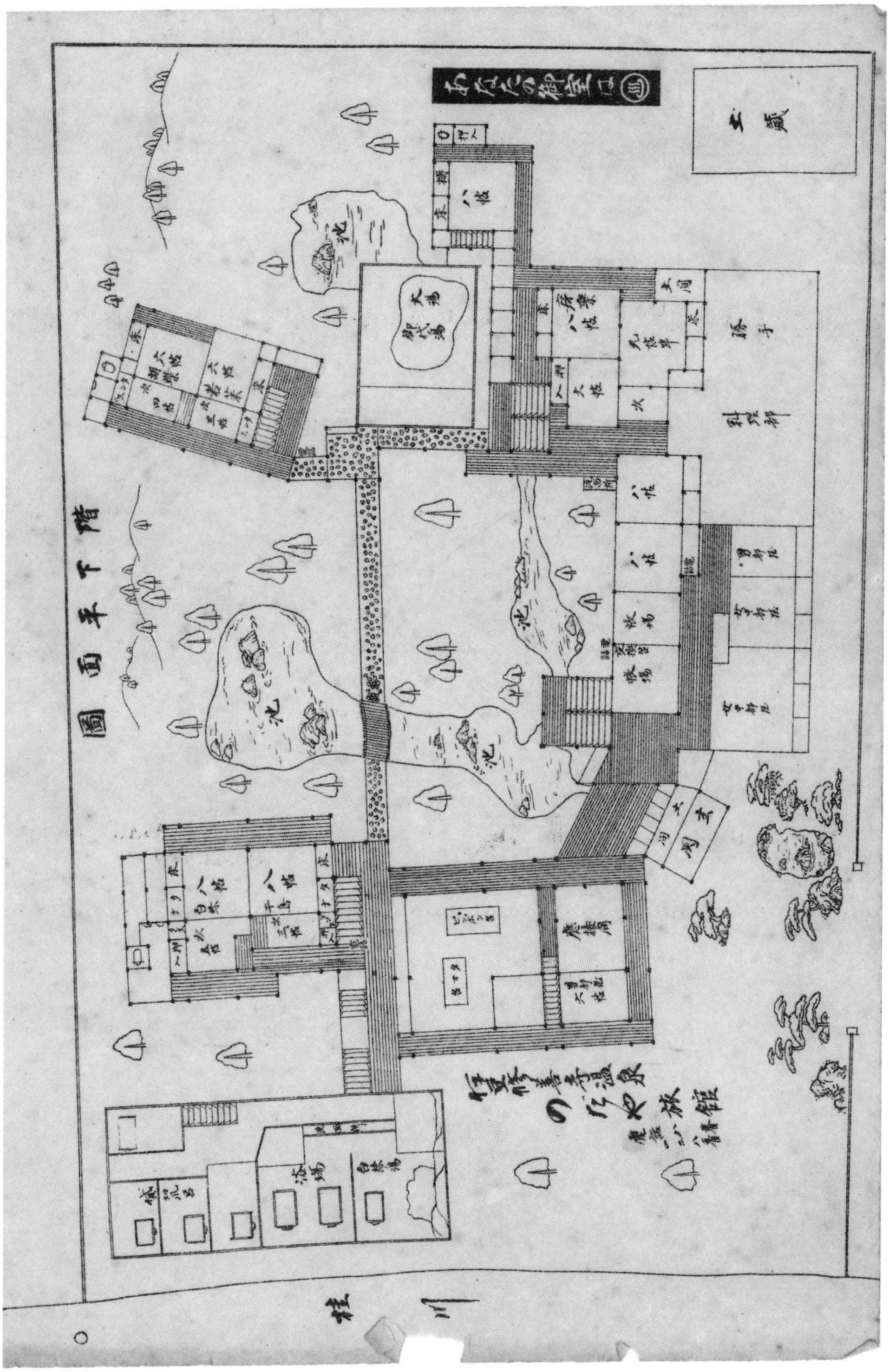

野田屋　階下平面図

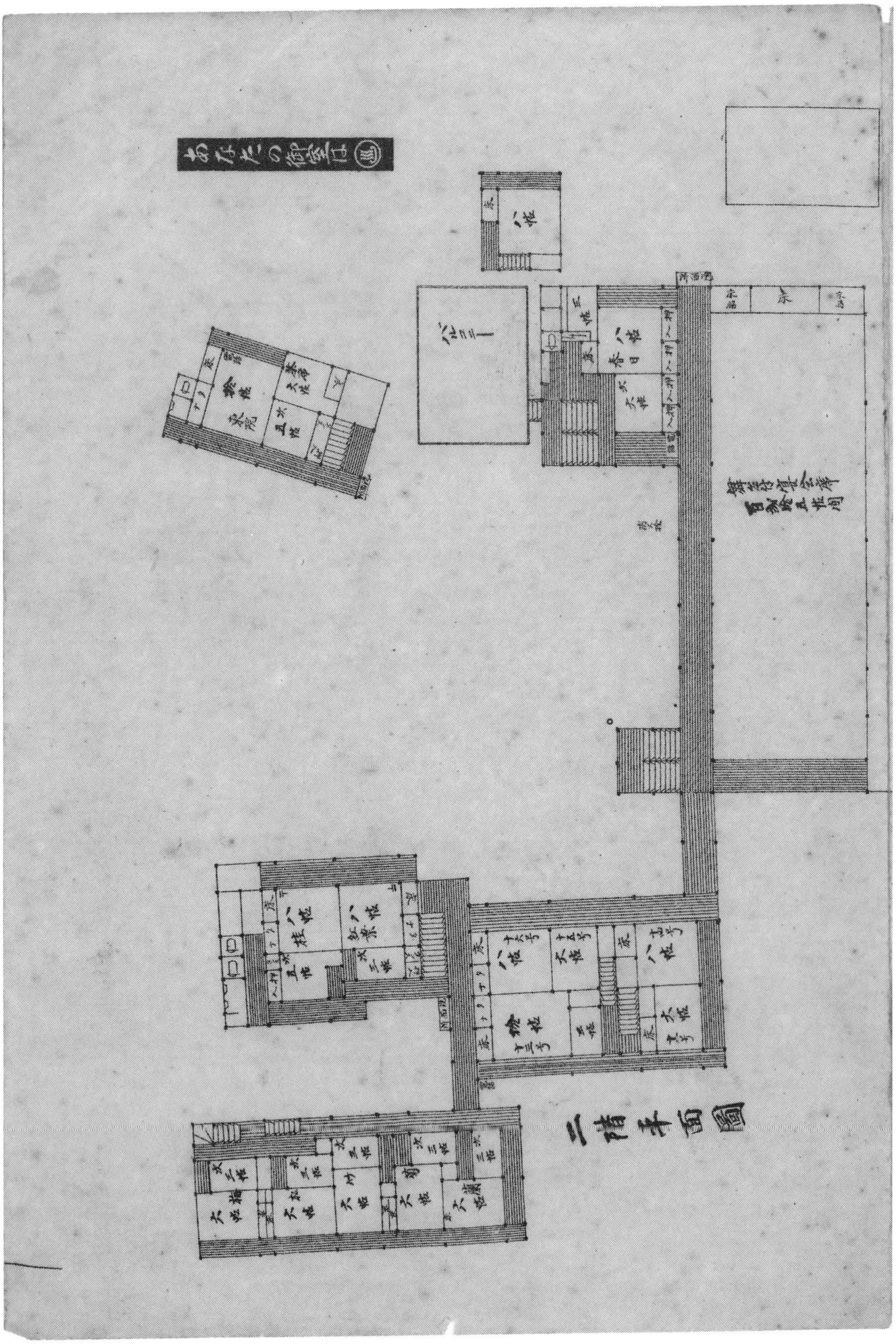

野田屋　二階平面図

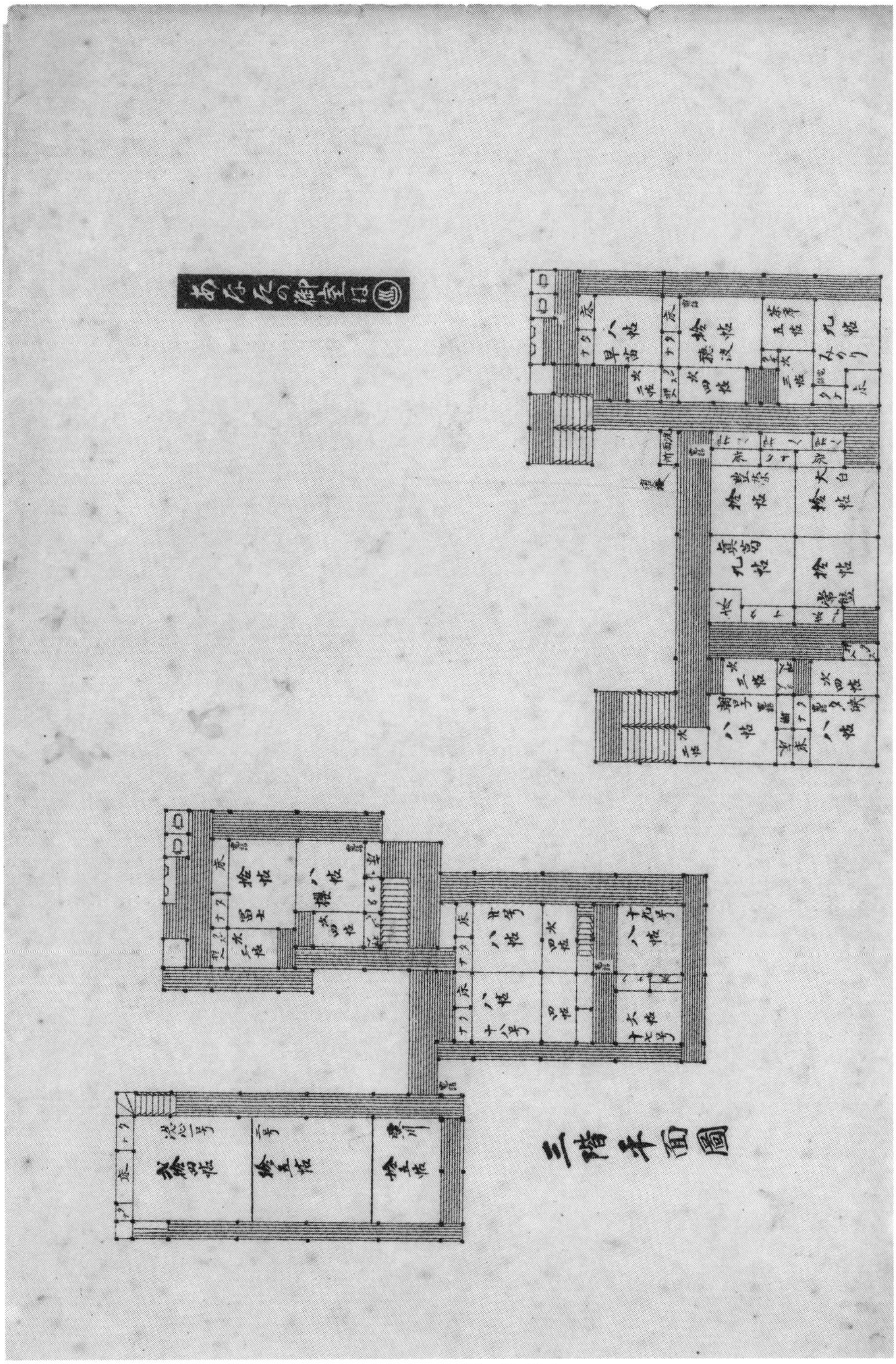

野田屋　三階平面図

除幕式・祝賀会出席者

吉野　真常　修禅寺住職
田口　行央　修禅寺護持会代表
浅羽　一秀　あさば旅館当主
浅羽　弥佐　右令夫人
野田　和敬　野田屋子孫
野田　直子　右令夫人
植田　和平　仲田屋子孫
井草　實　井草呉服店会長
井草　藤子　右令夫人
原　京　一石庵店主
松原　誠一　校医子息
長谷山　彰　慶應義塾長
清家　篤　前慶應義塾長
都倉　武之　慶應義塾福澤研究センター准教授
柄越　祥子　慶應義塾福澤研究センター調査員
石川　智庸　昭和二十年O組卒
北里　一郎　昭和二十年B組卒
菅原　節　昭和二十年B組卒
林　恭弘　昭和二十年B組卒
伊藤　信夫　昭和二十一年K組卒
奥山　忠　昭和二十一年K組卒

奥山　文子　右令夫人
鈴木　光雄　昭和二十一年K組卒
田中　稀一郎　昭和二十一年K組卒
玉置　憲一　昭和二十一年K組卒
廣瀬　康夫　昭和二十一年K組卒
村田　基生　昭和二十一年K組卒
村田　翠　右令夫人
渡邊　眞三郎　昭和二十一年K組卒
小島　昌義　昭和二十一年O組卒
福田　三丈　昭和二十一年O組卒
福田　雍子　右令夫人
井原　泰三　昭和二十二年K組卒
顕川　博志　昭和二十二年K組卒
河合　伸治　昭和二十二年K組卒
河合　玲子　右令夫人
秋山　譲介　昭和二十二年O組卒
杖下　孝之　昭和二十二年O組卒
寺田　繁　昭和二十二年O組卒
福澤　文士郎　昭和二十二年O組卒
福島　昌彦　昭和二十二年O組卒
福島　いさ江　右令夫人
横山　隆一　昭和二十二年卒学年
兼松　雅務　昭和二十三年K組卒
秋元　幸哉　昭和二十三年O組卒

秋元　圭子　　右令夫人
川田　隆一郎　昭和二十三年O組卒
佐藤　正雄　　右付添
柴田　光久　　昭和二十四年K組卒
荒井　暉久　　昭和二十四年O組卒
荒井　幸子　　右令夫人
垣内　鎮夫　　昭和二十五年O組卒
垣内　鈴子　　右令夫人
加藤　武男　　昭和二十六年O組卒
加藤　紀美江　右令夫人
島田　孝克　　昭和二十六年O組卒
大島　誠一　　幼稚舎長
武田　敏伸　　幼稚舎主事
加藤　三明　　幼稚舎教諭
藤本　秀樹　　幼稚舎教諭
杉浦　重成　　幼稚舎教諭
神吉　創二　　幼稚舎教諭
廣瀬　真治郎　幼稚舎教諭
藤澤　武志　　幼稚舎教諭
日向野　豊　　幼稚舎教諭
萩原　隆次郎　幼稚舎教諭
岩井　祐介　　幼稚舎教諭
小山　太輝　　幼稚舎教諭
上西　千春　　横浜初等部教諭

重野　雄亮　　六年K組
内田　遥菜　　六年K組
沖　昇　　　　六年E組
戸村　栄貴　　六年E組
永井　和輝　　六年I組
似鳥　祐一　　六年I組
花渕　希和　　六年I組
長村　有一郎　六年O組
林田　航　　　六年O組
田村　佳音　　六年O組
木村　愛　　　医師（平成四年K組卒）
清水　健　　　写真（昭和五十八年E組卒）
石原　一章　　塾長室秘書担当課長

慶応義塾幼稚舎

感謝と平和 願い込め

修禅寺に「疎開学園の碑」

太平洋戦争末期に伊豆へ

戦後72年 しずおか

太平洋戦争末期の1944年から45年に伊豆市修善寺に集団疎開した慶応義塾幼稚舎（東京都）が、同市の修禅寺境内に「疎開学園の碑」を建立した。7日に除幕式が開かれ、修善寺の人たちへの感謝と平和な世界への願いを込めた碑が披露された。

（大仁支局・市川淳一朗）

同幼稚舎の集団疎開は44年8月25日から始まり、3～6年生の児童345人と教職員36人が温泉街にある3カ所の旅館に分宿した。約2キロ離れた下狩野村国民学校（現・修善寺東小）に通い、修禅寺では朝礼を行った。45年3月に6年生が帰京し、同4月に1、2年生十数人を追加。同6月、米軍の相模湾上陸の懸念から、再疎開先の青森県に移った。

同幼稚舎は2015年、当時の児童や教職員が修善寺での思い出をつづった本「疎開学園の記録（上）」を発刊。3カ所の受け入れ旅館で唯一残る「あさば」（当時は涵翠閣）の浅羽一秀主人が、修善寺で碑の建立を望む声があることを本で知り、修禅寺への設置の橋渡し役を務めた。

式には大島誠一舎長や長谷山彰塾長、清家篤前塾長に加え、修善寺での疎開を経験した卒業生ら約80人が出席。境内東側の宝物殿脇に設置された高さ約130センチの石碑の除幕を行った。卒業生を代表し、林恭弘さん(84)＝東京都港区＝が「修善寺に疎開させてもらった私たちにとって感激するもの。感慨無量です」と述べた。

修禅寺境内に建立された「疎開学園の碑」＝7日午後、伊豆市修善寺

静岡新聞　平成29年（2017年）9月8日（金曜日）

集団疎開経験者

修禅寺に記念碑建立

慶応幼稚舎「記録」発刊が縁

除幕し完成祝う

疎開の碑を除幕する代表者＝伊豆市修善寺の修禅寺

戦時中、現在の伊豆市の修善寺温泉に集団疎開した慶応大の付属小学校「慶応義塾幼稚舎」（東京都渋谷区）の歴史を伝える記念碑が、修禅寺境内に建てられた。2年前に記録誌「疎開学園の記録」を発刊した縁で、疎開先の一つのあさば旅館や同寺、護持会の協力で実現した。除幕式を7日に開き、関係者や疎開経験者らが完成を祝うとともに、当時に思いをはせた。

地元旅館など協力「大きな喜び」

戦局悪化に伴い、同幼稚舎は政府の命により1944（昭和19）年8月25日から、縁故疎開先のない3年生以上の学童345人と教職員36人が修善寺に集団疎開した。野田屋、仲田屋、涵翠閣（現あさば旅館）の3軒に分宿し、約2キロ離れた下狩野村国民学校（現修善寺東小）に通った。

翌45年3月10日、卒業する6年生が帰京し、4月に新たな1、2年生十数人が疎開学園に参加した。相模湾への米軍上陸の懸念から6月30日、青森県へ再疎開した。2009年には、疎開を経験した卒業生からの寄付により、同県つがる市に記念碑が建てられた。

一昨年秋に刊行された記録誌を贈呈されたあさば旅館の浅羽一秀社長は、修善寺にも記念碑建立を望む卒業生の声があることを知った。浅羽社長が同寺の吉野真常住職に伝えると、「境内で良ければ」と快諾され、同幼稚舎へ伝えた。同幼稚舎は疎開経験者だけではなく全卒業生に寄付を呼び掛け、約480人が協力した。

除幕式には同幼稚舎の教職員や児童、疎開体験者を含む卒業生、地元関係者ら約90人が参加した。同幼稚舎の大島誠一舎長は「青森県と修善寺に記念碑がそろったことで、大きな喜びとともに安心した」とあいさつ。大島舎長や長谷山彰・慶応義塾長、浅羽社長、吉野住職、卒業生と在校生代表者らが除幕した。

6年生で疎開を体験した林恭弘さん(84)＝東京都港区＝は「週に1回、修禅寺の境内に集まり朝礼をした」「旅館の人たちにはとても世話になった」などと当時を振り返り「記念碑建立は、疎開に参加した私たちにとって感激」と述べた。

記念碑は宝物館の近くに建てた。高さは約130センチで小学3、4年生の平均身長にしたという。題字は浅羽社長の書を使用し、碑の横には由来文を彫った石盤を設置した。

伊豆日日新聞　　平成29年（2017年）９月８日（金曜日）

寄付者氏名一覧

（五十音順）

青木　香須夫
青木　栄佑
青木　稔
青木　謙之介
青木　貴彦
青柳　良子
秋田　美也子
秋田　啓介
秋田　祐志
秋場　和幸
秋場　智子
秋場　祥子
秋元　幸哉
秋山　譲介
秋山　利裕
朝倉　徳道
浅羽　一秀
朝吹　剛
朝吹　晋伍
足立　悠馬
阿知波　英男
阿部　愼藏
阿部　慎
天野　豊
新井　遼一
有泉　譲二
伊江　竜一
五十嵐　瑛美子
池田　靖
池谷　正夫
池谷　蓉子
池谷　良子
伊澤　啓一郎
石井　剛太
石川　智庸
石川　博章
石倉　悠吉
石倉　知忠
石森　久嗣
石渡　道春
伊勢田　紗織
磯野　計一
磯邊　隆介
井田　伊織
市川　博正
市川　弘毅
市川　たい子
市川　卓広
市川　貴浩
市橋　茂満
伊藤　信夫
伊藤　彰敏
伊藤　昌紀
糸川　正晃
井上　義朗
井上　裕之
猪俣　静也
井原　泰三
入交　俊輔
入交　太郎
入交　佐和
岩垣　皓之
岩川　泰三
岩畔　慶太
岩﨑　正男
岩澤　忠広
岩下　祥子
岩田　敦夫
岩橋　大輔
岩松　研吉郎
植田　新太郎
植田　和平
上原　治
上原　茂
上原　健
上村　翔
植村　秀夫
内多　実
浦　貴行
漆原　栄彦
潁川　博志
江藤　直範
榎本　治
榎本　武治
海老原　紀子
遠藤　喜子
大泉　貴広
大崎　朝子
太田　正治
太田　美明
太田　正人
太田　貴史
大嶽　昌之
大谷　俊郎
大塚　雄三
大坪　克行
大野　太郎
大橋　誠
大林　剛郎
大山　利之
岡　祐子
岡太　彬訓
緒方　正隆
岡野　甲嗣
岡野　嘉久
岡部　雄太
岡本　圭祐
岡本　邦彦
小川　光晴
小川　周哉
小川　真人
荻野　華恵
奥田　祥一
奥田　雄子
奥山　忠
奥山　卓
尾関　邦彦
越智　隆雄
落合　正行
落合　輝彦
小野　晃典
垣内　鎮夫
笠井　真里子
梶田　謙吾
柏原　孫左衛門
勝又　健
加藤　順介
加藤　武男
加藤　光男
加藤　瑞貴
加藤　聖一
門倉　秀明
金子　忠敬
金田　悟郎
金田　崇良
兼松　雅務
兼松　絢子
冠城　勲

神谷　宗之介
亀田　隆太
亀山　厚也
河合　伸治
川崎　悟史
川﨑　陽子
川澄　一明
川瀬　惠史
川田　隆一郎
川鍋　一朗
河西　研一
神田　光教
菊池　麻希子
木倉　浩智
岸　信夫
岸　伸有
岸本　一義
北川　泰啓
北里　一郎
木野　文海
木下　豪彦
木村　玄一
木村　有理
木村　貴純

清田　盛久
金城　謙太郎
日下部　共代
楠原　正俊
楠本　大
久保内　光一
窪川　佑三
久保田　陽彦
熊野　耕太郎
熊野　雄介
黒崎　素弘
黒柳　真由
小池　軍平
小糸　彰
小糸　弘晃
剛　嘉宏
郡　健太郎
郡　誠士郎
國分　勘兵衛
國分　昌子
小坂　敬
小島　昌義
小島　健夫
小谷　映一

小谷　静吾
児玉　隆士
小仲　正也
許斐　氏元
小林　博
小林　仁子
小林　正忠
小林　忠広
五味　修
小山　章司
近藤　一男
近藤　勇樹
齊田　博一
齋藤　敦
三枝　孝榮
三枝　孝臣
坂井　利彰
坂井　紗恵
阪田　雅子
佐久間　暁
櫻井　政寿
笹川　貴生
笹川　正平
佐々木　一哉

佐々田　良二
佐藤　滋一
佐藤　直樹
佐藤　剛
佐藤　せい子
佐藤　隆太
佐野　初夫
佐野　功太郎
澤辺　正恭
椎橋　研太郎
篠﨑　正雄
柴田　光久
柴田　亮
渋井　信行
渋井　伸和
澁谷　昌也
澁谷　真奈
澁谷　梨里
島﨑　明花
島田　孝克
島田　豪
島田　壮
嶋田　景子
島田　貴子

清水　彰
清水　謙
清水　弥子
清水　大介
清水　啓介
下竹原　庸佑
徐　静江
勝田　久義
白井　文子
新木　啓悟
菅井　毅
菅沼　安嬉子
菅原　春雄
菅原　建
菅原　節
菅原　良子
杉浦　八十生
杉本　霧子
杉本　圭一郎
鈴木　貞一
鈴木　光雄
鈴木　操
鈴木　史郎
鈴木　幹太

鈴木　浩太郎
鈴木　孝治
数原　英一郎
数原　滋彦
諏訪　恭一
関根　龍太郎
関根　晃次郎
錢高　多賀子
曽田　政之
曽田　義信
田尾　圭介
髙木　実
髙木　泰将
高田　美希
髙野　博靖
髙橋　正毅
高橋　治之
髙橋　良一
髙橋　義明
髙橋　彩子
髙林　良吉
髙柳　聖一郎
田草川　篤彦
田口　行央

竹田 恆和
竹田 真里子
竹中 祥悟
竹之内 華由紀
田島 彰洋
田代 剛大
田中 稀一郎
田中 知柄子
田中 玲奈
谷 善樹
谷本 篤史
玉置 憲一
田村 和男
田谷 眞
地井 麻衣子
千明 謙介
杖下 孝之
塚越 好
塚田 啓子
津﨑 さゆ美
對馬 好一
土屋 宏
鶴見 秀博
手塚 淳一

寺田 繁
土居 邦彰
道躰 雄一郎
藤間 緑
道面 宜久
遠山 公一
門叶 ゆかり
富田 亙正
富田 隆太郎
富永 暢夫
友田 昌利
内藤 景介
中澤 哲也
中澤 千恵
長澤 悠子
中瀬 雅通
永谷 竜一
中津川 浩三
中西 一
中野 成章
中野 明子
中野 大二郎
中野 雄三郎
中原 正敬

中上川 秀一
中上川 誠
中村 純
中村 節雄
中谷 香苗
中山 信孝
奈藏 稔久
新倉 泰子
新倉 博明
西堀 浩生
西村 準明
沼田 幹子
沼田 大輔
野口 典男
野澤 俊恵
野尻 美緒
野田 哲平
野田 敦子
野田 和敬
野田 かつ子
野田 三三子
野田 朋子
野田 政宏
野村 幸弘

野村 祐美子
長谷川 泰治
波多野 明男
簱持 正彌
服部 真二
服部 秀生
羽鳥 塔子
濱田 陸
早川 一郎
早川 二郎
早川 美穂
林 恭弘
林 賢児
葉山 雅章
原 京
比企 伊智子
比企 直樹
比企 能博
比企 真樹子
日野 裕子
日々 ななせ
平井 一徳
平井 徳子
平岡 英介

平野 佳世
廣瀬 太郎
廣瀬 康夫
廣瀬 慶太郎
深澤 晶久
福川 忠昭
福澤 武
福澤 文士郎
福澤 雄吉
福澤 忠
福島 昌彦
福島 朗太
福田 三丈
福田 世英
福田 みどり
福田 一夫
福光 阿津子
福山 達雄
藤 豊
藤井 裕輔
藤岡 幹久
藤川 雄太
藤川 悠希
藤﨑 三郎助

藤本 壮
古澤 純一郎
古畑 勝茂
古畑 絵美
古畑 輝英
古屋 浩吉
堀江 一啓
堀江 信祐
前田 彰生
前田 佳子
前畑 晃子
牧野 昭三郎
益井 英郎
増岡 隆一
増岡 聡一郎
増岡 義裕
桝田 正徳
桝田 邦道
待木 信和
松井 日出子
松澤 繁子
松永 浩一
松原 寛
松原 誠一

松宮　茂
丸山　秀三
丸山　大
三田　大明
美濃部　佳奈
壬生　基博
宮島　吉亮
宮島　大祐
宮田　由美子
宮地　孝
宮原　光興
宮本　淳乃
宮本　剛
三輪　洋資
務臺　晴雄
村上　千恵子
村田　基生
茂木　俊浩
望月　利江
茂木　規男
森　保
森　大樹
森　大
森川　尚彦

森永　剛太
森永　慶太
諸戸　精孝
八木　忠一郎
矢﨑　裕一郎
柳田　優木
山岡　海三
山上　淳
山木　功
山口　隆弘
山﨑　陽之介
山﨑　秀介
山﨑　元裕
山崎　公靖
山田　公雄
山田　稔
山田　悦弘
山田　祐次
山田　吉隆
山田　和正
山田　惠子
山田　光重
山田　重威
山田　広太郎

山田　智史
山田　侑弥
山本　忠雄
山本　泰人
山本　德治郎
山本　明德
山本　悠介
山本　貴大
湯原　眞砂子
横河　一規
横河　明紀
横倉　永一
横手　信一
横山　隆一
横山　眞司
吉岡　和子
吉田　治彦
吉田　晋
吉田　成利
吉永　通英
吉村　庄平
吉村　潤一
米井　元一
米井　慎一

若松　歓
若山　邦紘
和田　篤武
和田　美智子
渡邊　眞三郎
渡邊　明治
渡辺　弘二
渡辺　和男
渡辺　均
渡辺　孝雄
渡辺　舞
渡邉　一衛
（他十四名）

＊〈編者註〉
「修善寺　疎開学園の碑」が完成したことを知った石井孝一氏（昭和二十三年〇組）が、自分が寄稿した「生きてる会」会誌の文を幼稚舎に持参して頂いたので、これをここに掲載した。

神様のお約束
ウソの様な本当のお話

石井　孝一

わが家には、民話の様な家訓が歴代の先祖から伝えられて居る。「善根を尽くした人は、神様がご褒美に暖かいお恵みを、逆に悪行を重ねた人は、その報いを償わされる」と云うモノ。

何らかの事情で、其の人が自らの寿命が短く、生前中に神様から、そのご褒美を、又は代償、償いを果たせなかった人は、良きにせよ悪しきにせよ、そのご褒美や代償は、其の人の子孫によって引継がれると、云う言い伝えである。

今日の本題は正にこの部分での「お話」。神様のご褒美を、受け取るべき父、それに先立つ、歴代の先祖がお一人お一人が尽くされた善根のご褒美を神様が、我々子孫へ、その全ての引継ぎをお認め戴いたことである。「生きてる会」最後の会報を出すに当たって、さて……何を書こうかと迷っていた時、丁度、終戦の日を間近に控え、どのTV局も、二～三日前から当時の録画放映を盛んに流し始めて居た。

それに触発された。そうだ！　この最も厳しい終戦直前の辛い時代にあって、我が身に起こった生涯二度と、もう体験出来ないであろう、最高の感激、感涙を伴った幸せな奇跡の出来事を書き残したいとの衝動に駆られた。

当時、ボクは幼稚舎の三年生。最年少での資格で幼稚舎の集団疎開に参加していた。集団疎開の場所は伊豆修善寺で、二つの旅館に分かれ、小生の〇組は仲田家であった。

その日は、課外授業で修禅寺の境内を借りて、体育の先生が、帝国海軍軍人として入隊したら直ぐ習う手旗信号を、僕達も習う授業が行なわれていた。

「敵艦見ゆ」は、日露戦争で日本帝国海軍旗艦から各艦隊へ出した緊迫した戦闘体制へ入る直前の指令として、後日、一般国民にも広く知られた緊迫した手旗信号だと聞かされていた。

「皆、上手になったなア」と先生は満足気に云われた。そして、続けて、「これから、君達へ手旗で信号を送る。解った人は、実際に行動で示しなさい。」と云われた。見ていると先生は、「石井は直ちに旅館へ戻りなさい。」と、ボクに信号を送ってきた。何故ボクだけが、先に帰って自由時間を貰えるのかな?……と、一瞬躊躇した。その時、皆の視線が僕に向っていることを感知した。ボクは急いで、「ハイ」と手旗信号で返事した。先生は、今度は大声で、「事故を起こさない様に、前後左右に気を付けてゆっくり歩いて行きなさい」と云われた。逸る気持ちを抑えて、先生に一礼し、皆にもペコリと頭を下げ、遊べる貴重な時間を無駄にしない様にと考え、小走りになりがちに帰途に就いた。何よりも素晴らしい驚きのプレゼントが隠されて居るとも知らずに……。

旅館に戻り、二階にある教員室の部屋の入り口で、少し首を突っ込んで「石井孝一です。K先生の指示で只今帰りました」と云うと、驚いたことに殆どの先生方が、出て来られ、「良かった」とか、「ホントに良かったなア」と、異常な程、大歓迎された。イヤだなア、修善寺の境内から旅館まで、ゆっくり歩いても十分はかからない距離だ。ボクをそんなに子供に見ていたのかと……少し不満に思えた。

そればかりではない。疎開先でボクらのクラス担任をして居られた渡辺先生は目頭を赤くして、眼からこぼれ落ちそうな大粒のキラリと輝く光をこらえて居られたのが子供のボクにも良くわかった。そして、「部屋へ行って休みなさい」と、やっとの想いで、伝えて下さった。この教員室の雰囲気は異常で、全く不思議に思えた。

部屋に戻ると、外出時の部屋を守っていた旅館の女性なのだろうか、出窓の敷居に半分腰を預け、すぐ下を流れる桂川を見ていた。驚かさない様に、ボクは、極めて事務的に小声で、「石井孝一です。先生の指示で早めですが戻りました」と、そっと伝えた。その時、其の人は落雷の電気ショックを受けたかの様に、突然立ち上がり振り向きざまボクへ近寄り、ボクの背丈に合わせて両膝を畳につけたかと思うと、しっかりと痛いほど抱きしめてくれた。信じられない……お母さんだ！　夢にまで見ていた、会いたかった母がボクを抱きしめてくれている、夢ではない、本当なんだ！　誰構わず大きな声で泣いて仕舞った！　両親から離れ、一人気丈に振る舞って居たボクの張りつめて居た気持は一瞬に崩れ、「お母さん……!!」と云った儘、嬉しさに涙は留めどなく流れていた。「ごめんなさい。一人ポッチにして寂しかったでしょう。お母さんも寂しかったのヨ。今日は孝一を迎えに来たのヨ。」

予想もして居なかった言葉に嬉しくて、心臓はつぶれそうだった。ボクの顔は、母の涙と一緒になってクチャクチャになった儘だった。

日々戦況は不利な展開、次第に緊迫感を増して居た。

母が来た十日程前には都心は米軍機B29の爆撃を受けて十万人が死亡、運よく生き延びた人でも戦火で殆どの人が家を失い、焼け出されたことを初めて知った。幼稚舎集団疎開を引率し一緒にボク達と寝起きを共にして居られた先生方の間では、その時から重苦しい雰囲気が漂って居た様だった。ラジオや新聞で東京は壊滅的な被害を受けたことはご存じだったのだろうが、我々疎開先の僕達には、両親や家族の安否を気遣う精神的な動揺、ショックの大きさを懸念して、一切知らされることは無かった。

疎開先の先生方は、集団疎開に参加して預かっている生徒の保護者両親の安否確認が急務となったが、この戦火の中で、出来るワケもなかった。とりわけ、石井の住所届は、東京都中央区日本橋であったことから、仮に石井が、戦災孤児に成った場合、慶應義塾幼稚舎として、誰が責任を以て預かり育てていくか、突如、想定外の問題を突きつけられる事態が浮上したのだ。しかも戦況は益々厳しく、第二、第三の戦災孤児、石井が出てくる可能性は否定できない状況にあったことも、先生方の対応をより難しくしていた。

そんな中、戦災孤児になったと思われていた孝一の保護者、母親から電話があったのだ。しかも、その連絡内容は、「息子、孝一を本日、引き取りに伺いたい。」と云う趣旨の内容だった。この朗報が、教員室部屋の全先生に伝わり、当面の大きな急務、課題は吹っ飛んで解消した。しかも、同時に先程、ボクを歓迎して下さった先生方の異常な歓迎理由も、やっとこれで納得できた。「母親と再会出来て、しかも母と一緒に家に帰れる。」と云うボクの小さな、そして大きな幸せは、全く同じ内容ながら、先生方の安堵と喜びと完全に一致した。

本来なら、共同生活からはずれて行く生徒を喜んで見送るという違和感があっても不思議でない。戦時の歪んだ社会情勢ゆえであった。共に、神に感謝したい気持で一杯であった。

「戦災孤児⁉石井」の一件以降、慶應義塾として想定外の事態が二度と起きることを懸念した。伊豆の修善寺を離れ、東北の青森県田園地帯にある小さな木造（キズクリ）町へと集団疎開地を移転することで、戦災激化に備える大きな決断を実施した。

生涯二度と、体験出来ない、最高の感激、感涙を伴った出来事であり、戦乱にまみれた厳しい時代だっただけに、将来自分自身の岐路に纏わる出来事でもあって、そっと残して置きたかった反面、解って頂きたい思いもあった……この身勝手、どうか、ご容赦頂きたい。

集団疎開での幼稚舎生は、親元を離れた厳しい環境の中に在って、年少とは云え、皆さすがに小さな紳士の集団だった。その中のエピソードを一つご紹介したい。

小生の部屋には、ルームメイトに川澄一明君がいた。後の三菱商事副社長に成った男だ。集団疎開先の我が子を想い、先生経由で可愛い息子一明君へ体に良いと持参した錠剤があった。戦時下での親子の堅い人間味あふれる絆だ。そんな貴重なモノは貰えないと、小生は、断ったが指切りゲンマンして、事前に秘密保持を約束して居たので、彼の好意に甘えて頂くことにした。

しかし、最近に成って解った事なのだが、彼の母上は、当時、病気入院中で、しかも重態だった。本来なら集団疎開先を、慰安訪問して最愛の息子に、会うことも出来たのに、それも叶わぬ身の上だったことを、戦後の今になって僕は、初めて知った。

当時は、母親にとっても、息子にとっても、辛く、寂しく、この上ない心配事として、強く心に刻まれ、残ったに違いない。

修善寺の疎開先の先生方に、事情を話し彼に届けられた体に良い錠剤は、戦時下での親子の絆として僕の心を強くうった。その貴重な錠剤を、ルームメイトであった僕へ分け与えてくれたのだ。優しい、この小さな紳士の行動は、嬉しかったが、一方、僕も幼稚舎生であったことから、我がことの様に誇りに思えて嬉しかった。

彼は握っていた僕の拳を、両手で、一本一本開いたかと思うと右のポケットに入った小袋から三〜四粒の錠剤を取り出し渡し終わると、今度は、両手で一本一本、僕の指を軽く畳んで元の拳に戻してくれた。彼は、「この薬は、噛んだりしないで、ゆっくりしゃぶって溶かして飲むと良く効くんだヨ」、と飲み方も教えてくれた。

僕は早速、貰った一粒の錠剤を皆に気付かれない様に口に運んだ。その間、彼は、僕の顔を覗き込む様に見ていた。驚いた‼　それは、すっかり忘れて居た味だ！　甘いんだ！　錠剤は、何と「金平糖」だった。彼のお母さんは親元を遠く離れ一人で居る息子を想い、精一杯の愛情を注いで送って来たんだ。

そんな大切なものを、僕にソット分けてくれた彼の気持ちを思うと、遠い昔の話を書いているのに昨日の事の様に思え、胸が一杯に成った。

社会人と成った後も彼とは、同じ三菱グループで働く道を歩むことを偶然知って、年少児から続く珍しい貴重な親友との親交が続くことになった。

「生きてる会」も、高校まで塾で学び、大学へ進学した友人ばかりで他校では経験できない雰囲気なのだろう。特別クラス編成を創設した塾ＯＢ教授陣に感謝したい。歳をとって来た今だから、そう思う事が多く成ったのだろうか……。

原稿締切りにやっと間に合ったこの日、丁度、菩提寺での秋彼岸供養が間近である。原稿を一部印刷し、お線香と共に、お焚き上げしてご報告のお礼を祈って行きたい。

＊（慶應義塾大学昭和三十三年卒経済学部Ｇ組クラス会「生きてる会」会誌（二〇一七年十一月発行）より転載）

第十六章　疎開学園で歌われた歌

――鈴木光雄氏（昭和二十一年K組卒）が歌った歌を、足立由実幼稚舎音楽科教諭が譜に起こしたもの。

「幼稚舎修了式の歌」は、幼稚舎にSPレコードがあり、これを近年再生したCDによっても確認した。

尚、「幼稚舎疎開学園の歌」「疎開児童に賜りたる皇后陛下御歌」の楽譜・歌詞は『疎開学園の記録　上巻』に収録してある。

修了式の歌

作詞　大多和　顕
作曲　江澤清太郎

一、すめらみ国の　よき子のほまれ
今ぞになひて　いで立つ友の
強く正しく　さやけき姿
送る言葉も　うれしや我が友
あはれ　今は　行くかや我が友
さきく　ゆかせ　やよ我が友

二、東西さへ　いろはのいさへ
知らぬ我等に　御民の道を
さとしたまひし　こしかたくりて
思ひ出づれば　なつかし師の君
あはれ　今は　別れか師の君
さきく　いませ　我が師の君

三、ペンの徽章を　心につけて
共に学びし　春秋いくつ
今はその手を　分つといへど
とはに仰《あふ》がむ　母なる幼稚舎
あはれ　いよよ　栄えよ幼稚舎
ほまれ　あらせ　我が幼稚舎

來たぞ修善寺

作歌　高橋　立身
作曲　江澤清太郎

一、きたぞ修善寺　すみよいところ
前の松山　小鳥はうたひ
桂川には　桂川には
アリャサトコリャサ ソレ 若鮎おどる

二、きたぞ修善寺　名のあるところ
古き歴史は七百年前《ぜん》
今に伝はる　今に伝はる
アリャサトコリャサ ソレ その物語

三、きたぞ修善寺　湯のわくところ
夏の暑さは　湯で流される
冬の寒さも　冬の寒さも
アリャサトコリャサ ソレ 湯で温まる

四、きたぞ修善寺　第二の故郷
野田屋　仲田屋　涵翠閣は
僕等園児の　僕等園児の
アリャサトコリャサ ソレ なつかし住み家

門出

作詞　高橋　立身
作曲　江澤清太郎

一、幾春秋《いくはるあき》を　住みなれし
すめらみやこの　故郷《ふるさと》を
今日ぞいで立つ　このあした
幸あれ　榮《はえ》あれ　わが皇都《みやこ》

二、十歳《ととせ》余りの　年月《としつき》を
育て給《たま》ひし　父母《ちちはは》と
今日ぞ別るる　この夕《ゆうべ》
幸あれ　健《けん》なれ　わがみ親

三、山河《やまかわ》遠く　距《へだ》つとも
朝な夕なの　師のをしへ
かたく守りて　すこやかに
かへらん日をば　待たんかな

四、世は戰ひの　さ中にて
敵米英に　勝つ日まで
ともに忍《しの》ばん　はらからよ
幸あれ　榮あれ　我が幼稚舎

第十七章　鈴木光雄疎開日記

鈴木光雄氏（昭和二十一年K組卒）が疎開中に記した日記。

修善寺の日記は、表紙にペンマークがあり、「讀方帳」と印刷されたA5版のノートに書かれている。

木造の日記は、小型の手帳に書かれている。用紙は四ミリ方眼で、一マス一字で細かく書かれている。


明らかに誤字・脱字と思われるものや句読点については、読みやすさを考慮して、編者によって訂正・変更を加えた。
●は判読不能。〔　〕は編者による注。

修善寺

昭和十九年

八月二十五日（金）雨

朝早く隣組の人達と家の人に送られて、ゑびす駅まで來ました。六時三十九分ゑびすを出發して品川駅で少し待って、七時三十九分に品川を出て行きました。

僕は海の見えるのを待っていました。その中で少しお菓子をたべている中に海が見えた。いよいよタンナ（丹那）トンネルをくぐって三島にだいたい十一時頃に着いて、野田屋にだいたい十二時過頃に着いて、荷物をせいりして、夜お風呂に入り日記と葉書を書いてそれからぐっすりねました。

八月二十六日（土）曇時々雨

皆といっしょに起きた。それから顔を洗ひ少したってから、朝食をたべてから部屋のせいりをした。學用品はどこ、日用品はどこときちんとして少したつと、もうお晝になってしまった。御飯をたべてからゲームをしたり御菓子をたべたりいろいろおもしろい事をして遊んだ。

夕飯をたべてからお風呂に入りすぐねた。

八月二十七日（日）晴

朝起きてふとんをしまって、朝御飯がすんでから又今日も部屋の整理をした。それから朝禮をして、それから大廣間のさうぢ〔掃除〕をけんがくした。

お晝になって御飯をたべた。今日お天氣なので日枝神社に參拝に、その次に修ぜん寺の寺にお參りして等、二、三りゃう（寮）の來るまで少し遊んだ。それより幼稚舎全部の顔合せ會をしてからやどにかへった。それから葉書が來たのでその返事を出して、それからお風呂に入って、又葉書を書いて日記をつけてねた。

八月二十八日（月）晴

朝起きてすぐ顔を洗ひ點呼をして御飯をたべた。それから朝禮をして九時二〇分までに修善寺國民學校で顔の合せ會をした。それが終ってやどに歸へった。

晝御飯をたべてすぐにおひるねをしました。

それから遊んでからお風呂に入ってから御飯をたべてから送別會をした。すんでからはねむかった。

八月二十九日（火）晴

六時起床。點呼がすんでから御飯をいただいた。

修禪寺で朝禮をしてそれの歸へりよりとも〔頼朝〕公のおはかにお参りしました。その途中、永野先生に稲についてのお話をうかがった。橋を渡った。少し行くと、あさば別館に行った。少しの間上がって、池を見た。

池には、あひるが「ぐわあ　ぐわあ」とないていた。池には又ボートが一さう〔艘〕浮かんでゐた。それからやどを出て少し行くと、右にまがって行くと山にのぼるのであった。

道を歩いて行くと南洋のゴムを取るやうに松やにを取ってあった。急な坂をどんどん上がって行くとちやうじやう〔頂上〕の見晴台があった。そこで仲田屋さんの生徒と手旗〔手旗信号〕をやった。そこで山を下った。少し行くと仲田屋さんについた。そこであいさつをしてやどに歸へった。

晝御飯をいただいて少しして晝ねをした。それから吉田先生に日記についてのお話をうかがった。

それから少したって、お風呂に入って夕飯をいただいてからみんなで錢まわしをした。その次にかりうど〔狩人〕さんといふのをやった。その次にとなりの部屋でうんとあばれた。

八月三十日（水）晴

今日は、朝ねむかった。點呼がすんでから朝の御飯をいただいた。朝禮を修禪寺でして、それから國民學校へ行った。

山道を通ると中にせみが何十匹もいた。學校へつくと人員をしらべてから竹をのぼって遊んだり、せみやばったを取ったりしてゐる内に集合して、又山を通ってやどにかへった。

渡辺君と二人でせみをこひ〔鯉〕にやるとみんな寄って來ておいしさうにたべた。御飯をたべてから川へ泳ぎに行った。僕はおよがなかった。どかんに水が入ってその中にたくさんのかへるがいた。

ぶたが二匹小屋にかってあった。ずっとしばらくしてから、やどに歸へって本を読んだ。それから御飯をいただいて日記をつけて。

八月三十一日（木）晴

朝起きてから御飯をいただいた。

それから

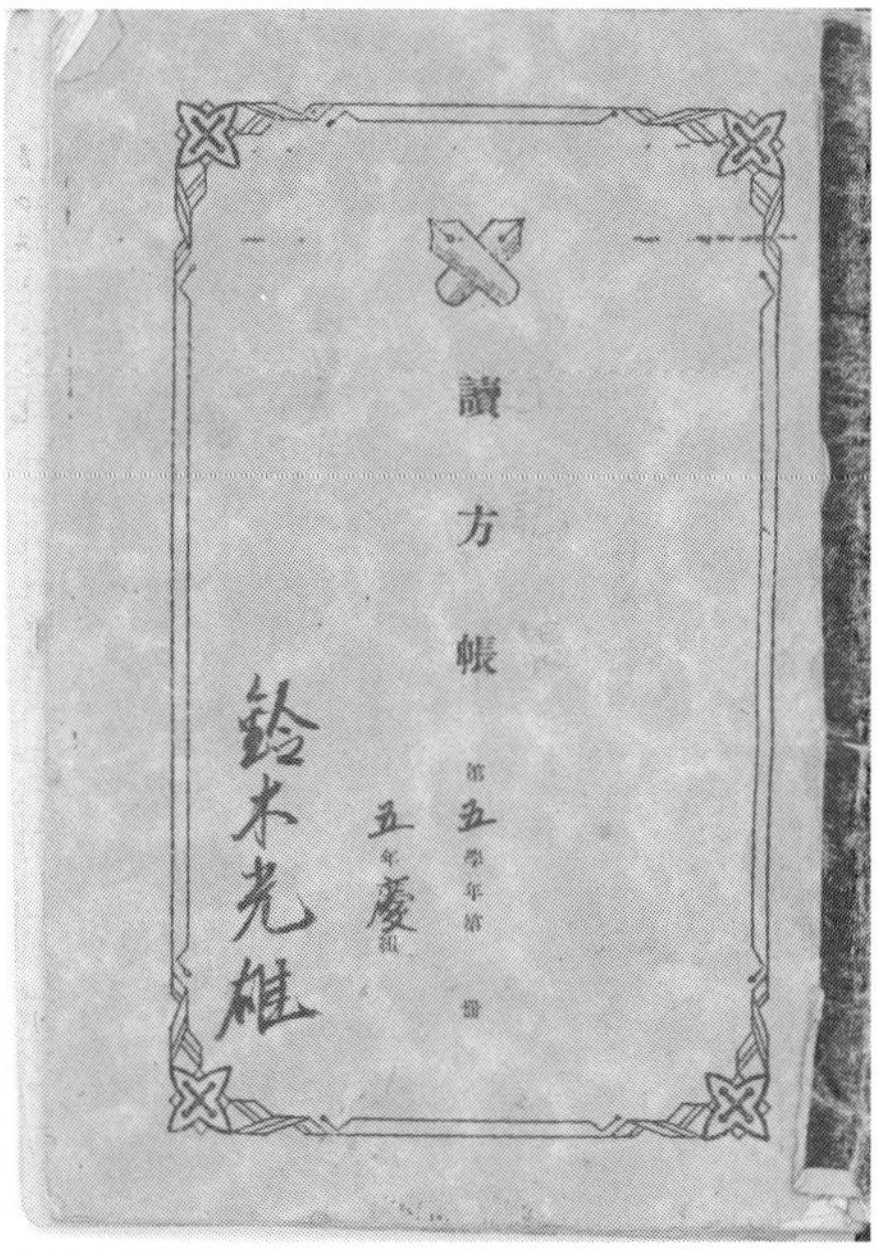

修善寺疎開時の日記帳（表紙）

九月一日（金）晴

朝起きて御飯をいただいた。それから隣村の國民學校へ始業式に行った。

式をやってゐる最中にも幼稚舎生の体が弱いのに僕も感心してしまった。やっぱり田舎の子供の方が体が強いのです。

學校から歸って來て御飯をたべた。それから部屋でいろいろな事をして遊んだ。入浴してから御飯をたべた。それから、自由時間なので年をあてる数を書いて遊んだ。

九月二日（土）晴

朝は、ねむかった。朝食をすましてはがきを書いた。それから、より家〔頼家〕公のおはかへ行ってお參りをした。晝の御飯をいただいてから、それから四年五年六年のじゅんじょにちぶす〔チブス〕のよぼうちゅうしゃをした。少しもんでから、ゲームをした。それから又葉書を書いた。それから御飯をたべてねた。

九月三日（日）晴

朝ごはんをいただいて少したって四年五年はお菓子を持って山へ行った。それで吉田先生に、より家公のお話をうかがった。やどに歸へってお菓子の事で少しもんくがついたが、これからそんな事をしないと約そくをしました。それから少したってから、小包が來た。あけて見るとゲームと本と下敷だった。そのゲームをすぐやった。するともう御飯だった。すんでから大廣間で僕達の班は一班と錢まわしをして百二十たい五十で勝った。

九月四日（月）晴

朝の朝禮をすまして部屋へ歸った。今日から勉強だ。一時間目は、時間割ををしえて〔教えて〕いただいた。二時間目は算數をやって部屋へ歸って、一時から又時間割を書いた。それで二時間をつかって少し遊んでゐると、もう入浴の時間、足を洗って部屋に來ると葉書が三枚來ていた。すぐ返事を書かうと思ったら、一枚書いてゐるうちに御飯なのでそれをいただいてから、自由時間に二枚書いた。

九月五日（火）晴

朝から本を讀んだ。朝食後、日記をつけた。それから朝禮をして大廣間で勉強した。晝の御飯がすんでから下狩野國民學校へ行ってお習字をした。當番をしてから少し遊んで旅館にかへった。それからナシのおやつをいただいて入浴して自由時間にゴ〔碁〕をやった。

九月六日（水）晴後曇時々雨

御飯をいただいて朝禮をすまして、少ししてから勉強をした。綴方で「修善寺の生活」のだいでいろいろな事を書いた。

午後は自習時間で遊んだり綴方を書いたり、それから地理をやった。するともう入浴の時間だ。めづらしくお風呂に入った。皆、岩の上からジャボンジャボンととびこんでいた。御飯をいただいて葉書を書かうと思ってゐるとだれかが「あの雲は、しんさいの時の雲と同じ」だとか、もうものすごいうはさ〔噂〕であったが、もうしう寝じゅんび〔就寝準備〕であったので部屋に歸った。

十月一日（日）雨

朝は起床してすぐかんぷまさつをした。ふとんを整理して洗面に行った。洗面をおへて部屋に歸った。鐘が鳴って點呼だ。點呼が終った。

今日は雨が降ってゐるので朝禮がなかった。今日は日曜日だ。朝食をすました。いそいで部屋に歸って動物園を作るのに十一、十二班がいっしょに動物を作ったり、小屋を作ったりしてゐると、自習の鐘が鳴った。それもしらないやうに一生懸命に動物園を作るのに急いだ！　すると先生よりのお使ひで大勢何べんも向へに來た。

すぐ自習をしに大廣間に行った。綴方を書き上げてから部屋に行って、算數ととりかへて來て又一生懸命勉強をした。しばらくすると、自習が終った。又、動物園を作っているともう晝食になってしまった。晝食がすんでおりやさくを作り始めた。仕事をやってゐる眞最中に鐘が鳴って、廣間にゲームを持って降りた。最初にトランプの七並べをして僕が一番だった。次に動物合せをした。その中にお菓子をくばって來た。先生が「いただきます。」とおっしゃったのでお菓子をたべながら動物合せをした。

部屋に歸ってさっそく部屋を整理した。整理が終って動物園を並べ作った。十、十一、十二班が最初に入浴した。お風呂では石けんで体をあらひ、おゆの中で少し遊んで出て來た。今日から又日記を付けやうと思って日記帳を取り出して來て今日記を付けてゐるのだ。

もうぢき夕食になる。もうそろそろ夕食の仕たくを始めた。鐘がなった。御飯をいただいて部屋に歸って先生のところに行ってはがきをいただいた。そのついでにかりんと（花林糖）にさとうをつけたのを五こぐらゐいただいた。

それからぜにまわしをして。大東亜ゲームをした。それから渡辺君の入室でふとんを持っていってあげた。それから日記をつけて食事日記をつけてゐると、もうしう寝（就寝）準備の鐘が鳴った。すぐにふとんをしいた。そして洗面をして休んだ。

十月二日（月）小雨後曇

今日は面會日だ。今日もかんぷまさつをして洗面に行った。待ちに待った面會日だ。ちっともおちついてゐられない。點呼がすむと、今日は修禪寺がぬかるみなので、すぐに朝食にした。朝食がすんで十三班がさうぢ〔掃除〕をした、その後で自習時間には試けん勉強をした。

約一時すると坐學の鐘が鳴った。坐學は算數國語で終った。

勉強でも落付いて出來ない。待ち遠しくてたまらない。ただうれしいだけで、とびはねてゐる内にもう晝食になってしまった。

お晝は、午後の勉強は國史をやらうとしたが、あんまり四年生がさわがしいので自由に本を讀む事にして、僕は部屋に歸って「北滿の日章旗」といふ本を讀んだが、まだ落ち付かず胸がわくわくして來た。その時間はすんだ。部屋に歸らうとすると中〔途中〕、べっ館の方にお母様とお姉様がいらっしゃった。僕は飛び上ってよろこんだ。鐘が鳴ってお母様がいらっしゃった。すぐにお母様とお姉様にお話をした時、胸がこみ上げて來た。もう何もいへなくなった。ただうれしいだけだった。それからわるい事にお母様の部屋に行ってお菓子を取って來た。それでさっそくお菓子をいただいた。とてもおいしかった。もうお腹一ぱいだ。入浴してそれから夕食になった。又、夜お母様方とうんとお話をした。あっ鐘が鳴った。もうしう寢〔就寝〕準備になった。

すぐに點呼になってお母様方におやすみなさいといってねた。

十月三日（火）晴後曇

朝五時頃から目がさめて中内君と話をしてゐる内にかまた君、小高君など全部起きてしまった。それで、起床してすぐ庭へ出た。お母様とお姉様が二階で見てゐらっしゃった。部屋に歸って洗面に行った。もうお母様方がいらっしゃった。點呼がすんで朝禮になった。お母様方もいらっしゃった。歸へるとすぐ御飯だった。御飯がすんで自習時間に部屋でお腹一ぱいお菓子をたべた。寫眞をうつしてもらおうと思って下に行くと坐學をやる鐘が鳴った。いつきたかお兄さまが大廣間の前に立っていらっしゃった。二時間目は國語の試けんだ。試けんがすんで部屋に行った。又、お菓子をいただいた。お晝御飯はすんで少しすると鐘が鳴った。

僕等は手旗を持って下狩野の國民學校へ行った。少し遊んでゐる内、全部集った。下狩野の生徒が歸ったあと五、六年で手旗の練習をした。今日は0げんかく〔原画〕から十四げんかくまでと「いろはにほへと。」まで習った。明日までの宿だいだ。

しばらくして、整列して第三りゃうの三年生から第二りゃう第三りゃうの四年生から前進した。やどに着くともうお母様方はいらっしゃんなかった。入浴をしてしばらくすると夕食になった。自由時間がすむとしう寢準備になった。

十月四日（水）小雨

今日は雨が降ってゐるので寒ぷまさつがなかった。すぐに洗面に行った。それから點呼まで本を讀んだ。點呼がすむと當番なので食器を出した。食事がすんで自習時に算数をした。坐學が始った。綴方は「東京の思ひ出」のだいで書いた。綴方が終ってづぐわ〔図画〕を書いた。二時間目が終って部屋に歸った。しばらくすると、晝食になった。

午後はおり紙を動物の形に切って紙にはる事をした。後から渡辺君も來た。皆でいっしょに作った。一時間もそんな事をしてゐるのであきてしまった。だけれども、又大特急で作った。

もう四時間目も終った。少し遊んでゐる内、おやつになった。おやつをいただいて大廣間で遊んでゐると、先生が九、十、十一、十二〔班〕は入浴とおっしゃった。僕は、部屋に急ひで行って石けんを持って風呂に入った。

十月五日　曇後雨

今日も雨が降ってゐるので、寒ぷまさつがなかった。すぐにふとんをしまって洗面に行った。點呼があった。

午前中は坐学で終った。午後は、坐學がなくて廣間でゲームをして、僕達が一番初めに入浴してそれから自由時間にはゲームをやった。

十月六日　雨

今日は広間で寒ぷまさつをした。雨つづきなので修禪寺では朝禮が出来ない。朝食後広間で体操をした。それから広間のさうぢ〔掃除〕をして自習をした。坐學が始った。算数の時間にくじをした。僕と広瀬君はどうかあたるやうにおがんだ。初めの時、算数をやって見た。萬歳あたった。算数の本があたった。國語の方は友田君があたらないといったので、僕は残念に思ってゐるとやっぱりあたった。國語の時間に四年生にかりた世界地圖を見ながらアジアに●りてをやった。

晝食をすませて午後はこの間のつゞきの動物園を二時間つづけてやった。おやつをたべて入浴をした。自由時間は動物園を作った。

十月七日　大雨（嵐）

十月八日（雨）

今日は大しゃう奉たい〔大詔奉戴〕日だ。朝食後大廣間で式があった。宮城えう拝〔遥拝〕をして、先生からお話があった。午前中はそのくらゐで川の水はものすごかった。

午後は晝食後、鐘がなって廣間に集った。歯のわるい者は田坂さんとちりゃう〔治療〕に行った。僕はいかなくてよかった。それから劔道の先生が竹を切ったり、刃を手でつかんだり、その上に乗ったり、色々僕達をおどろかした。ガラスのかけらの上に乗ったり、僕はびくびくして見てゐた。その次に「キウリ」を手の上にのせたりして、その「キウリ」を切った。その次に河合君のお腹の上で「キウリ」をざん切にしたり、とてもすごかった。

すぐおやつにして入浴をすまして夕食になり時間時間には廣間に行って動物園を作った。

十月九日（晴）

今日はめづらしく晴だ。それなので修禪寺で朝禮をした。

朝食の時先生が今日は變せいがへ〔編成変え〕をするとおっしやった。一班班長友田、副班長だれだれとどんどん行った。僕はどの班かと思った。いよいよ六班班長岩本といった。班員四年生まだ僕達ではない　七班班長……副班長……班員佐野……どんどんいふと僕もいった。

午前中はへんせいがへで終ったが、午後は皆でこの前のところ相模平のちかくの芝のところへ行っておやつをたべた。それからやどに歸って夕食をすまして入浴をした。

十月十日　晴

今日も天氣だ。修禪寺で朝禮をして朝食をすまして日記を書いた。

十月十一日　晴

今日はとてもおなかがすいてゐた。朝禮に行っても元氣が出なかった。歩いて行く氣もない。やうやく〔漸く〕りやう〔寮〕に着いた。朝食がおいしくたべられた。終ってもまだおなかがいっぱいにならなかった。それから自習は地理をやった。坐學が始って、葉書を書いた。又急におなかがすいた。

晝食もおいしくたべられた。その次に坐學はなかった。弓道の道じやう〔道場〕、廣い草原の所へ行って思まうぞんぶん遊びまった。木の上の方に登ったりした。それから寮にかへった。

おやつをいただいて入浴をした。終の方まで入ってゐた。夕食後自由時間にはくんしやう〔勲章〕を作った。

十月十二日

今日はかんぷまさつをして朝禮に行ったらおなかがすいてきた。朝食はよくかんでたべたら少しはかうか〔効果〕があった。午前中は坐學があった。

午後は赤松先生の手旗をやるはづなのに先生はいらっしゃんなかった。修禅寺で待ってゐると、先生がいらっしゃんなかったので寮に歸った。それからおやつをいただいた。

僕は平井君やとし子ちゃんや渡正〔渡辺正毅〕達と遊んでいたので入浴するのを忘てしまった。夕食後、おいもの食後があった。

十月十三日　晴

朝からよい元氣だ。修禪寺で朝禮があった。午前中はいつも通りに坐學があった。

午後からは下狩野の國民學校へ行って、大練大會にやる体操や手旗の練習をやった。始めは体操をやり、その次に手旗信號をやり、次にけん國体操、最後に分列行進の練習をやった。

僕は自分ながらやっぱり幼稚舎生の方が行進はうまいと思った。それが終って下狩野生徒は歸ってしまった。後で、僕達で赤白分かれて帽子取をやった。それからおいものおやつがあって、四切づついただいた。もうお腹がいっぱいになった。

寮へ帰って入浴して、それから夕食をして自由時間にはゲームをしたり、本をよんだりした。

十月十四日（土）晴

今日もよいお天氣だ。

點呼の前に、僕と酒巻君と小沢君と池田君と、今日は寒いので四人でおしっくらをした。すると、池田君がすべったので、ふすまがゆがんでしまった。いくら鈴木さんのおばさんがやっても、なほらなかった。

先生がいらっしゃって、先生がこれを見て、おほこり〔怒り〕になって、僕達に外出、おやつをきん止された。けれど、先生が三人もかかってやって、やっとなほした〔直した〕。僕は、だけどなほって、又このくらゐですんでよかったと思った。もうあばれるのもやめた。

朝禮をした。朝食後、荷物を取りに六年生がピンポン台の所へ行った。

午前中は勉強があって、午後からは下狩野の國民学校へ行って運動會（大練大会）の練習をやった。今日は手旗体操、建國体操、分列行進、その他、はち巻取りを三、四年生がやって、僕達はきばせんをやった。

寮に歸へると僕の荷物も來てゐた。しばらくして、僕の荷物をあけ始めた。するとおやつになったが、僕は部屋にゐた。おやつがすんで荷物のところへ行って、荷物をといて部屋に持ってゐって整理をした。入浴して夕食になった。

十月十五日（日）晴

今日から外出、おやつはきん止でなかった。

今日は午前中、山へ行って、ただ富士山を見ただけで寮に歸ってしまった。

昭和二十年

一月一日（月）晴時々曇

起床後一寮全体で八幡様まで歩いて行った。途中かけ足でいった。その間、僕は「はいく」を作った。

「元旦や　東の空は　明て行く。」「大みそか　田端に降る　朝のしも。」と作った。八幡神社で「大東亞戰爭に必ず勝つやうに。」とお祈りした。歸り道は「はいく」の通り、東の空に初日の出の出るのを見た。だが殘念に全部上るところまで見られなかった。

寮に歸りおぞうにをいただいた。決戰下にこんな物までいただけるなんて、本當に僕達は有がたいと思った。

朝食後、下狩野國民學校に元旦の式をしに行った。式も幼稚舎の時とはちがってゐた。式の後の話はしんよう出来ない話であった。

寮に歸るとすぐ晝食であった。晝食にもこんな物が出るとは全然思ってゐなかった。晝食後はぢきっこをした。少しして、教員室へ七班全体でいっておやつをいただいた。ちやうどその時山火事があった。

又、はぢきっこをした。少しすると入浴した。入浴前後「イロハかるた」のもんくを作った。今年のお正月は一生一度しかないお正月かもしれない。又、疎開に來てのお正月は、もうあぢわへない物と思ふと、むだにすごせなかった。このたのしさもあぢわへないだらう。

夕食の時も、すごいごちさう〔御馳走〕が出たし、もうこんなになるとは思はなかった。又、鎌田君にも御禮をいはなければならない。しう寢じゅんび後、日記を付けた。このお正月は記念になるけれどつまらないお正月であった。

一月二日（火）晴後曇時々雪時々晴

今日は日の出を城山に見に行く事にしてあったのが、風が強かったので行かないで、七時半に起床しました。

點呼後先生に注意されて初めて氣がつき、僕達は大いそぎでさうぢ〔掃除〕に取かかった。その後朝食になった。御注意通りすぐ書初めの練習に入った。やっぱり練習ぶそくのため、下手になったと自分ながら殘念に思った。すぐ熱心に練習をした。渡邊正毅君はすぐ清書を書いた。その次に廣瀬君が早くも清書を書いてしまった。だが、どうして皆こんなにうまく書けるなと思ふ位下手であった。一心こめて書いた。しばらくすると食事の用意のために清書は午後にまはった（回った）。晝食後、すぐ岩井君に呼ばれて書きに行った。もんくは「常在戰場」〔常に戰場にあり〕といふ言葉を書いた。

少し書いてゐるとおやつだから炊事場に行けとか、今度は清書を書いた途中教員室に「ミカン」を取りに行けで、書初めをしっぱいしてしまった。

その次には仲田屋から「新年のあいさつ」に來たので二回目の書初めは、今度色が變るといけないと思って早く「場」の字を書いたので、下手になったし半紙をさがさまに書いて大しっぱいしてしまった

夕食になってみんな七班の者は氣持がわるいといってゐた。五年生から入浴してそれから部屋に歸りふとんの中に入って日記を付けた。

書初めの言葉

「常在戰場」「輝く大東亜」「武士道」「萬世一系」「天祐神助」「神風」「特攻隊に續かん」「神風に續かん」「八紘一宇」「天祐」「決戰」「突撃」「決戰の春」「必勝」「電光石火」「戰ふ疎開」「皇軍」ソノ他

一月三日（水）晴後曇

今日こそは五時半に起床して城山に行った。途中ぶつぶついひながら「ここでもよく見えるのにどうしてあんな上まで登るのかな。やっちいや。」などいひながら登って行った。始め下狩野村を一目に眼下に見おろした。薄暗い中にうすく

家が見え、點々とあかりが見えた。ちやう上に登ると、まず「修善寺町」を見てナナメ反對に來ると修善寺駅のある町、大仁の町が見えた。日の上るのを見て寮に歸へる。歸へり寒く、ふるへ上った。

朝食も御飯がさめ、おぞうにがさめて、ふるへながらいただいた。その後朝湯を五年より入浴した。朝風呂は暖くよい氣持でした。すぐ昨日約束の習字を一心に書いた。書いている途中「ピリピリー。」あたりに笛の音が鳴り響いた。玄関前に集合。寒くていやだが、映畫だ。しかたがない。ふるへながら桂座に「ふるさとの風」を見に行った。面白かったが、ねむくなってしまった。足はしびれるし寒いし、少し困った。又、ちぢまってゐながら寮に歸りすぐ晝食になり、午後は自由時間に習字を書いた。

五年生入浴になっても、熱心に書いたが、さすがに教員室へのみかん取りは大いそぎで行った。大廣間に來て、ミカンをいただいた。すぐ夕食のため、習字の道具をかたづけた。

しばらくして夕食になった。

すぐしう寝じゅんびして、日記を書いてゐると沖さんが來てお話をして下さった。その後しやう燈（消灯）して、又お話していただいた。その内うとうととして眠ってしまった。

一月四日（木）曇時々雨

起床七時半朝食すませて朝禮に行った。雨が降って來たので、少し遊んで歸らうとした。途中おくれて仲田屋がのろのろとやって來た。それで仲田屋が僕達がやぼいとは何事だ!!と思ふ。朝禮後、算數國語を持ちて大廣間に行く。すぐ勉強をする。むつかしかったが、頭をひねり、つひにやりとげたり。その間に書初めを大廣間のかもいに張った。

それから晝食用意のため廣間を出て部屋に行く。晝食をすまして、野田眞甫君が入營をなさるのを送った。始めにみかんをいただき、玄関を出て御幸橋の前で皆に別れて「敵は幾萬」を歌ひ續けた。その次に、「ラバウル航空隊」の歌を歌ひました。八幡様へ行ってお參りしました。さかづきをして八幡様を出てそこで萬歳をあとに別れた。

寮に歸り、一班から順々に教員室におやつをいただきに行った。部屋に歸り、はぢきっこを見ながら、みかんとかりんとうをおいしくいただいた。その後大廣間へ行ったら、ぎゅうにゅうをのみながらイロハかるたを聞いた。部屋を整理し、夕食は下狩野の飯塚校長先生と高橋、体操の先生とおいしく御飯をいただいた。そのあと歌を歌ひ、しうしんじゅんびをして日記をつけた。おばさんとお話をした。

一月五日（金）晴

起床した。いやいやながら寒さに負けず、廣間にかけをりた〔下りた〕。背中がひりひりして痛む。すぐ床をしまつして洗面に行ったら、水が出なかったので顔をふいただけですました。朝食をすませた。今日は朝禮がないのでほっとした。午前中は平井聖二君や佐野君達とはぢきっこをして、愉快に遊んだ。二回に一回は必ずあたってゐた。大廣間に習字を見に行った。一番最後、聖二君とはぢきだしっこをしてゐると、カランカランと晝食の鐘が鳴った。急いで廣間に行った。お晝の時に食事の席かへ〔替え〕をした。今度、山田稔君、友田君、大谷津君、秋元君、富田君の六人です。しばらくして鐘が鳴った。廣間に行った。ご樂會をやった。始めの三寮の合唱は作り歌やしり取り歌などよく出来てゐた。二寮三年の歌は面白くなかった。二寮四年のげきは（ナサケブカイ王様）とても面白かった。一寮四年近藤君の紙芝居は、ためになってよかった。一寮五年の短ぺんげき「あめやの行く末」はとても面白かった。一寮六年の河合君の手品は上出來。僕たちにはとても出來ないくらゐでした。誕生日の翌日ではあるが、僕は喜んで見た。その後、はぢきっこをやったら全敗戰であった。

夕食をすませてしうしん準備をした。五年生の入浴をしてから日記を書いたが、皆が話し始めたので、當當半分しかかけずに點呼になってしまった。すぐしゃう燈してしまった。

一月六日（土）晴

今日もかんぷまさつをいやいやながら急いで、廣間にかけをりた。寒くていやな朝禮がないと聞いてうれしかった。第一の面會日だ。朝食の後、先生からその注意があった。だがそのはきはきとした聲と僕達の今の父母は先生と寮母にある事が本當にわかった。午前中の座學も身をいれてやった。いつ試けんがあるかわからない。そうと聞いてはもううかうかしてゐられない。

晝食もおいしくいただいた。晝食後、平井聖二君と渡辺正毅君とはぢきっこで遊んでゐると、桑原君が習字を書きに行かないかといった。僕達三人はさっそく習字の道具を持って桑原君と先に廣間に降りた。すぐ水を入れて墨をすり始めた。書いたのはよいが練習ぶそくのため、ずゐ分下手になってゐた。ずゐ分練習したので紙が眞黑になってしまった。白い紙が黑くなってしまった。こんな紙が四、五枚出来た。桑原君に一、二枚、渡邊君に、一枚書いてあげた。僕も桑原君に四、五枚と渡邊正毅君に、一枚とりかへていただいた。皆もうまい。

しばらくして部屋に歸った。すぐに夕食になり、廣間に行くとコロッケ。とてもおいしさうな物が皿の上にのってゐる。夕食後しうしん準備をした。少し遊んでゐると入浴の鐘が鳴った。四年、六年、五年の順に入った。五年生入浴して出て来て日記をかいてゐたら、間に合はず點呼になってしまった。今日も日記が半分しかかけなかった。

一月七日（日）晴

日曜の朝、障子の破れのすきまより赤き雲が見えたり。カランと起床の鐘が鳴りぬ。すぐにとび起き寒さをがまんしつつ寒ぷまさつに行き、一生縣めいにやりぬ。今日は日曜なり。

朝食をすませ部屋に歸ったり。朝風呂と思ふとジフテリヤのやぼうちうしゃ〔予防注射〕のために入浴をしたり。六、四、五の順、入浴をしぬ。安東さんの圖畫を見ぬけないといはれ、畫用紙を持ちて小さな飛行機をたくさん書いて下さいとたのみ、その所を立ちさりぬ。すぐ五年生入浴になりいやなちう射がちかづきにけり。ちう射前は胸がどきどきしたがやった後は何の事なく痛くもかゆくもならぬなり。少しはぢきっこをすれば、おもしろくなき、おみやげをつくり始めたり。晝食をすまして又おみやげを作り始めぬ。しかしあまり面白くなかったり、あまり心が合ぬために皆しっぱいをして、あまりにしゃくにさはり、ぶっこはしたりしてろくな物が出来ず引き上げにかたずけにかかったり。六年生の理科の電氣を見て、初めてここでわかったり。夕食になってきた時、頭が少しふらふらしてきたり。その後、部屋に歸りしも頭ががんがんし、ふとんをしくもおっくなりふら〳〵なり。すぐ床に入り、日記を書いたが、今日の分はかけず、昨日の分だけしか書けなかった。すぐ點呼になった。起きて點呼をするのがいやであった。

一月八日（月）晴

大詔奉たい日の今日は、いやに寒いやうにかんじ、かんぷまさつも力を入れて出來ず、ふるへながら部屋に來てすぐ洋服を着かへた。點呼後、朝食になった。今日は八幡様へ行って朝禮、八日の式をやりに行った。行きは寒くふるへながら行った。八幡〔神社〕に着いた時は、ぽかぽか体がして來た。式をし終って駅の方に行った。へんだなと思ふと右の方にをれた〔折れた〕。少しいって止った。疎開学園の歌を歌ひながら道を歩いた。「どこへ行くのかな。」など話をしてゐると、下狩野の裏門の方へまがった。ずい分とほまはり〔遠回り〕をした。しばらく歩いていくと、途中又止まって、幼稚舎疎開学園の歌を聲をはり上げて、大聲で歌った。かへり下狩野の高橋先生につれられて、はだかになってかけ足をして、僕達のそばを通った。ぢっさい田舎の子供は体がぢゃぶ〔丈夫〕だなと思った。

寮に歸へるとすぐ晝食。たくさん歩いたので御飯を特においしくいただいた。午後は坐学やった。少し皆に本を讀ませた後で書取の練習をやった。それがすんで酒巻君とひばちにあたって、川田君と石坂君とで火のおこしっこをやった。ほかの火をはひ〔灰〕に入れてけして、僕たちの火鉢に入れた。それで入浴の時ははひをかけて火にあたらせず、風呂から上ってからもはひをとって、又かくしておいた。すみを出して來て又、くべったりして遊んだ。

夕食後もまだ火がついてゐた。部屋に歸ってしう寝準備をした。急いで日記を書いたが間に合はず點呼になってしまった。消燈まで書いていたがざんねん。すぐ消されてしまったので、それで終。

一月九日（火）晴

カンプマサツが今日モアル。ツマラナイ。シカタガナイガ起キテ、手ヌグヒヲモッテヒロマニイッタ。今日モ同ジ様ナ事ヲクリカヘスノカト思フトツマラナイ。點呼ガスムト一番ウレシイ朝食ニナッタ。

少シ遊ブト自習ニ行ッタ。ヒバチニアタッテヰルト、朝禮ノ鐘ガ鳴ッタ。スグ部屋ニ行ッテ、運動帽子ヲ持ッテ玄関前ニ集合シタ。朝禮ガスムトスグ圖畫ノ用意ヲシテ大廣間ニ行ッテ、ボール紙ヲ持ッテ畫用紙ヲ先生カライタダイタ。クレパスヲ持ッテ、ヨイ場所ヲ見ツケタ。スグニ書キハジメタ。襲チャンガイタズラニキテ、ウマクカケナカッタ。シバラクスルト圖畫ヲ出セトイハレタ。少シマダ書ケナイ所ガアッタガ、仕方ガナカッタ。

シバラクスルト晝食ニナッタ。其ノ後、午後ハ四年生ガ下狩野ノ學校ニ行ッタアト、体操ヲヤッタ。スグ國語ノ道具ヲ持ッテ自習ヲヤリニ大廣間ニ行ッタ。シバラクスルト警戒警報ガ發令サレタガ、平氣デヤッテヰルト、飛行機雲ガ見ラレタ。ジャウ報ガ入ル。一生縣メイヤッテヰルト、間モ無ク空襲警報ガ發令サレタ。平氣デ勉強シテヰルト、オヤツニナッタ。空襲警報下ノオヤツナドモ、ヤッパリ疎開シテイルト安心デアル事ガワカッタ。警戒警報ガ發令サレルト、五年生ガ入浴シタ。其ノ後スグ夕食ニナッタ。

夕食後シウ寢準備ヲシタ。床ヲ今日ハカヘタ。一番最後ニ入浴ヲシタ。部屋ニ來テ、今日分ヲ半分マデカイテ、ソレデ點呼ニナッテシマッタノデ、ソレシカカケナカッタ。

一月十日（水）晴
福澤先生の御誕生日の今日は、朝禮も授業も無かった。午前中は渡邊君と眞先に習字を書きに廣間に行った。墨をすってゐると、關君や玉置君其ノ他の人が見に來るので置附いて始めは出來なかった。体重測定後はおちついて書けたが、やっぱり練習不そくのためずっと下手になってゐた。そのために今日はうんと練習をした。「銃後職場奉公」と書いて班長に上げた。

晝食前、先生に書方を教へていただいた。心宇松必などの皆形がちがってまるみだとか、角張ってゐるところ、心必ずの同じやうな字でも心はまるみをつけるし、必ず字は縦に形張ってゐるなど、とても僕には考へられなかった。

晝食後、家庭へ通信した。一時から一月の誕生會をやった。一番始めに十班のかさうぎゃう列〔仮装行列〕、二番目に岡田君の落語、その次に生田君のバヨオリン、自まんの冨田君のその又下の落語をやった。小沢君と渡邊君たちのいたずらの台でげきをやった。その次に八班の「あめやの行く末」のつづきをやった。又最後にかさうぎゃう列をやった。それで誕生會が終りました。

夕食後しう寢準備をした。又、今日も、床をかへた。入浴をして床に入った。昨日の半分と今日の分を書いた。めずらしく今日の分も全部書けた。これでやっと氣がせいせいした。

一月十一日（木）曇時々晴　夜雨

起床の鐘の鳴ったのも知らずに寝てゐた。平井新一君にゆすぶり起されて氣がついた。すぐにとび起きた。少しすると先生が見にいらっしゃった。すぐに洋服に着がへた。ふとんをしまつして、渡邊正毅君と洗面にいった。點呼の鐘が鳴ったが洗面をし終ってから、いういうと部屋に歸って來た。點呼後、ウガヒをしやうと思はなかったので、仕方が無かった。

朝食後朝禮に行き、寒いのをがまんして行った。歸って來て、座學をしたが、午前中は試けんがあった。

算數の分數の試けんがあった。やさしいかと思ったら、あんがいむつかしかった。坐學が終って少しすると、吉田先生がかはせみがいるといったので、勉強の道具を置いてきて見た。奥山先生にあまえて、おねだりして竹をいただいた。玄關から止まるともう食事の鐘が鳴って集ってゐた。急いで廣間に行った。

午後は坐學の鐘が鳴って少しすると、玄關前に集合した。弓道の道じゃうに向って山を登った。向うについて上が白の陣、下が赤の陣にして帽子取りをした。始めの内は、赤はばらばらになってやったために負け戰。そこを赤が全員でたすけに來たため助かった。今度は赤で三隊を作って作戰をねり、奥山一中隊が敵の岩切一中隊を全めつしたが、助けられてしまったが、関の僕達四人の隊で敵大多數の軍隊を全めつした。友田隊は桑原君を助けに行った。その後、赤がけいせいのよくなったところで止めになった。

寮に歸り、おやつをいただいた。入浴の時に僕は圖畫を書いた。夕食後すぐにしう寢準備をして、入浴後日記をつけたが少し遊んでゐたために、残念に全部書けない内に點呼になった。少し書いてゐる内消燈の鐘が鳴ってしまった。

一月十二日（金）

今日ハ、カンプマサツヲシニ廣間ニ行ッタ。歸ッテ來テ見ルト、僕ノガ一ツフトンガシマツサレテイタ。今日は七班ガラウカ〔廊下〕ノサウヂ〔掃除〕デアッタ。受持ノ場所に行ッテ一生懸メイニナッテ、フイタ。少シシタラ、フケテシマッタ。洗面ヲシテヰル内ニ七班ノ點呼ニナッタノデ急イデ部屋ニ歸ッテ正坐シタ。點呼後朝食ニナッタ。少シ遊ブト朝禮ニナッタ。朝禮後、廣間ニ來テ坐學ヲシタ。今日ハ吉田先生ガイラッシャンナイデ、國語ノ自習ヲシタガ今日ハアマリヤリタクナイノデ、ロクニ出來ナカッタ。地理ヲ部屋ニ取リニ行ッテ地理ヲシタ。コレモアマリハカドラヅニシッパイシタ。最後フィリピンノ地圖ヲ書イタ。

晝食後、龍チャント平井聖二君トデ軍艦ヲ作ッテ遊ンデイルト、七班ガモチ取りニナッタ。スグイッタ。大廣間ニ來タ皆ンナノ來ルノヲマッテ、イッショニイタダイタ。ソノ後五年生ハ理科のシケンガアルト聞イテ驚イタ。イヤイヤナガラ、足ヲカンスイカクニ向ケタ。

カンスイカクニ着イタ。今日ハ試ケンヲヤリマセント聞イテ、僕等ハ喜コンダ。ケレド今日ヤッタ勉強ガ、イツカ試ケンガアル事ニナッタ。オバサンガ歸ッテ来タ。塚本サンガ僕達ノタメニ色々ナ物ヲ買ッテ下サッタ。他班ニハ全体ニイワナイ事ニキメタ。

少し遊ビスギテ、日記ヲ書クノオワスレテシマッタノデ殘念ニ入浴ガ出來ナカッタ。

一月十三日（土）晴

午前中ハイツモ通リ、坐學ガアッタ。明日は日曜ダ。十、十一の書取試驗ノ練習ヲヤッタ。部屋ニ歸ッタ。渡邉正毅君は「僕のお姉さんがゐた。」などいって喜んでゐた。晝食ニナッタ。ソノ後又、坐学があった。坐学が終ってから渡辺君や池田君、ソノ他の人達は面會ニ行った。僕達ハ少ししてオやつがあッタ。その時「明日僕が面會がある」と先生がおっしゃった。その時はっと思った。ゆめはまさゆめ。本當ニその通であった。

今日は何も變った事はなかった。

一月十四日（日）晴

面會だ。日曜日の今日は、午前中はゆのみを作った。昨日の午後作った續きだ。やすりをかけながら話をした。しばらくすると仲田屋に歌のけいこに行った。色々な新しい歌を教へていただいた。

寮に歸るとうれしひ晝食はふつふ〔普通〕にいただいた。渡辺君に聞くと、もう來てゐるとの話だ。小部屋で小澤君と遊んでゐると、先生によばれた。行ってまづ「おめでたう。」とあいさつをした。小廣間でまづ御飯（おせきはん）をいただいた。千代江さんの御手製のかつをいただき終ると、部屋が出來た。一階の「うめ」といふ部屋に入った。色々東京の様なども聞いた。「しやうい彈」〔焼夷弾〕らしい物などの落ちてゐる所も見たそうだ。晝の風呂を久しぶりで、つや子さんと輝夫君と入った。少しするとお姉さんとお兄さんが歸るのを送った。お母さんと二人で部屋に歸った。お話をしてゐるともう四時半になってしまった。部屋に行くと稔ちゃんが行けと言った。行って少し話をしてゐると大變、食事に少しおくれてしまった。

夕食を食べずにすぐ部屋におみやげを持って行った。少し整理をして約半年ぶりで、お母様と会った。かかさづ東京の空襲などの話も聞いた。「うめ」の部屋に歸るとふとんがしひてあった。みかんを半分づつたべた。又、お母様の寝床にいっしょに入ってお話をしてゐると、時間になったのでおしくも部屋に歸った。おみやげをと思って部屋に行くともう寝てゐた。樂しい一日は終った。

一月十五日（月）晴

夜は明けた。今日も面會だ。朝食後、先生に聞くと、面會日の人達は朝禮に行かなくてもよいとの話でたすかった。すぐにお母様の部屋に行くとお母様がくりをむきながら待ってゐた。少しくりをたべてから、おせきはんをいただいた。時間のために急いでいただいた。昨日までは十時五十分頃のつもりであったのが、まだお菓子があるので晝頃歸る事にした。そのそうだんをしながらおいしくいただいた。時間になったので部屋に歸り勉強道具を持って廣間に降りた。試驗勉強をしてゐると皆が朝禮から歸って來た。少し自習をしてゐると先生がいらっしゃった。試驗があったがよく出來なかった。坐學後、先生に聞いて道具を置いてお母様の部屋に來た。ゐりまきをひざに少しまるくなって火鉢にあたってゐた。時間をきめて僕に教へて下さった。

又、ほしがきやどうなつをたべながら「午後には、あへないかもしれないけれどきてごらんなさい。」とおっしゃったので晝食後の廣間のさうじも副班長の組の稔ちゃんがやってくれたので少しの時間でもと思ってお母様の部屋に行くといないで荷物だけがあった。歸って行くと又、追ひ歸へされた。ちょうど歸へるところだ。玄關で歸るのを送った。少し遊んで坐学があった。坐学後少ししておやつがあった。入浴をして急いで上ってくると食事であった。晝に食たくがかはって、今度は酒巻君、平井聖二君、菅原君、米田君、鈴木たか夫君と僕の六人である。

一月十六日（火）晴時々曇

いやな下狩野行きの今日である。午前中はふ通〔普通〕の坐學があった。變った事はない。「午後は下狩野に行かないで全員たきぎ拾ひに行きます。」とおっしゃってたすかった。

集合まで六年と五年生の綱引をやった。勝ったり負けたり面白かった。集合後、すぐ出發した。岩井君と二人で木をおったりして、たくさんあつめた。一日の山火事のあとのすぐそばで拾った。歸りは遠まはりをして歸った。

入浴せづ、すぐ食事になった。夕食後、しう寝準備後、五年から入浴した。面會のためにのこってゐた昨日、今日の日記も全部書けてこれで氣がせいせいした。もうすぐ點呼になる。今日はつかれて眠かった。

一月十七日（水）晴

朝起きて見ると皆の顔にひげがかいてあった。昨夜、奥山先生がほうぼうの班に入って、ひげをかいたのであった。

午前中は家への通信をした。その時、玉置君がマーキロを筆につけてきて奥山先生の顔につけた。そのついでに横田さんへお見まひの通信をした。するとすぐに山田稔君がすみを持ってきて奥山先生の顔中にすみをつけてしまった。少しすると岩切君と友田君がおゆと手拭ひを持って来た。すぐに顔を洗った。

午後は吉田先生他一月の誕生會をやった。一班からやって紙芝居、二班の落語、三班の落語、その間に合唱の四班ぬかして五班のをどり〔踊り〕、六班の土人の歌、七班の落語、八班の名けいじの第二巻これでおしまいであった。又、沖さんの歌で誕生會がをはった〔終わった〕。

入浴後、夕食。しう寝準備後の入浴、床に入って稔ちゃんと鎌ちゃんと話をした。點呼後少し話をしてねた。

一月十八日（木）晴

一日中で一番きらひな朝禮前に、なはとびをして熱くなってしまった。朝禮後坐學があった。坐學後五六人で火鉢にあたりながら話をした。晝食後の坐学はとりやめて、一部の人達は學げい會の練習をしに、下狩野の國民學校に行った。殘りの人達は梅林で帽子取の山がく戰をやった。助けられたり助けたりのところであった。一回もとられず五、六人取った。山道を通て寮に歸った。入浴をしてゐたので、夕食がおくれた。その後入浴をやめて一生懸めいに日記を書いた。今日は塚本さんが歸ってゐらっしゃったので、うれしかった。

一月十九日（金）晴

めずらしい下狩野へ行く日であった。その下狩野へ行くのがいやな事の一つである。午前中は朝禮後、國語の坐學があった。十三と、十四を讀んでから、書取の練習をやった。坐學後少し勉強をした。部屋の前の廊下で繩とびをした。

午後は學げい會の練習をしに下狩野に行った。僕達は炭燒を見に行った。少し歩いて行った。炭燒は見られなかったが、炭燒釜に入って炭を持って山を登った。松ボックリを取りながら歩いた。飛行機雲がきれいに見えた。富士山も見えた。どんどん歩いて寮に歸った。夕食後いつも通りにして今日は渡辺正毅君とはぢきっこをした。少しして入浴した。日記を書いて「入浴した。」といふところで點呼になってしまった。

一月二十日（土）晴

今日はあんがい暖い。朝禮が今日は無いのでうれしかった。午前中は自習で算數を進めた。授業の終になって來ると、あきてきて、廣瀬君と渡辺君と話してゐると授業が終った。

午後は、少し遊んでフィリッピン群島の地圖を書いた。だいたい書き終ると早くから入浴した。夕食後いつも通りであった。

一月二十一日（日）晴時々曇

日曜なので起床がおそかった。午前中は、何もしないで少しして空中戰しをり〔栞〕を作った。午後は梅林へ。この間の帽子取の山がく戰をやった。今日は赤がけいせいがわるかった。その後はいつも通り同じであった。

一月二十二日（月）曇後晴

今日はいつもよりも寒かった。ガラスに水がこほりついてゐた。今日は特別にゾウキンがけがつめたかった。

午前中は疎開年表を作った。自習はやらなかった。午後は山田晴彦君としやうぎ〔将棋〕をやって、やうやくかって来たら、坐學は國史の筆記が終ったので、國民の年表を書いた。おやつの前後、又入浴もしないで一生懸めいに書いた。夕食後は、あまり遊んでしまったので、日記が少ししかかけなかった。

一月二十三日（火）晴後曇

午前中は先生がいらっしゃんなかったので、國語の自習をやった。廣瀬君は渡辺君と教育簿のつけっこなどして、約一時間は遊んでゐた。火曜日なので久しぶりに下狩野の学校へ行った。今日は習字、体操であったが体操、習字と反對にやった。教室に荷物を置いて、すぐフットベースをやった。始めに赤が勝ってゐるとだんだんおひつひて〔追い付いて〕白が勝って來た。大變だ!!　赤は急にぐっと勝った。寮に歸ってすぐ入浴をした。夕食後昨日の日記を書いてゐると、今日の分が書けなくなってしまった。

一月二十四日（水）晴時々曇

平井聖二君と一しょに朝方、便所に行った。その後寝床に入るとせきが出た。今朝は風〔風邪〕引きが多かった。午前中は、家庭通信をした。その内に二時間終った。午後はフィリッピンの地圖のルソン島を書いた。その後、晴ちゃんと將ぎをやって大部分は書いた。渡辺〔正〕君とやったらたちまちの内に負け戰。アッと言ふ間に負けてしまった。だが晴ちゃんには全部勝った。その内に夕食になった。夕食の時の歌は、今日は歌を歌ひたい人をあてて行った。河合君、小泉君、野中君、池田君、岩井君、杉野君、こやなぎくん、その他の人達が歌った。入浴後二日分の日記を書いた。

一月二十六日（金）晴

起きて見ると、少し頭が痛くて立つとふらふらして、氣分はよくない。少し風〔風邪〕を引いてるので、かんぷまさつはしなかった。やっとの事でふとんをたたんだが、皆んなに寝かされてしまった。皆んなが朝禮に行ってゐる間は、渡辺君に本を讀んでいただいたが、自習に行ってしまふとつまらないので、山田稔君のお話をしてゐると沖さんに熱をはかっていただいて、見ると七度位あった。その内に勝田君がたい室して部屋に歸って来た。少しすると町田先生（おいしや様）がいらっしゃって、しんさつをして下さった。

お晝前に山田稔君は起きてしまった。かんごふさんに藥をいただいて、それをのんだ。皆んなが食事に行った後で御飯をいただいた。いただいてから寝ながら合唱と獨唱を聞き、食事から歸って來ると、桑原君も寝てしまった。少して客室の「千鳥」といふ部屋に入室した。夕食後又しんさつをされた。少しして消燈をしたら、すぐ眠れた。

一月二十七日（土）晴後曇後雪後曇

便所へ行った後、眠れなかった。少しすると起床の鐘が鳴った。點呼、食事と次々に行事が行はれた。僕達の食事が終るともう朝禮であった。つまらない、つまらないと言っている間に坐學も終って、午前中はあっと言ふ間に終って、晝食になってしまった。皆「早いなあ。」などと言ひ合った。

それが又ふしぎにも午前中は早くすんだが、午後はとてものろく感じた。その内、本をとりに部屋に歸った。少し本を讀んだ。
　おやつにあめのやうな菓子の中に豆の入ったお菓子を小池先生が持って來て下さった。町田先生がいらして、しんさつをなさった。熱をはかって見ると六度五分半あった。夕食がとても待ち遠しかった。空襲があった。夕食は「かつ」。御ちさうであった。今度は部屋に日記帳と筆入れを取りに行った。歸って來て、戸をしめて電球をかんせい球から取りかへた。すぐに日記に付けた。昨日、今日の分は書けたが一昨日のは忘れてしまったのでたい室後、書く事にした。

一月二十八日（日）晴
　つまらない一日が終った。夜ねむれなかった。警報のサイレンでめがさめた。「ジー東區部でじゃう報〔情報〕、横須賀ちんぢふ〔鎮守府〕警戒警報 東……。」じゃう報が入った。寒いのでふとんに入りながら聞いた。「ジー」又、入った。じゃう報を皆書いて見よう。「横須賀チンヂフ警戒警報。」さっきので一つ。「関東地区警戒警報。」二つ。「敵ハ帝都ニ進入シツツアリ。」「敵ハ帝都上空ヲセンカイ中ナリ。」「敵ハトンソウ〔遁走〕シツツアリ。」「敵ハシャウイ彈ヲ〇〇へ投下セリ。」「敵機ハ我制空部隊ニ追撃サレ、トンソウ中ナリ。」「敵ハ我軍制空部隊追撃ニヨリトンソウセリ。」「関東地区警戒警報カイジョ。」
　少しすると今度「タダ今ノ時刻ハダイタイ十一時五十三分デス。今夜ノ放送ヲヲワリマス。」便所へ行くと、奥山先生とかんごふさんがいらっしゃった。それからすぐねた。
　明るくなった。「つまらないな。」桑原君達と話をしてゐた。するとガタガタそうぞうしい足音がした。（はてな！）「だれだろ。」ガラガラ戸があいた。ガヤガヤ七班の人達が來たのだ。「たい室。」班長が叫んだ。たい空して少し遊んでゐると、もう晝食になった。
　午後、僕は年表を書いた。夜は坐談會があった。腹に入ってゐるいやな事を全部いって、人の性質をよくした。

一月二十九日（月）晴
午前中はいつも通り坐學があった。
午後は教育簿をいただいた。四つ優●●●、五つは今度必ず上げる決心した。算數圖画國史理科である。九つになる。非常に家の人が喜ばしい。それだけである。

一月三十日（火）曇
午前中はふ通通り坐學があった。
午後は六年生は竹細工で、四、五年は自由自習をした。尾前君東京に歸った日。

一月三十一日（水）晴時々曇
今日は午前中は家庭通信かと思ったら、今日は竹ではしを

作った。午後は家庭通信をした。夜は下狩野の先生方がいらっしゃった。高橋先生、鈴木先生、中山先生、大川先生●●●●●先生

二月一日（木）晴

午前中は自習だった。一月二十七日にいったいい事があるとおっしゃった日である。午後はまづ、お台所へ行ってお餅をついた。十回ついた。その後自習をしてゐると「尾前君が歸って來た。」と皆んなが言ふので、部屋に歸ると尾前君がいた。おやつに大福もちが出た。今日はソリッドを作った。夜、頭を外に足を内側にして寝た。

二月二日（金）雨

今日は久しぶりで雨が降ってゐた。午前中は自由自習であった。

午後は平井聖二君が入室して、岩切君が退室した。

二月三日（土）曇時々雪

今日は福澤先生の御命日で節分である。本當は式だけであるが、疎開に來て、たくさん勉強をする事になった。午前中の坐学は自由自習であった。

午後からは自由であったので、山田稔君に「幼年倶樂部」をかりて廣瀬君にゑのぐ〔絵具〕をかりて、繪を見て書いた。その時マメまきをした。

二月四日（日）雪晴

朝方、便所へ行った。やけに寒い。何の氣なしにガラスを見ると眞白にこほりついてゐる。すきまから外を見ると、屋根に白く雪がつもってゐた。今日は立春である。一日自由であった。

午前中は鎌田君と渡邊正毅君と坂本君とで約束をした。家に歸った時、三人の家に行く事を約束した。火鉢にあたって話をしてゐると、もう食事になってしまった。

午後はまず葉書を書いた。その後、岩井君と六慶の太田君と石坂君とはぢきっこをした。その後、関君とやった。今度は六慶の小高君と太田君、木下君と五慶の金子君とでトランプをやった。一番になった時もあったが、負けた時もあった。

二月五日（月）

午前中は國語の坐學があった。

午後は仲田屋へ皇后陛下からの御菓子をいただく傳たつ式（伝達式）をしに行きました。歸って少しすると、おやつがあった。その後、夕食後、先生から御菓子をいただきました。皆はいただきましたが、僕は一つも手をつけなかった。

二月六日（火）

朝食後、先生から悲しいお話があった。「それは幼稚舎の留す部隊でいらっしゃる高橋いさみ先生がおなくなりになっ

たと、昨夜傳報が僕の所に來ました。」と小池先生がおっしゃった。話はつづいた。「……そのために吉田先生は朝一番で東京へいらっしゃいました。明日は告別式です。」とおっしゃった。その後、酒巻君と二人で先生にお聞きした。それは恩賜の御菓子がしっけてしまふかを聞いたら、しっけないとの事でたすかった。

午前中坐學。僕達は自習であった。二月の誕生會も中止であった。午後は悲しい半日をすごした。

二月七日（水）晴

夜は明けた。告別式である今日午前中は、帳面に自習をしたら、午後はしひ竹〔椎茸?〕山と三角點を見に行った。歸って來ると、中内君が東京から歸って來ていた。

二月八日（木）晴

起きて見ると、屋根の上などに雪が三センチばかりつもってゐた。奉戴日の式は各寮行はれた。午前から午後にかけて一班より十班まで順順に教員室に行て、ひふのけんさをした。

二月九日（金）晴

まだ雪がのこってゐた。午前中は國語のしけんがあった。試験が百テンだったのでうれしかった。

二月十日（土）晴

午前中は警戒警報が發令され自習をした。

午後は、僕達は下狩野へ行って明日の式の練習をした。今日は渡辺正毅君の面會である。

二月十一日（日）晴

今日は紀元節で下狩野學校へ行って式をした。その時、馬がたくさんいてけい馬をした。

午後からは、三寮集ってのご樂會が仲田屋であった。とてもつまらなかった。

二月十二日（月）晴

今日からかんぷまさつと朝禮を始めた。第一寮六年生そつげう〔卒業〕記念演藝會があった。午後もやった。それは昨日のよりずっとおもしろかった。

二月十三日（火）晴

吉田先生が東京へお歸りになった。午後は下狩野の学校へ行って習字をした。

二月十四日（水）晴

午前中は家庭通信、自由自習であった。午後は梅林へ行って帽子取をした。

二月十五日（木）晴
　午前中は自習をした。午後は小池先生が東京へお歸りになるので、今たりない文ぼう具を先生におたのみした。又、赤白のせいの順をかへた。

二月十六日（金）雪後晴
　午前中國語のしけんがあった。残念にも九十五點であった。又、明日わけのしけんがあるのだ。
　午後は外出をして、芝ふを飛びまわり、やぶこぎをしたりして、寮に歸る。
　昨日の午後より敵は本土を何度となく空襲をしにきてゐる。實にしやくにさはった。今日は七日から今までの日記を全部書いた。

二月十七日（土）晴
　午前中は空襲警報が發令されたので梅林へ防空ふくさう〔服装〕をしていった。渡辺正毅君と寫生をした。
　午後は地理の坐學をした。三月の始めに地理の試驗があるのだ。又、月曜には國語の試驗がある。

二月十八日（日）晴
　午前中は竹細工でペーパーナイフを作った。
　午後は外出をしたい人達だけで、奥山先生につれられて山に行った。塚本さんといっしょに山を登った。その後はいつもと同じである。

二月十八日夜
　昨日の夜、第一寮で三寮集って映畫を見た。始めに「マーボーの少年航空兵」。聲が全然出ないので、あまりわけがわからないのでつまらなかった。二番目に「中京の龍宮」といふので、色々な魚が出て来たがさっぱりわけがわからない。三番目にまんが。題は忘れた。少し聲は出たが小さすぎてわからない。四番目にまんが「マーボーの落下傘部隊」。これは家で見た。次「日本ニュース」はあまり面白くない。一番最後に「天平童子」。これは聲も少し高いし面白かった。この映畫は澁谷区の人が疎開學童にといふのであった。

二月十九日（月）曇時々晴
　午前の坐學は國語の試驗があったが、よく出來ず殘念に思った。
　午後の坐學は國史で、義經にかんけいのあるためになるお話があった。坐學後のさうじは、空襲のため途中でやめてしまった。防空ふくさうをして、いたづら書をした。夜は三日分の日記を書いた。

二月二十日（火）晴
　午前中は鈴木さんから南方のお話を聞いた。午後は下狩野の學校へ行ってフットベースをやったが山田君、関君、中内君がいないので負けてしまった。
寮に歸って見ると、僕が面會だとかいってゐた。夕食後お父様の所へ行った。少ししてお父様とお風呂に入った。お姉さんのおみやげを持って部屋に歸った。お腹がいっぱいになってしまった。

二月二十一日（水）晴
朝食後、朝禮までお母様の所へ行った。少しよると朝禮になった。体重測定、家庭通信（坐學）後すぐ先生にお聞きして、部屋までかけつけた。朝食後、御賜の御菓子を持って行った。食べてゐるとにくらしき鐘が鳴った。
晝食後、先生にお聞きすると午後は引場に行かなくてもよしといはれたので、とんでいってお父様お母様に報告した。少しすると「ポー」と警報のサイレンが鳴った。空襲にならない様に祈りながら、お菓子をどんどんお腹へ押しこめた。三時十五分つひにお父様お母様はお歸りになった。皆んながゾウキンがけをしてゐる間に、整理をしてしまった。夜は鈴木君と伊沢君と白糸に入浴した。

二月二十二日（木）雪
寒いと思って窓をあけると、はいくに讀んだ様にあたり一面の銀世界であった。まだ雪はさらさらと音をたてずに降ってゐる。午前中はいつも通りに坐學があった。坐學がすんで部屋に歸へらうと外を見ると、まだ降ってゐる。午後も始めに坐學をして、その後は自由。いつも通りであった。夜はくるしくてくるしくて少しげろをはいてしまった。

二月二十三日（金）晴
今日は、よいお天氣であった。昨日、一日降った雪十七八糎、二十糎近くはつもった。雪も今日はどんどんとけて行く。屋根からは雪がおちる。道はもうくしゃくしゃであった。
午前の坐學は自由自習であった。げきうたの練習は行ったので自習であった。又、ツベルクリンのちうしゃをやった。午後はいつも通りであった。

三月三日（土）雨
今日は久しぶりで雨だ。今日は下狩野へ、學藝會をやりに行った人が三十名ほどいるので、午前地理の自習、午後は竹細工をした。僕はヨージを作った。

三月四日（日）雨
今日は日曜なので一日自由であったが、空襲のため、午前中は部屋で整理をした。午後からは六年生の安東さんと小高君と木下君にお別れの言葉として綴方を書いた。昨日から續いてまだ雨である。

三月五日（月）晴曇
起床の鐘が鳴ると同時にふとんを上げた。午前は算数の坐學があった。午後は國史があったが、その前に先生はおっしゃった。「これから四月頃からはもう面會に來られないかもしれない、いやきっと僕はこられなくなると思ひます。」とおっしゃった。

午後のざうきんがけがすんでから、六年生に上げる習字をかいた。今日の夕食はおせきはんが出た。そのおせきはんもうれしいほどでなかった。六年生が歸へる前の壮行會の様な物であった。

又、夕食前に十班の方とふとんの敷き合をやって注意された。夕食後又、敷き合をやった。その後日記を書いた。その後映畫があった。始めに「日本ニュース」レイテ島上陸や色々勇ましいのが見えた。「少國民進軍歌」その次「あの旗を撃て」をみた。

三月六日（火）曇

今日は地久節です。今日は一日中習字を書いた。六年生に上げた。午後、少し竹細工ペーパーナイフを作った。夜は日記をつけた。又、毎日の様に六年に所を書いてもらったりした。

三月七日（水）曇

午前中は家庭通信をした。午後二時からは別れの演藝會があった。始めに開會のじを関君、次にがまの油の口上を冨田君、その次にハーモニカ獨奏三保君が始めに御歌。その次に紅の血はもゆる。それで終。次に岡田君の落語あめやの口上、加藤君高田の馬場、班で余語君の落語、六班の人形芝居、四年のなぞなぞ、六年の野田屋から下狩野までのつけた名をやらして、お禮の言葉。その次に出陣、僕等の番だ。ぜんぜんしっぱい

その他夜に日記を書いた。

四月一日（日）晴

今日から僕等は六年生です。けどまだ三年の様だ。午前中に引場に行って帽子取をやった。五年の赤と六年の白と組んでやった。始め会戰で取られた。その時のどが乾いて来たので、大谷津君とやぶを降りて清水に水を飲みにいった。上って最後の決戰をやった。午後は下狩野の卒業生が来たので特別演げい會を開いた。一班手品五年河合君　二班江國君の落語　三班玉置君のお話　四班のお話　五班のおどり　六班の落語　七班の落語　八班のかさう行列　九班のハーモニカ　十班のつくり歌　その外はいつも通り

四月二日（月）晴

六年生第二日目。午前は外出をする豫定であったが、先生が用事のため自由であった。佐野君達が物干場で遊んでゐたので、僕も行って干してある魚をいぢったり、しひ竹を見たりしてゐた。屋根の上で日なたぼっこをしながらお話をしてもらった。今日は二度も警報が發令された。その内、廣瀬君

がこ人疎開で歸った。午後教員室へ小包を取りに行った。歸って来て少しすると入浴になった。夕食後、日記を書いた。少し遊んで入浴をした。櫻の花も昨日から咲き始めた。

四月三日（火）晴れやや風強し

今日もよい天氣。午前、午後外出をした。午前は、引場へ帽子取をしに行った。始めの二回戰は、赤が勝った。三、四回戰と白が勝った。決勝で白が負けた。山がくせんの後の決戰で白がかった。それで同点。

午後はつくしを取りに行った。つくしをたくさん取った。川の中のとび石をとびまはって、遠くに行って笛の鳴ったのをしらず、急いで來たら川の中へ落ちてしまった。行きかへり自由に歩かせた。夕食後、櫻の花を取りにいった。木の上の方へ行ってこわくなってしまった。その後、日記を書いた。

四日前夜

「プーーー」はっとして目がさめた。（警戒警報だ）と心の中で思った。又しばらくして「プープープープープーーー」（あっ空襲）時々ヅシンヅシヅシヅシと高射砲の撃つ音がした。ユラユラ便所にゐる時も音がした。「ジーーー」耳をすますと、「東部軍官區情報京浜西方に照明彈落下……以上。」何回も情報が入った。（ジゲン爆彈。しやういガード。照明彈。）などを落とした。（波状攻撃だ）「ジーーー東部――新たな一へん隊――以上。」でわかった。明け方防空ふくさう〔服装〕になってじやう報を聞いた。少し話合ってゐる内にだんだん眠くなったので朝迄寝た。

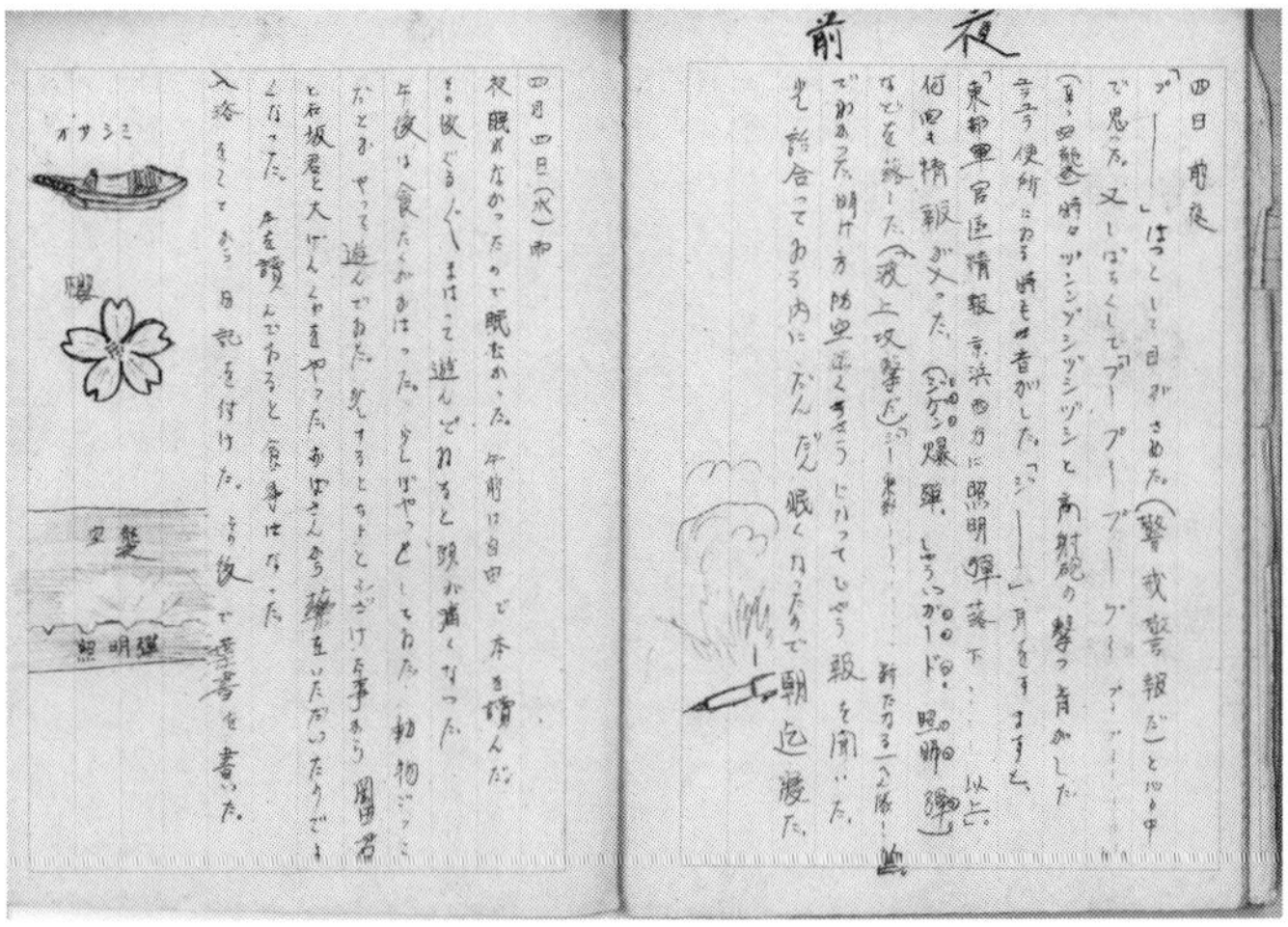

四月四日の日記

四月四日（水）雨

夜眠れなかったので眠かった。午前は自由で本を讀んだ。その後ぐるぐるまはって遊んでゐると頭が痛くなった。午後は食たくがかはった。少しぼやっとしてゐた。動物ごっこだとかやって遊んでゐた。少しするとちょっとふざけた事から岡田君と石坂君と大げんくゎをやった。おばさんから薬をいただいたのでよくなった。本を讀んでゐると、食事になった。入浴をしてから日記を付けた。その後で葉書を書いた。

四月五日（木）曇

朝のかんぷまさつも寒く感じた。今日からは授業がある。吉田先生がいらっしゃんないので自習をした。算數をやった。朝からのつづきの新日本島を讀んだ。

午後から入浴まで本を讀んだ。入浴をしてから又、本を讀んだ。夕食後、日記を書いた。

四月六日（金）曇時々晴

今日も涼しかった。午前中は坐學があった。その前にかんごふさんに頭をかっていただいた。算數をやった。

午後は自由であった。僕は鎌田に手紙を書いた。入浴して夕食後日記を書いた。

四月七日（土）晴

今日は暖かかった。午前は算數をやってゐると九時半ちゃうど、一時間おくれて空襲になった。梅林にいってふきを取ってゐる間はぐれ、あとになって野田屋に歸った。

午後は本を讀んだ。夕食後は、いつも通りだった。

四月八日（日）曇

今日は大詔奉戴日だ。けれど、式もせずにおべん當を持って「奥の院」へ行った。途中修善寺學校の前の橋の所からばらで行った。鎌田君と班長といっしょにふきを取りながら行った。ふろしき一ぱいとってゐる内に、一番びりになってしまった。橋のそばでかんぞう〔甘草〕をたくさん取った。のびる〔野蒜〕や何かも取った。又、少し行った。一番びりまで行て約十人位で取った。出發した時はもうびりから二番目だった。色々な物をまぜて、ふろしき一ぱいぎゅう〳〵につめた。それから全速力で歩いた。フルスピード●●●のろいから、新鋭スピードなどいってどんどん歩いた。五人ぬいた。

奥の院に着いた時は、もう皆晝食をすませていた。晝食をすませて又、つくしやふき、かんぞうをたくさん取った。一回帽子取をしてから歸った。歸りは一番で行って、たくさん取った。又、びりの方になってしまった。かへったらもうへとへとになってしまった。おやつをいただいて、少しして夕食後入浴をした。その後は日記を書いた。

四月九日（月）曇後晴

朝食後すぐひっこしをした。六年生は涵翠閣を見學に行った。野田屋に歸って來て整理をした。けれど洗面道具がなくなった。

午後は整理をした。おやつをいただいた。夕食後、日記を書いてゐるうち、入浴になったので入浴をしてから又、日記を書いた。

四月十日（火）雨

午前中は班が變った。僕等が整理をしてゐる間、さうじの組は涵翠閣に行った。

午後は四年の多胡君、五年の山岡君が來た。鎌田君が面會に來たので佐野君と岩切君と三人呼ばれた。夜、葉書を書いた。

四月十一日（水）晴　風強し

午前中は荷物を運んだ。晝の御飯はおいしくいただけた。

午後からはお別れの演藝會を開いた。一番始めに開會のじ〔辞〕を玉置君がやった。ハーモニカ、落語、「孝行アメ〔孝行糖〕」などをやってとてもおもしろかった。オヤツニむしぱん、コーヒー、ネーブルが出たけれど、コーヒーはこぼしてしまった。

四月十二日（木）晴

午前中はふとんを運んだ。

午後はこっちに來て、のうぶたい〔能舞台〕へ行ったり、いろいろやってあそんだ。

四月十三日（金）晴

午前は整理、午後は三年生二人と二年生六人を迎へに行った。荷物を持って行った。すると仲田屋の前にこんな立札があった。「十二日午後ルーヅベルト死亡す。病名ノウイッケツ」と書いてあった。

四月十四日（土）晴

午後は一、二、三、四班の班長副班長が、三年生を迎へに行った。狩野川の川岸へおりて舟を流して遊んだ。

四月十五日（日）晴

午前中は仲田屋へつくえを取りに行って失敗した。

午後又、一年を迎へに行った。歸って來て荷物を運んだ。

四月十六日（月）晴

午前は四年以上の人達で、幼稚舎の山へ行った。途中、ぜんまいやわらびを取りながら行った。

木造

昭和二十年

八月四日（土）晴

今日もげりだった。かんぷまさつをとめられてゐたので、休んだ。整備もやめた。廊下をはくだけにした。洗面して点呼をした。朝食はやっとの事で全部たべられた。少し自習して朝禮に行った。歸りのかけ足も止めた。裏にまはって足を洗ひ、みづむきをした。坐学を止めて整理をした。晝食は久しぶりで卵をたべた。（オカユ）

午後学校へ行った。

歸って來てすぐ自習して、それから整理の續きをした。その時、健康身体を一班でしたので、又よごれた。夕食後てんけんをしていただいてから、電氣を付けて本を讀んだ。

八月五日（日）晴

起床前、床の中で昨日の日記を書いた。今日もかんぷまさつを止めて、整備をした。日曜ナノデ自由ナノデ本ヲ讀ンダ。「宮本武蔵」。

午後カラハ皆、岩木川へ遊ビニ行ッタ。僕ハオ腹ガワルイノデ行カナカッタ。班デ繪を書イタリ、本ヲ讀ダリシテキルウチニ、三班五班の順ニ歸ッテ來タ。一班ハ三番ダサウダ。ソレカラ整備ヲ始メタ。スグニ夕食ニナッタ。晩ハゴチサウデアッタ。オカユデアッタガ、ジャガイモトインゲンノオツユト、キャベツト、鳥（ニハトリ）肉トインゲントジャガイモノバタデニタモノト、フキノツクダニトジャガイモノフカシタノト、オモチノツキタテノダッタ。ソノオモチハシャウイ〔傷痍〕軍人の方ガ私達ニト下サッタサウダ。思ヘバ、シゼンニ頭ガサガリマス。

夕食後日記ヲ付ケテカラ本を讀ンダ。

八月六日（月）晴

今日ハ朝カラ山へ、木ノ子取ニ皆ハ行ッタ。僕ハイケナカッタ。往復五里近く、歩イタサウダ。午前午後トモ自由デ、本ヲ讀ンダリシテ一日ヲ過シタ。

八月七日（火）晴

午前は坐学が体サウ〔体操〕ナノデ、部屋デ本ヲ讀ンダ。午後は學校へ行って算數の試驗ト勉強ヲシタ。カヘッテ來テカラハ、何時モ同ジダ。

八月八日（水）晴

今日ハ大詔奉戴日ダ。朝食後バ●●●●リに行ッタ。今日モ午前は体操なので、部屋デ岩切君達ト本を讀ンダリシタ。

午後カラハ、学校ニ行き綴方ト習字ヲシタ。歸ッテ來テカラ習字の自字の自習ヲシテオルト、チュウシャ〔注射〕をスルトイッテ來タノデ衛生室デチュウ射ヲシタ。ソレカラ少シ自習シテ夕食ニナッタ。

八月九日（木）晴

今朝ハ頭が痛クダルイノデ、朝食ハゼッ食ヲシタ。ソレカラ石川サンニ行ッテ、入室ヲシタ。ソノタメ坐学ハシナカッタ。晝食モ又ヌイタ。今日ハ朝カラ警報發令ドウシダ。水マクラヲシテイタ。

夕食ハホンノ少シオモユヲタベタ。夜ハグッスリ寝タ。

八月十日（金）晴

目ガサメルト氣持ガヨクナッテキタ。朝食ハオモユヲタベタ。

今日モ朝カラ警報ガ出テヰル。日本地圖ヤ家カラ來タ葉書ヲ始メカラ讀ンダ。晝食モスマセ少シ葉書ヲ讀ンデ、銀紙デカニヲ二匹作ッタ。ソレカラ七日カラ寝ナガラ日記ヲカイタ。

家へ便リヲシテカラ眠ッタ。夕食ハオカユニナッタ。

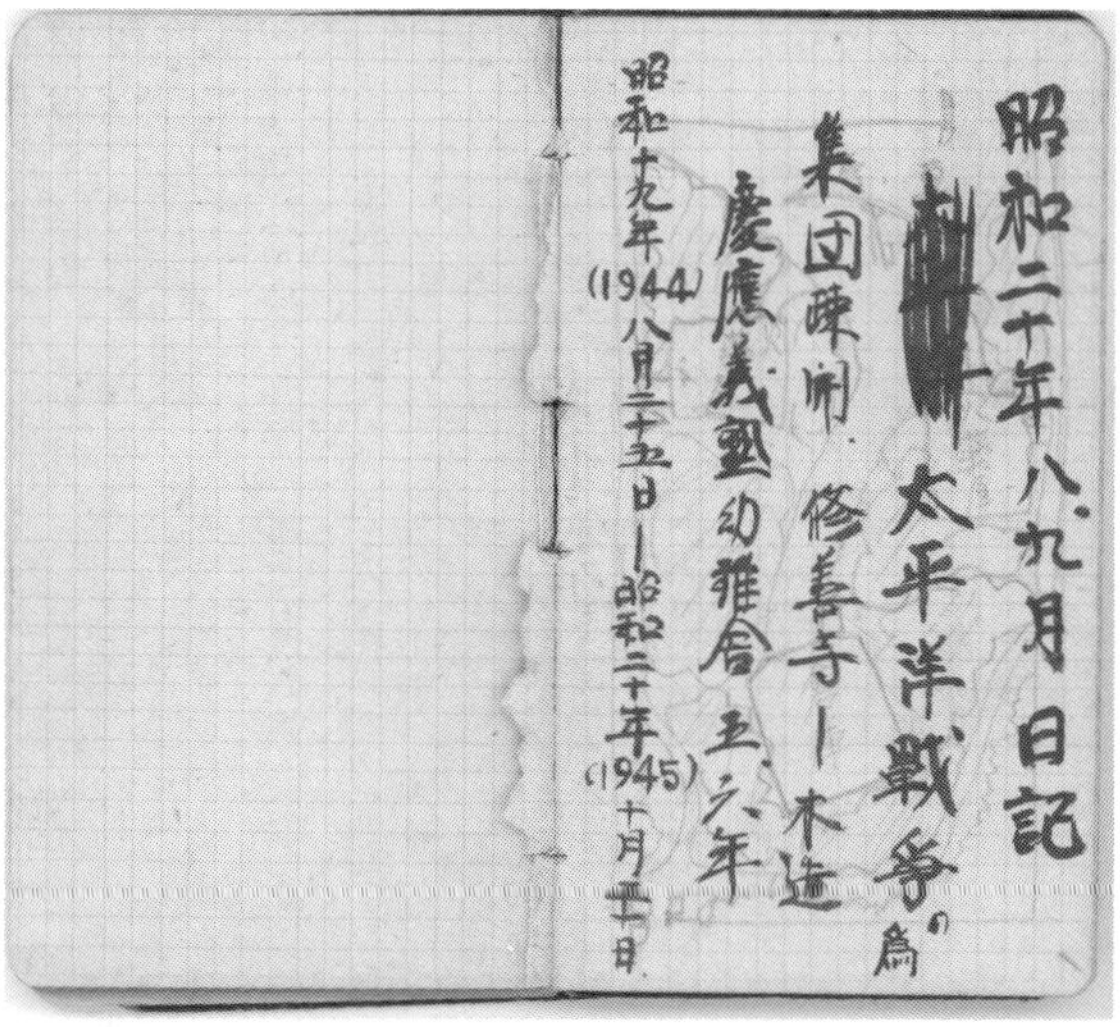

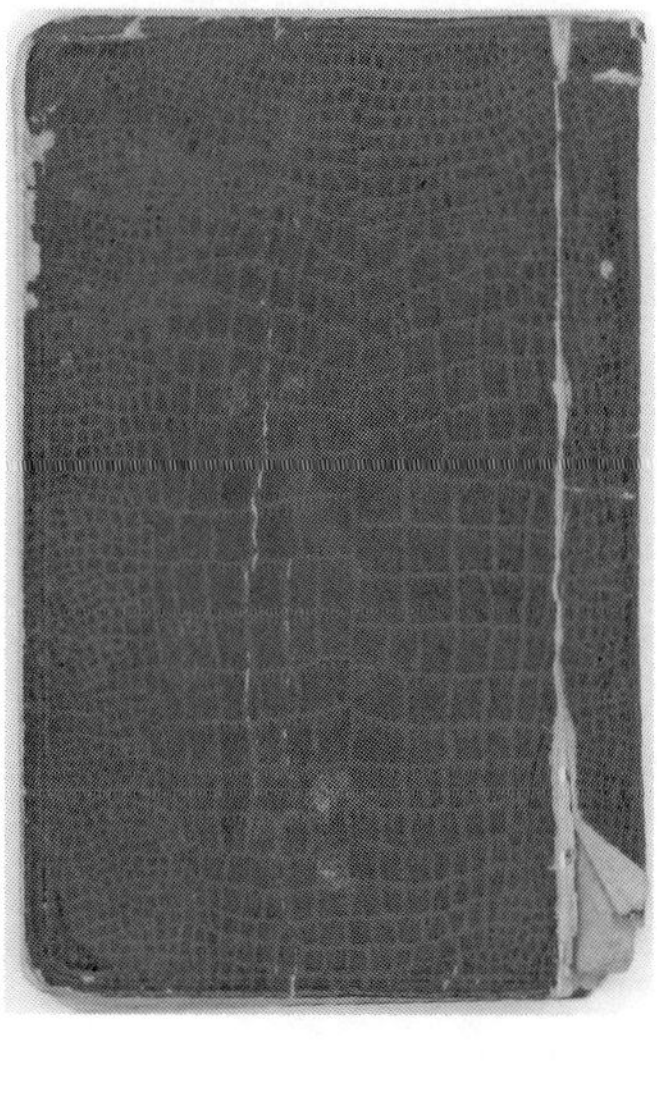

木造疎開時の日記帳
右が表紙、上は日記の奥付

八月十一日　晴後曇

今朝はすっかりよくなってゐた。熱もさがった。オナカモスイタノデ、食事ガタノシミダ。朝食もすませてから色々いたずらがきをした。ソノウチ中津川君ガ入室ヲシタ。何カ書イテヰルト晝食ニナッタ。モウノシ位カタイノモタベテヨクナッタ。午後又イタズラ書ヲシテヰルト●●●ガ僕ノ（石川サン沖サン）●側へネタソノ間タイクツヲミテシマッタ●●●●オキタノデ又色々ナ事ヲシテイルト、日記ニキガツイタノデ日記ヲ書イタ。少シシテ町田先生ガイラッシャッタノデ、シンサツヲシテイタダイタ。夕食後退室ヲシタ。

八月十二日　曇後小雨（日）

今日は朝カラ何モシナカッタ。皆は、オベン當ヲ持ッテ魚スクヒニ行ッタ。本當ハ岩木川ニ行クノデアッタガ、天氣ガ悪イノデ岩木川へ行カナカッタ。僕ハモチロン残ッタ。始め習字ヲシテヰルト沖サンガ「食事デスカライラッシャイ」トオッシャッタノデ、習字ノ道具ヲカタズケテ衛生室ニ行ッタ。

午後ハ本ヲ読ンダ。少シスルト「水事〔炊事〕場」ノオバサンノ子供ガ二人來タノデ、トランプヲシタ。オヤツヲタベテカラ、シンサツヲシテ、本ヲ讀ンダラ夕食ニナッタ。夕食後本ヲ讀ンダ。

八月十三日（月）小雨

久シブリデ雨降リダ。今日ハ日曜ダトバカリ思ッテヰタラ、月曜ナノデゲッソリシタ。午前ハ少シ自習ヲシテカラ應組トイッショニ川村先生ニ付イテ修身、國語ヲ勉強ヲシタ。晝食ハ衛生室デタベタ。朝モサウダ。

午後ハ学校へ行キ、イツモ通リ勉強ヲシタ。歸ッテ來テ、テンケンヲ受ケテ、自習ヲシヤウトシタラ食事ニナッタ。夕食後本ヲ讀ンダ。吉田先生歸京。

八月十四日（火）曇時々雨　岩瀬先生御命日

午前中に學校に行かうかとしたが、警報ガ發令サレタノデ行カナカッタ。

午後は何時も通りだ。

八月十五日（水）曇

今日も午前中に学校に行った。今日正午（十二時）に重大發表があるので十時半に寮に歸った。正午の重大發表は天皇陛下様御自から御放送をなさるのである。いよいよ日本は休戦（むじゃうけん降服〔無条件降伏〕）をしたのだ。

今僕達は今迄の事をふりかへって見、これからの事をどうしたらよいかをかんがへた。夜は何時も同じだ。

八月十六日（木）晴

午前中は工作をやった。ここの所ずっと便がない。午後は又学校へ行って算數をやった。話を聞いた。別に何時もとかはった所はない。

八月十七日（金）晴
今日朝禮ニ行ッタラ、トテモ暑カッタ。ソノ前ニ今日ハ朝早ク起キタ。五時ニ起キテ、ナマズヲ見ニイッタ。大小合セテ十匹位トレタ。
午前中は学校へ行ッタ。綴方、算數ヲヤッタ。午後カラハ皆、川へ水遊ビニ行ッタ。ソノ時始メテ便ガ出タラ、モウスッカリゲリガナホッテキタ。
宿舎ノ子ガスズメヲ四匹モトッテヨロコンデヰタ。
●●カヘッテキテ、ナマズヲシカケニイッタ。ソノ間ニ今日の日記ヲ書イタ。

八月十八日（土）晴後雨
朝カラオベン當ヲ持ッテ、川除村へ行ッタ。僕ハ行カナカッタ。歸リハ、リンゴヲ持ッテ又競争ヲシテ歸ッテキタ。一班ハ一番ダ。ソノ後吉武先生ニヨバレテ、リンゴヲイタダイタ。

八月十九日（日）晴
午前中ハ部屋ノ整リヲシタ。
午後カラ川除村のオ寺へ行ッタ。歸リ村長サンノ家ヘヨッテ、オ野菜ヲイタダイテ歸ッタ。

八月二十日（月）晴
朝カラオベントウヲ持ッテ、岩木川へ行ッタ。行ッテスグゴハンヲタベテ、スグリンゴヲ二ツタベタ。準備体操ヲシテカラ、川へ入ッテ遊ンダ。
村長サンノ家ノ正チャンニ、背中ニ乗セテモラッタリシテ遊ンダ。又皆デオニゴッコヲシタ。ズット遠ク迄イッタ。ツカマッテ歸リハ、カル石ヲ取ッタ。ソレカラ相撲ノ仕合デ一班ガ優勝シタ。
歸リ又村長サンノ家ヘヨッタ。ソシテ又オ野菜ヲイタダイテ寮ニカヘッタ。

立派なたしなみある家の子
一、姿勢を正しくする事
一、ゐさにつられない人間
（おだてに乗らない人間）
一、食べ物の事をとやかくいはぬ
一、正義を愛する事
一、正しいきれいな言葉
◎へらず口を聞くな
を實行する事を誓った。

九月八日（土）雨
午前中の授業は國語で試験をかへしていただいた。百點だった。午後から学校へ行った。先生のいらっしゃる迄の時間を利用して塚本さんへ出す手紙を書いた。寮に歸ってからは土曜の整理をした。

九月九日（日）晴

朝食後から招魂祭の始る（九時半）九時迄自習をした。

招魂祭は、町の馬市の広場でやった。三べんおじぎをした。ただかんぬしさんがのりとを讀んだだけでわけがわからない。隣では大島サーカスをやってゐた。歸るとかんぱんの班ぶろ〔おやつの配給〕があった。

午後は、始め晝寝をした。それでない人は外に出た。晝寝後廣場でプレーグランドの仕合があった。一班對三班　四班對五班。僕達は始め二對〇で負けてゐた。僕はキャッチャーだった。しかしどんどん点を盛りかへして、十二對三で一班が勝った。

四班と五班は、五班は人數が少なくないので二班の人を入れてやったが、やっぱり四班が勝った。

九月十日（月）晴

今日は、なまけ物が食事の時呼び出されて自習時間などにゾウキンがけをやらせられた。

今日は、五年生慶坐學で、六年生は町のけいさつへ野菜を取りに行った。

歸って來てから午前中の坐學に入った。修身でお話があった。

午後は、向陽國民学校へ行った。又、今朝は今迄たまってゐた日記を全部書き上げた。この青森縣の歴史のお話をうかがった。歸って來たら班ぶろがあった。吉田先生歸京。

九月十一日（火）晴

午前は魚すくひで先づあみのしゅうぜんをした。僕は朝禮に行った時、足をけがしてしまったので、ち療に行くと、健康身体（健康診断？）をするのであとでこいといはれて、あみのしゅうぜんを手傳った。その内三班から五班迄健康身体をした。

あみをなほしてから僕達は出かけた。足が痛かったので、僕は何もしないで皆の後をついて行くだけにした。そして花を取って遊んでいた。

歸って來てくらべて見ると、魚は少ししかいなかった。一班はふな四十匹位取った。一班はビリの方だった。

午前は、寮で坐學をした。算數の試驗を返へしていただいた。残念にも五十点だった。算數の平均点は、ここで六十八点にさがった。算數は、もっと勉強をしなくてはならなかった。そこで勉強する決心を立てた。

それから班に歸った。班ぶろがあった。今日は何時もより多かった。かんぱんをたべ、しだいに魚すくひに行った。一班は、あみをなほして、一つはかりて、二組に分れて行った。僕達は、渡辺君に古賀君の三人で行った。取るのに夢中で、方角はわかっていたが、道がわからなくやうやく寮に歸った、戰果はナマズ一匹、トヂャウ二匹、フナ四匹だった。

それから又、すくひに行ったが一匹も取れず、班長達に合ってしまった。それからしばらくすると、プーが鳴ったので、寮に歸った。又食後は樂しく本を讀んだ。

班長達は、フナをさうたう〔相当〕取った。四班もたくさん取って、せん面器が眞黒になる程だった。何時かはフナの御ちさうが出るだらう。

九月十二日（水）晴

吉武先生のお話によると、今日は疎開兒童が何時歸へるかが發表される日ださうだ。それで十日の晩から樂しみにしてゐる日が來たのである。七時の報道の時間は、せいさう〔清掃〕の時間でわからなかった。

自習時間は、日記を書いた。坐学は体操なので、原っぱで野球の試合をやる事になった。始め行進とラヂオ体操の第二体操をやった。その前に僕達一、二班は健康身体をやった。一班と四班の試合、三班と五班とやった。一班と四班は六對三で残念にも負けた。三班と五班は、まだ勝負がつかなかった。

午後は、向陽國民学校へ行って地理をやった。その時、僕は上と下とをまちがへてしまった。地理について色々なお話があった。歸りは大便がしたかったので、急いで歸って來た。少しすると、班ぶろがあった。又、かんぱんだ。

かんぱんがまだ二枚も残ってゐるのに外に出されてしまった。そして、僕達は一班だけでプレーグランドの練習をやった。

神谷君と岩切君を主しゃう〔主将〕として、二組に分れてやった。金子君は残ってしまったので、萬年守備にした。僕達は神谷君や佐野君がいたので勝てた。終の方になったら、もうふざけ半分だった。

寮に歸った。食事後、食べるはずであったかんぱんを時間があったので、本を讀みながらゆっくりおいしくいただいた。

九月十三日（木）晴のち曇

午前中は、例の軍艦も形の船体を作った。今日はうまく船体がけづれて來たので、うれしかった。が、まだまだ上手な人がゐるので一生懸めいにやった。あまり一生懸めいやってゐたら、時間のたつのも忘れて、先生が「やめ。」とおっしゃった。急いでかたづけて部屋に歸った。すると、村田君がやすりを出したので、僕も始めヤスリで船体をきれいにしてゐたが、おねがひをして村田君にヤスリと木の棒一本をもらった。それでまた船体にヤスリをかけた。

食後「海底大要塞」の本をよんでゐると、お風呂へ行くかねがなった。一班から風呂屋へ行った。入って見ると、「まだ」だと言はれて、半分洋服をぬぎかけて二十分位待たされた。今度は、一班から三班迄入って見ると、そのあつい事。少し水をうめて入った。体を洗って一度目は、お湯に入った時、四班が入って來たので、急いで体をふいて上った。洋服を着てしまふと五班が入った。少しすると歸ってよろしいといふので一班は先に歸ってしまった。

歸って、僕は、ゑんげい會に出る支度をした。それから又、本をよんだ。皆歸って來た頃、演藝會を始めた。その時、班ぶろにかんぱんとりんごが出た。始めは開會のじ、次に落語を岡田君がやった。その内に僕になった。僕も仕方なく出た。終の方になって先生方がやった。始めに大島先生のお話があった。「東のきこり西のきこり」。次に小堺先生が歌をお歌ひになった。次は、吉武先生の手品で、なんともなってゐないりんごを、皮をむくと眞二つに切れる手品であった。

　部屋に歸へると食事になった。食後、班ぶろがあった。その時つひに、あの本「海底大要塞」をよみ終った。

九月十四日（金）雨

　自習の時間は、日記をかいた。

　午前中の坐学は國語、武道であるが、雨が降っていたので武道はやらずに三班の部屋で、慶組應組合同で川村先生から授業を受けた。今日は國語の本をつかはずに、綴方に對しての注意であった。六應の書いた綴方を先生が始めからお讀みになった。わが宿舎の題だ。皆、いてふ〔銀杏〕の事ばかりだ。それで同じやうな事ばかり書いてあって、讀んでいただいてもちっとも面白みがない。先生はおっしゃった。
一、自分の氣持を正直に書く事
一、自分の見た事をそのまま細かに書く事。
であった。それで、午前の授業は終った。

　午後は算數ださうだ。向陽國民學校へは、六年生だけで五年生はいかなかった。雨は、ますます強く降り出した。寮を出た。神社の所を横にまがって大通へ出た。がんぎ〔雁木〕道路へ入ると雨は少し弱くなって來た。

桑原四郎　画

第十八章　清岡暎一元幼稚舎主任の資料

――慶應義塾福澤研究センターに所蔵されている清岡暎一元幼稚舎主任旧蔵資料から、疎開に関係し、なおかつ本書掲載に意味あると思われるものを書き起こした。

【　】は、福澤研究センターの資料番号

澁谷區學童集團疎開宿舍一覽表

宿舍名	兒童収容予定数	収容兒童數 男	収容兒童數 女	収容兒童數 計	附添職傭員數 教員	附添職傭員數 保姆	附添職傭員數 作業員	附添職傭員數 計	給食	宿舍責任訓導	學校名	宿舍到着月日	所在
般若寺	一五〇	四九	七一	一二〇	三	五	四	一二	請負	杉山長太郎	澁谷	八月十七日	靜岡縣榛原郡相良町
明照寺	一〇〇	五三	二四	七七	二	四	三	九	仝	大塚長次	仝	八月十九日	仝
萬福寺	一〇〇	三六	二八	六四	二	二	二	六	仝	福士大助	大田和	九月五日	富山縣東礪波郡東野尻村
専念寺	一〇〇	四三	二一	六四	二	二	二	六	仝	吉田 力	仝	仝	仝 太田村
眞光寺	五〇	一八	一七	三五	二	一	二	五	仝	古長龍男	仝	仝	仝 出町
淨福寺	五〇	一九	二一	四〇	二	二	二	六	仝	天野秀雄	仝	九月二日	仝 南般若村
梅林院	一〇〇	五四	三一	八五	二	五	三	一〇	仝	林 久彌	臨川	八月十八日	靜岡縣周智郡森町
隋松寺	五〇	〇	四七	四七	一	二	二	五	仝	藤井千代	仝	仝	仝
報徳社	五〇	三八	〇	三八	一	二	二	五	仝	藤野九郎治	仝	仝	仝
可睡齋	五〇〇	九〇	七九	一六九	四	八	六	一八	仝	岩井 勇	仝	八月十九日	仝 久努西村
天理教分教會	一〇〇	四八	四九	九七	三	四	三	一〇	仝	久保田俊平	長谷戸	八月二十六日仝	引佐郡麁玉村
龍潭寺	一〇〇	五五	四〇	九五	二	三	二	七	直營	上島初太郎	仝	仝	仝 井伊野谷村
正泉寺	六〇	三七	一六	五三	一	二	二	五	仝	飯田 清	仝	仝	仝
山海樓	五〇	〇	四七	四七	二	二	二	六	請負	鳥川金次郎	廣尾	九月三日	熱海市
和樂莊	一〇〇	七四	〇	七四	二	四	二	八	仝	武藤靜夫	仝	仝	仝
森田館	一〇〇	八〇	〇	八〇	二	三	三	八	仝	土元清香	仝	仝	仝
稲本別館	一〇〇	〇	七〇	七〇	三	三	二	八	仝	玉井雄二	仝	仝	仝
小林屋	七〇	三一	二三	五四	二	三	二	七	仝	前田達夫	仝	仝	仝
翁徳寺	一〇〇	四一	三三	七四	二	四	二	八	仝	越川龍次郎	猿樂	九月二日	富山縣射水郡金山村
西方寺	五〇	一三	三一	四四	一	二	二	五	仝	樋口 賢	大向	九月四日	仝 礪波郡福野町

宿舎名	児童収容予定数	収容児童數 男	収容児童數 女	収容児童數 計	附添職傭員數 教員	附添職傭員數 保姆	附添職傭員數 作業員	附添職傭員數 計	給食	宿舎責任訓導	學校名	宿舎到着月日	所在
西源寺	五〇	九	二八	三七	一	二	二	五	仝	松江　栄	仝	仝	仝
恩光寺	五〇	三六	九	四五	一	二	二	五	仝	園田成孝	仝	仝	仝
普願寺	五〇	四四	八	五二	二	二	二	六	仝	池内清	仝	仝	仝
徳仁寺	五〇	三八	〇	三八	一	二	二	五	仝	日比美稔	仝	仝	仝
等覚寺	三五	二	二六	二八	一	二	二	五	仝	佐多ハツ	仝	仝	仝
眞如寺	五〇	〇	三二	三二	二	二	二	六	仝	清水よね	加計塚	八月二十一日	静岡縣庵原郡袖師村
龍雲寺	五〇	二六	一三	三九	一	二	二	五	仝	塩田友親	仝	仝	仝
峯本院	一〇〇	〇	二八	二八	二	一	二	五	仝	井東　熙	仝	仝	仝
一乗寺	一〇〇	六三	三七	一〇〇	二	四	三	九	仝	瓜生敬雄	仝	仝	仝　庵原村
保蟹寺	五〇	四八	〇	四八	一	二	二	五	仝	滝本蔚男	仝	仝	仝　高部村
眞珠院	五〇	四六	〇	四六	一	二	二	五	仝	新　貢治	仝	仝	仝
別院（善徳寺）	二〇〇	一二五	五九	一八四	六	五	五	一六	仝	塩野入万作	常盤松	九月五日	富山県礪波郡城端町
土肥館	二〇〇	八四	六九	一五三	四	六	五	一五	仝	荒井輝義	幡代	八月二十日	静岡県土肥町
喜代治館	一〇〇	三七	四六	八三	二	三	三	八	仝	松田壽孝	仝	仝	仝
吉村館	一〇〇	三八	三二	七〇	二	三	三	八	仝	廣川　孝	仝	仝	仝
○久旅館	一五〇	四六	八三	一二九	三	五	四	一二	仝	桜井　勇	仝	八月二十一日	修善寺町
福壽館	五〇	四六	〇	四六	一	二	二	五	仝	村上　正臣	仝	仝	仝
大洞院	一〇〇	九二	〇	九二	二	三	三	八	仝	田代　稔	山谷	八月二十日	周智郡森町
西光寺	五〇	三九	〇	三九	一	一	二	四	仝	三田利助	仝	仝	仝
萬松寺	五〇	四二	〇	四二	一	一	二	四	仝	荒井和男	仝	八月二十二日	仝
可睡齋	五〇〇	〇	一三一	一三一	三	五	四	一二	仝	笹本武喜	仝	九月二日	仝　久努西村
天壽院	五〇	三九	〇	三九	一	二	二	五	直営	佐藤勝之	上原	仝	熱海市泉区
福禪寺	五〇	〇	三八	三八	一	二	二	五	仝	永田よし江	仝	仝	仝
松田屋館	五〇	三二	〇	三二	一	二	二	五	請負	鈴木　昇	仝	仝	熱海市内
角半	五〇	〇	四六	四六	一	二	二	五	仝	和田安代	仝	仝	仝
清海園	七〇	二九	二五	五四	二	二	三	七	仝	川崎正藏	仝	仝	仝　下多賀
大覚寺	五〇	二〇	一八	三八	一	二	二	五	仝	大澤文治	本町	八月二十六日	榛原郡金谷村

宿舎名	児童収容予定数	収容児童數 男	収容児童數 女	収容児童數 計	附添職員數 教員	附添職員數 保姆	附添職員數 作業員	附添職員數 計	給食	宿舎責任訓導	學校名	宿舎到着月日	所在
洞善院	一〇〇	三九	三五	七四	二	五	三	一〇	請負	栗林安恒	仝	仝	仝
西照寺	一〇〇	三七	三七	七四	二	四	三	九	仝	浅沼　恭	仝	仝	仝
長光寺	一〇〇	三九	三一	七〇	二	五	三	一〇	仝	原口右三郎	仝	仝	仝
観勝寺	五〇	四四	〇	四四	一	二	二	五	直営	石丸　巍	仝	仝	仝　五和村
養勝寺	五〇	四三	〇	四三	一	三	三	七	仝	石崎　博	仝	仝	仝　初倉村
医王寺	五〇	四二	〇	四二	一	三	二	六	仝	菅原小太郎	仝	仝	仝
龍光寺	一〇〇	四五	四〇	八五	二	五	三	一〇	仝	堀尾直爲	仝	仝	仝　吉田町
能満寺	一〇〇	一八	七二	九〇	二	五	三	一〇	仝	勝又久義	仝	仝	仝
東別院	四〇〇	一五五	一八〇	三三五	七	三	九	一九	請負	河東正夫	笹塚	九月一日	富山縣東礪波郡井波村
西別院	一〇〇	五一	四五	九六	二	四	三	九	仝	松井幸進	仝	仝	仝
西蓮寺	五〇	四一	〇	四一	一	二	二	五	仝	野田耕作	仝	九月二日	仝　東山見村
光照寺	五〇	四〇	〇	四〇	一	二	二	五	仝	中村　操	仝	仝	仝
東洋館	一〇〇	四一	三一	七二	二	三	三	八	仝	小杉清一	西原	八月十七日	伊東町
山本屋旅館	一〇〇	四〇	三二	七二	二	三	三	八	仝	小林義彦	仝	仝	仝
野間別荘	一〇〇	五五	三七	九二	二	三	三	八	仝	笹本　武	仝	仝	仝
松月院	一〇〇	三九	二四	六三	一	三	三	七	仝	土屋敏教	仝	仝	仝
大伊豆屋	二〇〇	七一	四〇	一一一	三	四	三	一〇	仝	椎名鮮吾	仝	仝	仝
平田寺	一〇〇	四八	四一	八九	三	四	三	一〇	直営	吉川芳次	富谷	八月二十日	榛原郡相良町
大澤寺	一〇〇	四二	三九	八一	三	四	三	一〇	仝	髙橋一郎	仝	仝	仝
大興寺	一五〇	六九	五四	一二三	四	六	五	一五	仝	安斉房次	仝	仝	仝　萩間村
釣月院	一〇〇	四五	五二	九七	三	四	四	一一	仝	増田喜惠藏	仝	八月二十二日	仝　地頭方村
弘法寺	一〇〇	三九	三三	七二	二	三	四	九	仝	影山　勝	仝	仝	仝
林昌院	一〇〇	四四	二九	七三	二	三	三	八	仝	鈴木精四郎	仝	八月二十一日	仝
法泉寺	五〇	〇	二七	二七	一	三	二	六	仝	鈴木ちか	中幡	八月二十二日	庵原郡興津町
理源寺	五〇	三七	〇	三七	一	三	二	六	仝	山本剛三	仝	仝	仝
水口屋別館	五〇	五〇	〇	五〇	一	二	二	五	仝	矢作益雄	仝	仝	仝
天理教會	五〇	〇	三〇	三〇	一	一	二	四	仝	奥秋晴子	仝	仝	仝

宿舎名	児童収容予定数	収容児童數 男	収容児童數 女	収容児童數 計	附添職傭員數 教員	附添職傭員數 保姆	附添職傭員數 作業員	附添職傭員數 計	給食	宿舎責任訓導	學校名	宿舎到着月日	所在
海宝寺	五〇	四二	〇	四二	一	二	二	五	請負	宅間　潔	仝	八月二十日	仝　蒲原町
貞心寺	五〇	〇	四七	四七	一	二	二	五	仝	上島善次	仝	仝	仝
圓通寺	五〇	四六	〇	四六	一	二	二	五	仝	山崎光久	仝	八月二十二日	仝　富士川町
松雲寺	五〇	〇	三九	三九	一	二	二	五	仝	吉田とも	仝	仝	仝
新豊院	五〇	四三	〇	四三	一	三	二	六	仝	青木　清	仝	仝	仝
等覚院	五〇	〇	三四	三四	一	二	二	五	請負	泉美根子	仝	仝	仝
法光寺	八〇	三三	三六	六九	二	四	二	八	直営	森田ハツ子	千駄ヶ谷	八月十八日	榛原郡川崎町
円成寺	八〇	三七	二九	六六	二	四	二	八	仝	岡田万吉	仝	仝	仝
長源寺	八〇	三六	三二	六八	二	四	三	九	仝	桐谷宗一郎	仝	仝	仝　吉田町
長興寺	八〇	四五	二九	七四	二	二	三	七	仝	片岡静治	仝	仝	仝　勝間田村
大阪屋	一五〇	九七	四六	一四三	三	六	五	一四	請負	熊坂　忠	仰徳	八月十六日	伊東町
観水荘	一〇〇	二九	六五	九四	二	四	三	九	仝	木瀬正二	仝	仝	仝
鈴木屋旅館	二五〇	一五七	八五	二四二	七	一〇	七	二四	仝	田辺勝雄	明和	八月十日	熱海市
可睡齋	五〇〇	六二	四六	一〇八	三	五	四	一二	仝	小山捷夫	原宿	八月十九日	周智郡久努西村
正福寺	五〇	〇	三〇	三〇	一	三	三	七	仝	辻本信二	仝	仝	仝　山梨町
用福寺	五〇	三三	〇	三三	一	三	〇	四	仝	問仁田喜作	仝	仝	仝
永明寺	一〇〇	五〇	二一	七一	二	三	三	八	直営	武山益夫	神宮前	八月十八日	富士郡原田村
清岩寺	五〇	二一	二二	四三	二	一	二	五	仝	眞田正己	仝	仝	仝
本門寺	一五〇	七八	五七	一三五	四	四	四	一二	仝	米澤吉雄	仝	八月十九日	仝　芝富村
落合樓	二〇〇	九六	九六	一九二	七	八	二	一七	請負	小宮山伍助	青山学院	八月二十三日	田方郡上狩野村
野田屋	一二〇	一〇九	二	一一一	四	六	三	一三	仝	吉田小五郎	慶應	八月二十五日	修善寺町
仲田屋	一七〇	一五七	〇	一五七	六	七	五	一八	仝	松原辰雄	仝	仝	仝
涵翠閣	六〇	五三	一	五四	四	四	二	一〇	仝	吉武友樹	仝	仝	仝
不二高女寄宿舎	一八五	〇	一八五	一八五	四	八	六	一八	仝		雙葉	八月二十五日	静岡市

【05046】

幼稚舎居残り教員

1、二年O組　宇都宮文男君　應召中、高橋立身君代理
2、二年K組　高橋勇君、主任副主任不在の時は天現寺幼稚舎の代理者となる。
3、一年K組O組　宮下、林功の両君は、八月二十三日より数日間　修善寺に出張、疎開学園の開設の手傳ひをする。
4、専科教員　江澤、星野、椿の三君は疎開学園にて授業開始後、時々訪園して音楽、圖画の指導をなす。常には東京にて一、二年生の教授にあたる。

＊疎開中、東京に残った幼稚舎教員とその役割に関する書上げ　【05057】

幼稚舎学童集団疎開実地調査費書上げ

疎開学園現地踏査費用

1、汽車賃（四人分）
三六円六〇銭　　内　二人ハ静岡縣沼津へ
二人ハ仝　大仁へ
2、宿泊料辨當代（四人分）
七七円六九銭

合計金　一一三円二九銭（原文ママ）

調査委員
赤松宇平
吉武友樹
永野房夫
奥山貞男

七月二十三日～二十四日

集団疎開實地調査實費費用

	円　銭
車馬代　二二・四〇	
東京―沼津往復	一三、二〇
沼津ニテ車代	二、〇〇
三島―修善寺往復	二、二〇
修善寺―菊屋旅館	五、〇〇
宿泊辨當料　八三・七一	
宿泊料	三一、一一
辨當料	一二、六〇
謝禮	三〇、〇〇
合計　九六、一一	

実地調査員
高橋立身
赤松宇平

七月三十日―七月卅一日

学童集団疎開調査實費

調査員
高橋立身
吉田小五郎
赤松宇平

期間　八月三日ヨリ八月五日

一・交通費	
東京・静岡往復	六三、〇〇
車代　自動車	一、〇〇
修善寺、三島往復	三、三〇
バス	一、六〇
電車	一、〇〇
計　六九、九〇	
一・宿泊料	
静岡一泊	四九、七九
修善寺一泊	八二、三五
宿舎斡旋料	三〇、〇〇
晝食	一〇、〇〇
計　一七二、一四	

合計　金弐百四拾弐圓四銭也

学童集団疎開調査實費

調査員
高橋立身
赤松宇平

一、期間　八月八日ヨリ八月九日マデ
一、交通費
祐天寺—静岡　二一、二〇
静岡—東京　二一、〇〇
自動車　五、〇〇
自動車　一、五〇
三島—大仁　、九〇
自動車　四、〇〇
修善寺—三島　一、一〇
計　五四、七〇
一、宿泊料
修善寺一泊　三八、〇〇
宿泊斡旋料　二〇、〇〇
辨當　五、〇〇
計　六三、〇〇
合計金　壱百拾七圓七拾銭也

学童集団疎開実地調査費

調査員
高橋立身
赤松宇平
永野房夫
吉武友樹
奥山貞男

一、期日　八月十六日ヨリ八月十七日マデ二日間
一、費用
東京—修善寺　一九、二五
修善寺—東京　四〇、七五
自動車　二〇、〇〇
宿泊料　一二七、一〇
謝禮　三〇、〇〇
合計金　弐百参拾七圓拾銭也

【05063】

學童集團疎開費補助申請

昭和十九年十一月十日

澁谷区豊澤町六七
慶應義塾幼稚舎
塾長　小泉　信三

東京都長官………殿

記

學童集團疎開ハ國家ノ要請ニ基キ國策ニ順應セル施設ニシテ之ニ要スル費用ハ官公私立學校ノ區別ナク平等ノ補助ヲ受クベキモノト思料仕リ候。之ガタメ特ニ多額ノ入費ヲ保護者ニ負擔セシメザルヤウ念願仕リ、食費（一名一ヶ月二十円）宿舎借受費（一名一ヶ月十四円）、寮費（一名一ヶ月三円）等ニ對シ御補助相成度ク左ニ一ヶ月間ノ經常費收支ノ實際ヲ相添へ此段及申請候也。

＊東京都に提出する補助申請の下書きとおもわれる。

【05069-1】

經常費收支一覽（九月分）

收入

一、學園費（一名一ヶ月十円）　金三、四〇〇円也
一、東京都ヨリノ補助（一名一ヶ月十円ノ予定）　〇
一、當校奉仕會ヨリノ補助　金一八、九〇八円也

合計　金二二、三〇八円也

支出

一、食費（一名一ヶ月二十円）　金七、五二〇円也
一、宿舎借受費（疊一帖一ヶ月十円）　金八、三四四円也
一、寮費（電燈、水道、湯料ソノ他一名一ヶ月三円）　金一、一二八円也
一、人件費ソノ他（専任校医、看護婦ヲ含ム）　金五、三一六円也

合計　金二二、三〇八円也

（説明）
收入ニツキテハ九月ニハ都ヨリノ補助ナキタメ學園費
奉仕會費ヲ合セテ児童一名ニツキ保護者ノ負擔
金六五円六一銭トナル
支出ニツキテ宿舎借受費ハ本契約以外ニ實際
使用ノ大廣間ノ料金ヲ含ム。

＊東京都に補助申請に添付した疎開学園経常費収支一覧（昭和十九年九月分）の下書きと思われる。

【05069-2】

下狩野小学校（昭和33年）

幼稚舍學童集團疎開

疎開先　靜岡縣、修善寺町
仲田、野田、浅羽の三旅館。

児童數　約三七〇名（第三學年以上の希望者）

附添教員　清岡。高橋立身。
奥山（六年K組臨時担任）。松原辰雄（六〇担任）。
林佐一（六B）。
吉田（五K）。川村（五〇）。
小池（四K）。大島（四〇）。
内田（三K）。渡辺（三〇）。
赤松。吉武。小堺。永野。
松原敬介（校医）　以上十六名

（六年K組担任の掛貝君は家庭の事情にて居残り、
奥山君臨時担任となる。）

寮母　約十五名を幼稚舍父兄の紹介にて雇入れる予定。

作業員　塾僕、炊事人中より二、三名を連れ行く予定。
他は旅館の雇人を使ふ。

出發　八月二十五、六日頃の予定。未定。
荷物は児童の荷物、校具等全部を幼稚舍に集め置き八月二十二日に發送す。澁谷区役所と鉄道との交渉済。

幼稚舍事務所
事務所は現在のままとし。
授業料、疎開學園費、後援會費等は天現寺の幼稚舍事務所にて受領す。
疎開に関する會計、及び緊急對策後援會の會計は幼稚舍に於て扱ひ時々本塾へ報告す。

名稱　修善寺に於ける學園は
「慶應義塾幼稚舍疎開學園」と稱す。

昭和十九年八月十九日

【05082】

疾病習癖調査書

年　組	
昭和　年　月　日生	
担任	
寮母	

従來カヽリ易キ病氣ソノ原因家庭療法	
既往病歴	百日咳（　才）麻疹（　才）其ノ他
ヂツテリー病歴	罹病年月日 ソノ程度 血清注射施行ノ有無ソノ量
希望	

家庭ニテ従來目立ツタ習癖	家庭ニテ矯正シツツアル習癖ソノ矯正法	矯正ヲ希望スル習癖

*ヂツテリーはジフテリアのこと

【05086】

慶應義塾幼稚舎疎開學園豫算

員数内容　　児童数　３７０名　　教員　　１３名
　　　　　　寮母　　　１５名　　作業員　１１名

支出之部	円
１．疎開旅費　１名　２円８０	１，１４５，２０
３７０＋１３＋１５＋１１＝４０９名	
２．荷物運搬費　１名　５円（４０９名分）	２，０４５，００
３．開設費	２，０００，００
４．教職員疎開準備費	
１名　２００円（１３名分）	２，６００，００
５．食費　１名　１ヶ月　２０円	
４０９名　８ヶ月	６５，４４０，００
６．宿舎借受料　１名　１ヶ月　５円	
４０９名　８ヶ月	１６，３６０，００
７．校費　１名　１年　１０円	
３７０名　８ヶ月	２，４６６，６４
８．寮費　１名　１年　２０円	
３７０名　８ヶ月	４，９３３，２８
９．体育衛生費　１名　１年　２０円	
３７０名　８ヶ月	４，９３３，２８
１０．交通費　８ヶ月	１５０，００
１１．雑費　８ヶ月	１，０００，００
１２．人件費	
寮母　１５名	
給料　手当　賞與　１ヶ月　１００円　８ヶ月	１２，０００，００
作業員　１１名	
給料　手当　賞與　１ヶ月　９０円　８ヶ月	７，９２０，００
嘱託医	４８０，００
教職員手當　１３名　１ヶ月　２５円　８ヶ月	２，６００，００
經常費　八ヶ月分	１１８，２８３，２０
開設費	７，７９０，２０
支出合計	１２６，０７３，４０

收入之部	
保護者負擔　１人　１ヶ月　１０円	
３７０名　８ヶ月	２９，６００，００
慶應義塾負担	１０，０００，００
不足額	８６，４７３，４０
合　計	１２６，０７３，４０

【05075】

集団疎開参加者および疎開状況集計

	集	個	残	
１Ｋ	０	１３	２６	３９
Ｏ	３	１６	２３	４２
２Ｋ	２	１０	４０	５２
Ｏ	１１	１０	３１	５２
３Ｋ	１３	１１	２９	５３
Ｏ	１０	１３	２６	４９
４Ｋ	１８	１１	２９	５８
Ｏ	１８	１０	２６	５４
５Ｋ	１２	６	２１	３９
Ｏ	２７	５	１５	４７
６Ｋ	１０	９	７	２６
Ｏ	１６	１	１９	３６
Ｂ	１０	５	２４	３９
總　計	１５０	１２０	３１６	５８６

七月十五日父兄会直後の調査

Monday, 17th Jury.

集團疎開參加者

七月十九日、當局の指示發表後の調査。（残留組なし）

1	K	
	O	
2	K	
	O	
3	K	32
	O	37
4	K	47
	O	50
5	K	43
	O	59
6	K	24
	O	32
	B	36

計　360

當局の指示發表後の調査

七月十九日

残留組なし

＊最初のページは、七月十五日の父兄会直後の調査。「集」は集団疎開、「個」は個人疎開、「残」は東京残留を希望した人数。次のページは、政府の方針に従って三年生以上の児童に極力個人疎開を勧誘し、それが不可能な児童は集団疎開にするという方針にそって七月十九日に、集団疎開希望者の人数を調査したもの。

【05093】

慶應義塾幼稚舎疎開學園報告　第一

八月二十五日、我が幼稚舎疎開児童三百二十三名、附添教員、醫師、寮母、看護婦、雇員等三十五名は三班に分れ、省線ゑびす駅にて乗車。品川駅乗替。無事修善寺駅に着く。生憎豪雨。第一班品川駅にて乗車せる時は疎開児童専用車三輌あり。中二輌に乗込み甚だ快適を覺たるも、車掌の指示により他の一輌は「専用車」の票札を取除かれ、一般乗車の使用に充つ。然るに横濱駅にて蒲田区矢口國民學校の疎開児童が同列車に乗込む。車掌甚だ當惑の体なりしも、已むなく幼稚舎児童と同じ車輌内に同席せり。混雑を極め、殆んど立錐の餘地なき状態にして、教員は勿論、児童の中にも立ち通し（勿論交代せしめたるも）の者を生じたる有様なりき。之れ恐らく輸送配車当局と車掌との間に連絡なかりし為ならん。

修善寺駅頭、地元修善寺國民學校児童の出迎を受け、又警察署当局の温情ある特別の計ひにより、雨中荷物をバスに託して運搬せしめ得たるは甚だ幸いなりき。

児童の一部は徒歩、又一部はバスにて宿舎に向ひ、先發せる教員によりて割当てられたる宿舎、居室に秩序整然と入ることを得たり。第一學寮野田屋、第二學寮仲田屋、第三学學寮涵翠閣。

二十六日より三十一日まで即ち九月一日始業式前日までの日課を実施す。次の如し。

日課表

六時	起床
六時四十分	點呼
七時	朝食
八時三十分	朝礼（修禅寺境内にて）
九時	整理
十時	坐學
十一時三十分	晝食
十三時	午睡
十四時	自然觀察
十六時三十分	入浴
十七時三十分	夕食　反省
十八時三十分	自由時間
二十時	就寝

但し現地到着後五日及至一週間前後は児童が最も家庭を恋し郷愁を覺ゆる時なれば、必づしもこの日課に拘泥せず。手心を加へ専ら児童の志氣を昂揚し、生活の明朗化に努む。

第一週、殆んど記すべき病人なし。平素の缺席率より推して健康状況良好と認めらる。但し副食物の不足に起因する児童の空腹不満は別に之を記す。

　次下項を追って報告せんとす。

一、環境
　第三學寮涵翠閣は比較的閑静にして、館主親切なるも、近接地に小料亭ありて、夜間往往にして放歌婬聲を聞くことあり。土曜、日曜は特に甚だし。なほ涵翠閣は南側に山を控へ、冬季間の保温設備に就き今より憂慮せらる。

二、設備
　戦時下贅澤を云うにあらざるも三宿舎とも集團生活のための設備殆んどなく、殊に児童の荷物整理に甚だ困難を覺ゆ。至急棚やうの設備を望む。第一學寮野田屋の如きは靴戸棚なく、ために出入り毎に下駄又は靴を持ちて二階三階に上下するは不便なり。いづれ木材を申請して設備する計画なりとの話なるも至急に実行を希望す。

　なほ三館とも寮母専用の室なく、従って四六時中児童の居室にあるか雑用に追はれ、寸時も休養の時なし。せめて更衣室なりとも有らま欲しきものなり。

三、食餌
　目下主食物（米、味噌、醤油）は東京にて配給を受け持参せしものを消費しつゝありて、不足なきも将来現地配給となりて、質量に変化あることを予想し、その低下を懸念しつゝあり。

　此度の疎開學園につき最も憂慮せらるゝは食餌の量にして、之が圓滑に行かざる時は前途に一抹の暗雲を予想せらる。主食物は一日の割当量にて左程不足を感ずることなきも「お八ツ」なき現時下にありて、一汁若しくは一菜、而も甚だ少量にして、之が延いて郷愁の原因とさへなるかと思はるる程なり。二十一日に到着せる幡代國民學校の宿舎たる丸久主人の報告によれば、二十一日より二十八日まで児童のために受けたる野菜の配給量は一人一日二十匁弱とのことなり。最初一週間幼稚舎に於ける配給量も全く之と同様なるが如し。なほ、目に新鮮なる野菜は殆んどなく、ワカメヒヂキ等の海草類、薩摩芋の蔓、里芋の茎等の連續。それも少量にして皿の底に沈む程度なりき。魚介、肉類は思ひもよらず。栄養の点より甚だ憂慮に耐えず。

四、衣類
　通牒の通り当座の必要品のみ持参し来れるも、今後に於ける輸送の見通し如何。冬物の輸送、殊に寝具の輸送を早められたき希望切なるものあり。

五、履物類
　履物の中、下駄は鼻緒切れ易く、殆んど修理に暇なし。父兄側にて麻の配給あらば自家製を以て之に代へん。或は至急藁革履の獲得方法を講じつゝあるも、当局の御斡旋を熱望す。

殊に当幼稚舎にては學童用運動靴配給制実施以来今日に至るまで未だ一足の配給の恩典に与らず。剰《あまつさ》へ今般疎開児童に對し二足宛の特配ありたる由なるも当舎に於ては未だ之なし。父兄側の困難、御推察ありたし。何分のご配慮熱望す。

その他の点に就きては追って報告すべし。

【05105】

昭和 33 年　修善寺を訪れた看護婦・寮母さん
左より石川桐さん、宮下（山上）正子さん、岩瀬君代さん、
西郷雛子さん、塚本法子さん

仲田屋（平成 6 年）

一、二年生の集團疎開

集團疎開には、たとひ小規模でも政府の補助なり後援なりが必要であると思ふ。

現在の集團疎開の有様を見るに、配給はたとひ少量であっても、これは絶對に信頼が出來る。しかし私的の補給路は時に予期せぬ時に切られることがある。例へば修善寺の近くの下狩野村の如き、米黍等の生産を主とし、野菜類は自家用のみを作って居ったので、今までは不自由なく、又供出等のこともなく樂にやって來たのであったが、今月よりは急に野菜類の供出月に四百貫を命ぜられ、その調達が出來るかどうかと、心配して居る次第である。現在ユウ福な村でも、決して安心の出來るものではない。殊に學校の如き團体としては闇等のことに觸れることは出來ず、自然の補給路に變化のあった場合非常に困るものである。

集團疎開生活にはいろいろ複雑な問題あり、修善寺の如く多人数の教員がいち〳〵分担して事に當られてもなか〳〵大變で我々の手で解決しかねる問題もある。たとひ少人数の児童と寮母でも、一人の教員にて全責任をもつことは危險であると思ふ。

修善寺にては、病室に寝てゐるもの毎日數名づゝあり。今日までに入院患者三名あり。松原先生の如き校医あっても、この通りなれば、病氣の心配もなか〳〵輕きものにあらず。殊に中心となる教員の病氣の際には如何になすべきか。

二年生の集團疎開は、政府の承認のもとに数名の教員附添にてなすにあらざれば、冒險であろうと思ふ。

學習院の方針につき修善寺に附添って來て居られる教員にうかがったところによると、一、二年生の授業は只今休暇中であるが、十月初旬より東京にて少時間の授業を始めるといふ。(少時間の理由は教員の足らざる爲)

自分の考へとしては、我々は政府の方針に従うより他に道なく、政府の方針は東京の國民學校の低學年の授業を續ける方針なる如きであるから、我々もそれに従ふより外なし。通學距離の遠いものは、縁故疎開をするなり、近くの學校に轉校することを勸奬する。或は附添をつけること。授業を午前中短時間とすること等も考へられる。そして授業を續け、一方政府の意向をたしかめ、又、集團疎開を許されるやう努力する。

【0512】

＊一、二年生も疎開させたい意向があったが、政府がそれを認めないため、どのように対処するか、教員に向けた案文と思われる。

火災避難ニ関スル計劃　慶應義塾疎開學園

火災ハ空襲ヲ受ケタル時ノ焼夷彈ニヨルモノ。隣家ヨリノ延焼ニヨルモノ。炊事場ヨリ発火シタル時ニヨルモノ。各室ノ炭火ノ不始末ニヨルモノ、等ニ依ッテ起ルモノナリ。コレニ對シ常時堪ヘズ避難ノ訓練ヲ行ヒ、學園ニ於テ危険ヲ排除シ、以テ學園生活ノ安堵ト、進展トニ資スルヲ以テ本体トス。

訓練方法

一、生徒ヘノ知ラセ方
(1)発火地点
(2)風向ノ方向
(3)待避口ヘノ班別順序
(4)集合場所（避難場所）

二、待避ノ順序
(1)非常時携帯品ノ携帯
(2)帽子ヲ被ル
(3)班長指導ニヨリ班毎ニ待避
(4)寮長ハ教員、寮母、作業員ヲ指揮シ、各室ヲ点検
(5)集合場所ニ於テ点呼ヲ行フ。

三、待避ニ就テノ諸注意
(1)極メテ静粛、敏速、無言、落チツイテ行動ヲスルコト。
(2)命令ヲ嚴守シテ、勝手ナ行動ハ一切セシメザルコト。
(3)夜間睡眠中ハ、
（イ）急ニ大聲ニテ生徒ヲ起サメコト
（ロ）消燈中ニモ素早ク服装ヲ整ヘルコト
(4)火災信号ハ、
（イ）生徒ト約束ヲシテ置キ、笛鐘等ノ断續吹鳴ヲナスコト。
（ロ）信号ニヨリ、全体一時靜粛シ、指揮者ノ命ヲ各自ガ確知シ得ラレルヤウ ニ常時訓練ヲスルコト。

四、非常時持出品ニ就イテ
(1)風呂敷ノ内容品ニハ（リックサックニテモ差支ヘナシ）洋服、防空頭巾、防毒マスク、救急袋、草履等ヲ入レテ置クコト。
(2)風呂敷包ハ、常時就寝ノ際、枕元ニ用意シ置クコト。

五、避難訓練ノ実施
(1)月三回各寮ニ於テ訓練スルコト
(2)実施日ニハ
（イ）他寮ノ教員、寮母ハ参観ノコト
（ロ）反省会ヲ行フコト
(3)訓練日ニ當ツテハ、現地所管警察、警防団等トノ連絡ヲ図リ検閲、講評ヲ受ケルモノトス。

六、非常口略図（各学寮略図あり）

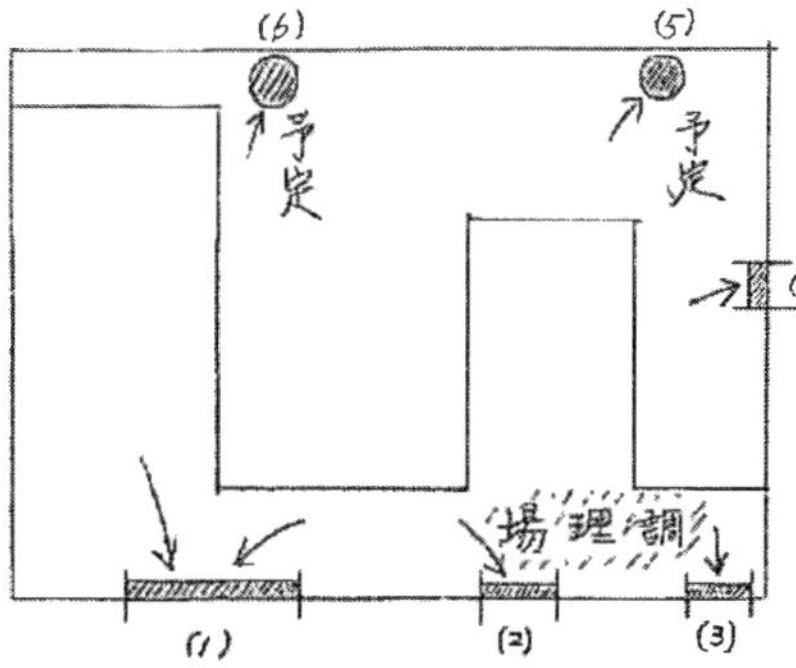

第一寮
(1)…完全
(2)(3)…稍々危険
(4)…完全
(5)(6)…予定口ニシテ急設ヲ必要トス。

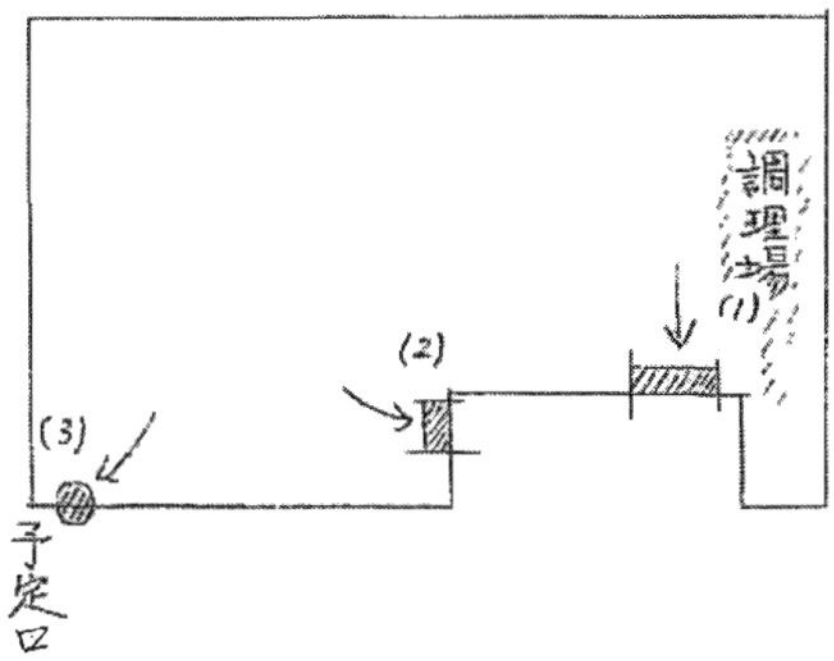

第二寮
(1)…完全、然シ調理場ニ近シ。
(2)…完全ナレドモ狭小ナリ。
(3)…便所ノ奥ニシテ狭小ナレドモ新設スル要アリ。
ソノ他背面ハ川ナルヲ以テ非常口ニハ不適ナリ。

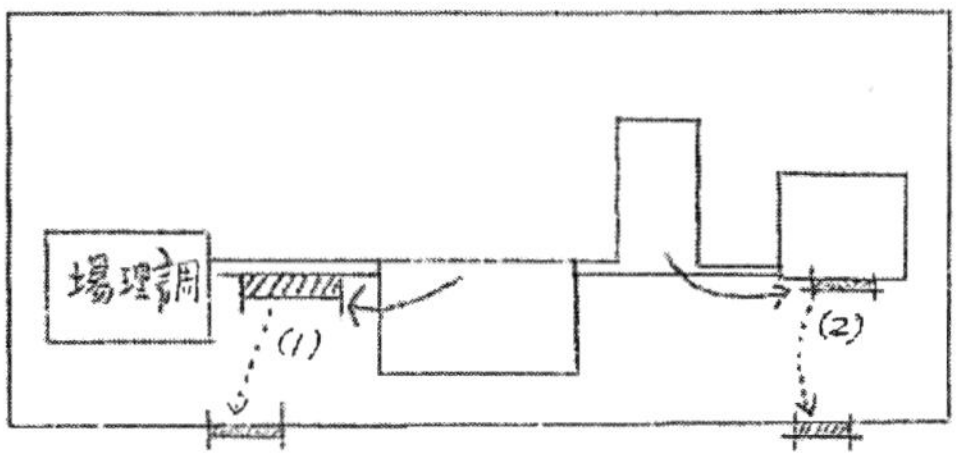

第三寮
(1)モ(2)モ
調理場ニ遠ク待避口トシテ完全ナリ。

非常口ハ、第三寮（涵翠閣）ハ完全ナリ。ソノ他ノ、第一、第二寮ハ非常口新設ノ要アリ。就中、第一寮ハ、非常口ヲ菊屋ノ裏門と連繋ヲ取リ得レバ大体待避ハ可能ナレドモ、第二寮ハ、非常口ヲ新設シテモ、要スルニ非常口ハ道路ニ面シタ三ヶ所シカナク、背面ハ桂川ニ面シテキル故ニ、非常口ニハ適當ナラズ。

【05114】

体練大會番組

下狩野村國民學校　並青年団
東京慶應幼稚舎

昭和十九年十月二十八日

番号	種目	類別	予定時間	學年	
1	集合			全体	
	開會式		九・〇〇	全体	
	一同敬礼				
	開会ノ辞				
	國旗掲揚				
	遙拝				
	祈念				
	國歌奉唱				
	會長告辞				
	青少年団歌		九・二五		
3	準備体操	団		全体	室野
4	一〇〇米	個	九・三〇	四男	滝川
5	兎とかめ競争	団		二年	遠藤 大川
6	八〇米	個		三年	渡辺 矢野
7	障碍競争	団		六男	遠藤
8	機械	遊		三四女	渡辺 矢野
9	二〇〇米	個		高一男	室野
10	めくら競走	団		五男	鈴木
11	一五〇米	個		慶五男	川村

番号	種目	類別	予定時間	學年	
34	餘興競走	個		男青 本立ノ	渡辺
35	継走	団	十一・三〇	下慶合同 三四五六年	室野
36	荒城の月　海の進軍	遊		高一二女	今井
37	視閲　分列行進	団	十一・四五	全体	高橋
	晝食				
38	建国体操　手旗通信	団	十二・五〇	下慶合 五以上	赤松
39	一〇〇米	個		慶四男	小池
40	一五〇米	〃		六男	遠藤
41	スプーン	〃		女青	中山
42	騎馬戦	団	十三・〇〇	下慶合 五六男	奥山
43	一〇〇米	個		五女	今井
44	餘興競走	〃		男青加	杉原
45	一五〇米	〃		慶六男	奥山
46	なわとび競走	団		五女	今井
47	つな引	〃		五以上男	室野
48	百足競走	〃		高二男	高橋
49	一〇〇米	個		四女	井川
50	餘興競走	〃		男青 田小	遠藤
51	女子青年体操	団	十三・三〇	高一二女	大谷

12	首切足切	団	一〇・〇〇	三四男	滝川
13	聴音競争	〃		一年	中山 大川
14	八〇米	個		慶三四男	渡辺
15	餘興競走	〃		男青日向	河野
16	綱引	団		五以上女	室野
17	一〇〇米	個		高一女	土屋
18	順送球	団		三四女	井川
19	四〇米	個		一年	中山 大川
20	運搬競走	団	一〇・三〇	六女	大谷
21	二〇〇米	個		男青	山田
22	鉢巻取	団		下慶合同三四男	赤松
23	防空救護	〃		高一女	土屋
24	ガクカウ。白衣、兵隊サン	遊		一年	中山 大川
25	相撲体操	団		五以上男	室野
26	五〇米	個		二年	大川 遠藤
27	餘興競走	〃	一一・〇〇	男青大平	山田
28	担架競走	〃		高一男	室野
29	一五〇米	〃		五男	鈴木
30	みくにの子供　ぐんかん	遊		二年	大川 遠藤
31	二〇〇米	個		高二女	高橋
32	つな引	団		慶三四男	赤松
33	薙刀	〃		高一二女	大谷
52	順送球	〃		下慶合同五男	赤松
53	一〇〇米	個		六女	大谷
54	剣道	団		高一二男	高橋
55	父よあなたは強かった 國民恤兵歌	遊		五六女	今井
56	運搬継走	団		慶六男	奥山
57	二〇〇米	個	一四・〇〇	高一男	高橋
58	なわとび	団		六以上	大谷
59	職員ボール蹴競走	〃		職員其他	室野
60	合同行進	〃		五以上	室野
61	遂げよ　聖戦	遊	一四・三〇	五以上女	今井
62	聯合継走	団		全（代表）	室野
63	整理体操	団	一四・四五	全体	高橋
64	閉會式		一四・五〇 一五・一五		
	一同敬礼				
	優勝旗授與				
	講評				
	来賓祝辞				
	愛國行進歌				
	萬歳				
	閉會ノ辞				
	一同敬礼				
	解散		一五・二〇		

＊下狩野村国民学校並び青年団の体練大会に疎開学園の幼稚舎生も参加。「慶」と記されている種目が、幼稚舎生が参加した種目

【05115】

學寮日課表

慶應義塾幼稚舎疎開學園第三學寮

課業	時刻	備考
起床 乾布磨擦	午前 六・〇〇	先生と連絡の上寮母が班長を起し班長の号令で一斉に起床　そのまゝ上半身裸体となつて直ちに能樂堂に集合　暖をとる為体操を行つた後一定の順序に従つて一斉に乾布磨擦　終つて「床ヲ上ゲ」「着替」「洗面」「清掃」を行ひ点呼を待つ。
点呼	〃〃 六・三〇	一日の作業を開始する直前の張り切った溌溂たる氣分で行ふ。
朝禮	〃〃 七・一〇	七時十分前「朝禮用意」全員平服下駄履きで修禅寺境内に集合　三寮合同で行ふ
朝食 自習時間	〃〃 七・三〇	お待兼ねの朝食　可成り働いてゐるのでとてもおいしい。誰もが底を拂つて頂く少憩の後學習始まる迄朝の自習時間、「予習」「復習」「通信」等各自が思ひ〳〵に自學自習する。皆揃つてやるのでとても能率が上る。先生も随時各班に出張して個別指導を行ふ。此の間一切遊び道具の使用は禁止されてゐる。
學習	〃〃 九・三〇	大廣間。廣間を使つて四十分授業十分休憩で二時間坐學を行ふ。畳の上で机を並べて正坐し、膝つき合はせて勉強するのは如何にも塾教育といふ感じがして落付いた良いものである。師弟一如行學一体の國民教育が全く自然の姿で行はれて行く様に感じます。　十一時〇分に終る。
晝食	〃〃 一一・三〇	一日おきに　半分代用食を頂く。仲良しのお友達が大勢揃つて一緒に頂くので何でもおいしく頂ける。好き嫌ひもなくなる。飯一粒残す子も居ない。晝食の前後も勉強に熱中する子がある。寸暇を惜しむといふ姿だ。大自然の微妙な動きに見とれる子、談笑に討論にどの班も賑やかに樂しげに満ちてゐる。

學習	午後　一・〇〇	午前と同様坐學を二時間行ふ。午後二時半に終り午後四時迄郷土観察の為全員で外出する。地理歴史理科図画等の勉強が大自然を教科書として行はれ山登り川遊び等の鍛錬娯樂も行はれる。お三時のある日は食後に外出する。六年は月木土の三日、三年は月木の二日、峠を越えて下狩野校に行つて勉強を行ふ。宿舎から三十分足らず見渡す限り緑の田園と緑の山々の眺められる山道を通學する児童はすつかり田舎の子供になつて如何にも樂し氣である。授業は一時四十分より二時間、掃除が終つて宿舎に帰ると丁度四時になる。
入浴	〃　四・〇〇	子供達の一番好きな時である。二ヶ班宛三回に分けて入る。温泉は熱くて豊富だし湯槽は大きくて綺麗だからほんとに好都合である。お互に背中を流し合つたり今日の愉快な憶出を語り合つたりし乍ら温かさうに入浴してゐる様子は幸福そのもの、様である。この頃大廣間や各班では理髪爪切り耳掃除等寮母さんが大忙しである。医務室でも看護婦さんが緒ずれふゆ口等の應急処置に大童。
夕食	〃　五・三〇	何処の家でもさうである様に夕食は樂しい内でも一番樂しい食事である。其の上、大抵はこの食事が一番の御馳走である。箸の動きの活溌なこと笑ひさゞめく聲の多いこと。先生も寮母も「これで良い」「今日も無事に済んだ」とにつこりする。
自由時間	〃　六・三〇	食後一日の反省をして日記を書き、東京から心づくしの遊び道具を一杯開いて誰も彼もが樂しく遊ぶ。先生も寮母も時には旅館の小父さんも仲間入りする。
点呼	〃　七・五〇	七時三十分就寝準備自分で床を展へ歯を磨き静かな氣持で点呼をすませ皆で「お休みなさい」をして床に入る。毎晩東京の方へ向かつての御挨拶もする。
消燈	〃　八・〇〇	一日活躍するので床に入ると直ぐ「すや〳〵」と寝息が聞える。佛様の様な寝顔だ

面會に就てのお願ひ

慶應第三學寮

一、寮生活は特に平素のまゝの生活狀況を視て戴く様準備致しましたから其処に重点を置いて充分に御視察願ひます。
一、修善寺に於ける慶應幼稚舎の疎開學園は衆に範たるものであると定評があります。此の寮生活を乱すことのない様特に御注意下さい。
一、就きましては左の点に特に御注意願ひます。
1．寮内の行動に就いては總べて先生の指図に従つて下さい。許可なくして勝手に寮内に行動する様な事のない様願ひます。
2．児童は幾分氣持が動搖してゐます。「淋しくないか」「帰りたくないか」等の言葉を愼んで下さい。
3．先生の手を経ずに直接物品を手渡すことは御遠慮下さい。
御自分の荷物だけを持つて私室にお入り下さい。他は全部玄関で寮にお渡し下さい。
食料品の処分に就ては總べて寮にお委せ下さい。
4．お子様との面會時間は充分とつてあります。心おきなく御歓談下さい。そして子供達に愉快な樂しい氣分と今後を明るく暮し抜く勇氣とをお与へ下さい。
5．消燈後起床迄は寮内に入ることを御遠慮下さい。
6．寮母に無理な注文をなさらぬ様、但健康躾等に就ては充分御連絡下さい。
一、御帰京後の言動は実見者として特に重要さを持つ譯ですから充分御注意願ひます。
又悪い事は勿論ですが善い事についても決して誇張する事なく実情を有りのまゝに御報告下さい。
一、帰京後単なる挨拶状の如き、時節柄でもあり是非御遠慮下さい。
一、詳しくは口頭で申し上げますが大体の面會時間は次の様です。他の時間は参観して頂きます。
第一日　午後二時半より約三十分　仝四時より約一時間　仝六時より一時間半
〃二〃　午前八時より約一時間半　仝十一時より約三十分　正午頃より約一時間
尚　消燈後午後十時頃迄懇談會を開き　隔意ない意見の交換をしたいと存じます。

宿舎略図

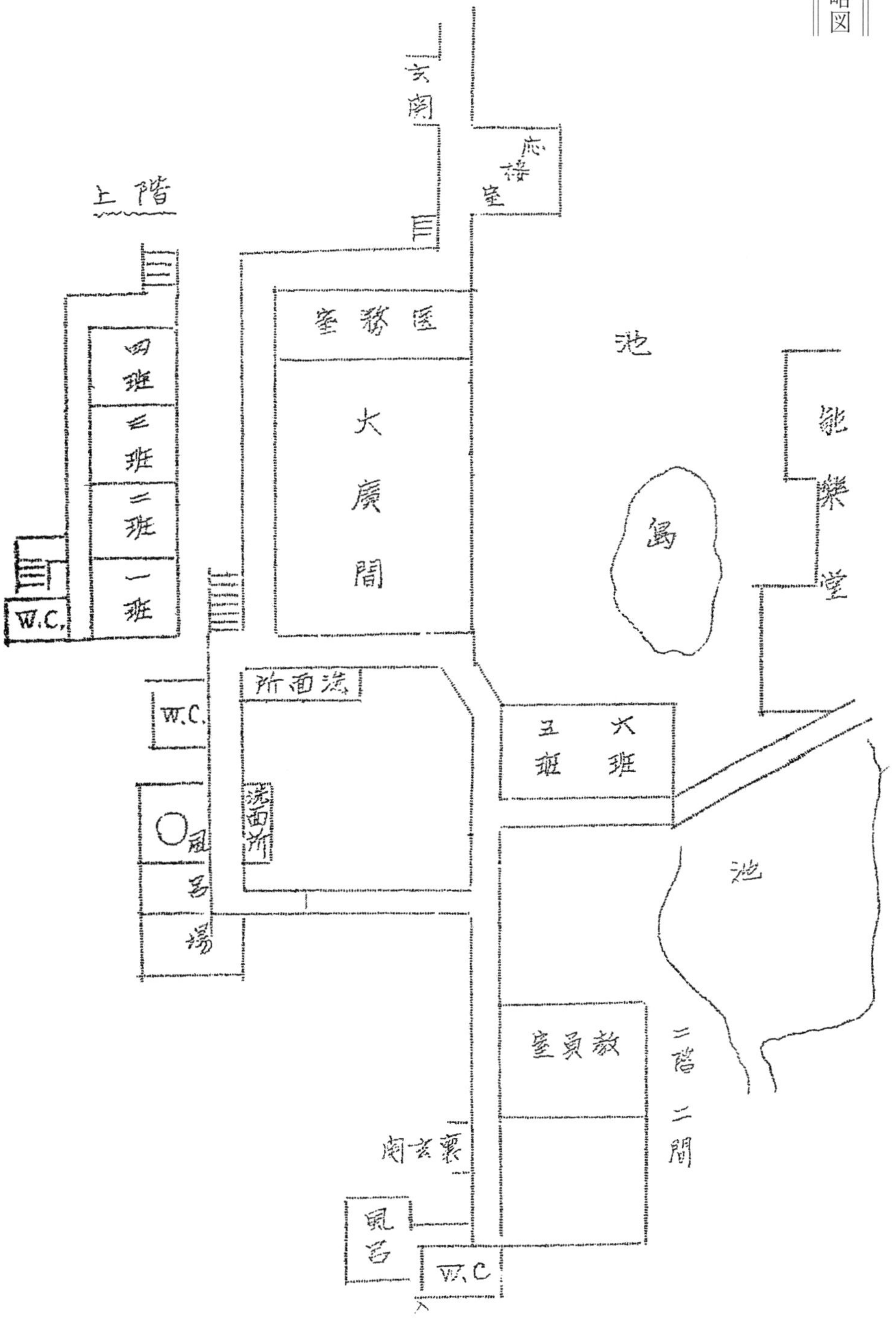

＊野田屋の略図

【05126】

第一學寮　面會割當

＊解説

○これまで修善寺疎開学園児童参加者の記録がなかった。しかし、この面會割り当て表により、参加者氏名をある程度確定できることになった。

しかし、同姓の者で判別が出来ない場合があったり、幼稚舎同窓会名簿に記載のない氏名があったりした。これを疎開参加者から聞き取りをして確定していったものがこの表になっている。

○この表は、昭和十九年九月下旬から十月初旬にかけての面會の表で、修善寺に来て初の面會であったと思われる。従って、修善寺の疎開学園の始まりに参加した者が把握できる。

○原本は第一・二學寮は苗字だけ記載され、同姓がいる場合は、名前の一字を記してあるものもある。同窓会名簿を参照して卒業年度・組、名前を記入した。

第三學寮は、氏名、自宅住所・電話番号まで記載されているので、児童名がしっかりと確定できた。

○第一學寮は四、五、六年K組であるが、昭和二十二年O組の者が多数いる。

これは福澤文士郎氏の話で判明した。福澤文士郎氏は、入学時はKOBの三クラスで、B組で入学。修善寺の疎開学園ではKOの二クラスで、K組となる。木造の疎開学園では一クラスとなり、天現寺復学時に、KOの二クラスに再編成し、O組になった。

つまりクラスの再編があったので、修善寺疎開学園の時と卒業時のクラスが異なることが生じた。

○21K神谷一徳、21K米田昭八郎、22O杖下孝之、21K伊藤信夫は遅れて参加。杖下孝之は盲腸炎のために遅参し、兄隆正の班に入る。

○「幼稚舎疎開学園十一月面會割」（野田屋）に氏名の記載があって、この面會割り当て表に載っていない者がいた。20K河合靖之であるが、河合靖之は野田屋十六班にいたという証言があった。

また、21T江國滋は修善寺疎開学園から個人疎開に転じ、復学せず。

○この表に氏名があり、「幼稚舎疎開学園十一月面會割」（野田屋）に載っていないものは、20K山田博二、21K高木總輔の二名。

○氏名の後に◎印のあるものは、個人を特定できないもの。

○本稿の氏名は、同窓会名簿の字に準じた。（　）内は旧姓。

○氏名の後に「22T」という記述があるが、幼稚舎昭和二十二年卒業と同学年であった中途転校者をこのように表している。

第一日　九月二十八日（木）
二十七名　一班　二班　三班　六班　七班

一班					
岩切 文雄21K	廣瀬 康夫21K	河合 伸治22K	井原 泰三22K	徳永 幸保22T	大橋 誠22K
江國 滋22T	木下 豪彦22K				
二班					
友田 昌利21K	小澤 小一郎21K	塚原 孝四郎22O	太田 勝康22K	小林 春水22K	小島 忠明22O
三班					
渡辺 真三郎21K	田中 稀一郎21K	伊澤 啓一郎23K	榊原 健壱22O		
六班					
川田 貢一郎21K	酒巻 政雄21K	田中 明22K	三保 敬太郎22K		
七班					
関 優21K	岩井 洋21K	生田 允紀22K	平井 秀明22K	後藤 一郎22K	

第二日　九月三十日（土）
二十七名　四班　五班　八班

四班					
玉置 憲一21K	金子 光雄21K	荻田 信弘22K	篠 弥輔22O		
五班					
山田 晴彦21K	富田 恭弘21K	河合 克俊22K	鈴木 五郎22T	小泉 経二郎22K	
八班					
漆山 裕20K	鈴木 靖三20K	近藤 一男22O	宮地(野中)孝22O	岡崎 久夫22O	岡野 敏明22K
飯塚 国基22K	小林 良男22K				
九班					

増田（杖下）隆正20K	中原 正敬20K	川島 修22O	福沢 文士郎22O	小野寺 誠22K	穎川（陳）博志22K
伊丹 一行22O	森 保22K	渡辺 興一郎22T			

第三日　十月二日（月）

二十七名　十班　十一班　十二班

十班					
葉山 雅章20K	出井 康友20K	江木 隆雄20K	有泉 譲二20K	金子 壮一22K	高木 実22T
島田 昌彦22K	田畑 寛22K	山木 功22K	石崎 哲宏22K	横山 隆一22T	井上 雄次22T
十一班					
山田 浩20K	尾前 実20K	山田 稔21K	池田 靖21K	今井 宣勝22K	佐野 初夫21K
坂本 収21K	平井 新一21K				
十二班					
小高 信夫20K	木下 文雄20K	中内 章好21K	桑原 四郎21K	平井 聖二21K	鈴木 光雄21K
鎌田 勝夫21K	渡辺 正毅21K				

第四日　十月四日（水）

十三班　十四班　十五班　十六班

十三班					
河野（朝田）昌治20K	富永 暢夫20K	小野澤 忠男21K	加藤 正男21K	奥山 忠21K	蔵田 一美21K
菅原 透21K					
十四班					
長谷川 三郎20K	大谷津 京三21K	高木 総輔21K	村田 基生21K	鈴木 幹男21K	鈴木 崇夫21K
十五班					
堤 敬昌20K	太田 資治20K	山田 博二20K	石坂 恒夫21K	太田 健21K	岡田昭夫21K

吉本 幸生21K	古賀 忠昭21K				
十六班					
安東 伸介20K	堤 雄史20K	広門 貞男20K	岩本 秀雄20K	小柳 舜端20K	佐々木 一夫20K
佐々木 一哉20K	谷口 保20K	奥野 治男20K	杉野 満20K		

以上

第一學寮所在地　靜岡縣田方郡修善寺町　野田屋旅館内

第二學寮　面會割當

第一日　九月二十八日（木）
三十三名　十一班　十二班　十三班　十四班

十一班					
石川 喜一20O	岩崎 一也20O	石井 孝一23O	渡辺 信之23O	川畑 晴義23O	黒松 俊一郎23O
八木 忠一郎23O	松山 雄一23O				
十二班					
佐々木 明20O	富士田 孝一20O	川澄 一明23O	寺尾 浩23O	四條 芳輝23O	守屋 健23O
十三班					
石川 智庸20O	伊藤 高之20O	岩崎 克善23T	川田 隆一郎23O	土屋 宏23O	野田 ◎
山崎 真之亮23O	榎本 治23O	相沢 正道23O	朝比奈 正幸23O		

十四班					
内村 宏20○	岩出 晴夫20○	窪川 佑三23○	松村 夏樹23○	小島 忠治23○	秋元 幸哉23○
斎藤 勝彦23○	森 哲夫23○	杉田 俊之23○			

第二日　九月三十日（土）
二十七名　十五班　十六班　一班

十五班					
松永 浩一20○	長井 満洲彦20○	國枝 夏夫20○	山田 剛20○	磯貝 吉紀20○	小川 琢道23○
渡辺 信之23○	片山 郷生23○	中村 義雄23○	中澤 肇人23○		
十六班					
保坂 陽一20○	小林 三郎20○	佐々木惇20○	斉藤 弘道20○	佐藤 昭八郎20○	田中 齊23○
厚治 秀行23○	菅原 清五23○	林 烱隆23T			
一班					
岩瀬 晴男21○	小林 繁22○	石川 博章22○	石川 幸彦22○	井口 啓一22○	石河 毅22○
伊藤 清昭22○	飯島 実22T				

第三日　十月二日（月）
二十五名　二班　三班　四班

二班					
伊藤 洋規21○	寺本 圭一21○	早川 一郎22○	早川 二郎22○	長谷川 真昭22○	堀江 一啓22○
三班					
福山 達雄21○	服部 ◎	堀之内 寛保22○	細山 俊治22○	折下 竹雄22○	緒方 正隆22○
奥田 栄二22○	吉岡 正恒22○	吉田 格麿22○			
四班					

堀内　晋21○	奥田　祥一21○	横倉　友次22○	谷井　康人22○	中山　吉夫22○	長戸　英夫22○
中野　成章22T	宇垣　秀明22○	梅岡　弘22T	楠田　久泰22○		

第四日　十月四日（水）
三十名　五班　六班　七班

五班					
渡瀬　昭治21○	野原　精二21○	山元　康邦22○	安井　治衛22T	藤井　徳昭22○	小柳　隆之22T
小手川　洋22○	江藤　直範22○	小谷　映一22○	福島　昌彦22○		
六班					
加山　岳生21○	大倉　勉21○	尾川　和行21○	成毛　韶夫21○	寺田　繁22○	青木　進22T
青木　栄22○	雨宮　章22T	秋山　譲介22○			
七班					
松本　正孝21○	堀田　良一21○	鈴木貞一21○	坂本　彰21○	相沢　泰彦21○	坂本　隆志22○
佐藤文三郎か安太郎22○　◎	佐久間　◎	清田　盛久22○	清水　久彌22○	清水　勇三22○	

第五日　十月六日（金）
三十四名　八班　九班　十班

八班					
井口　紀夫21○	吉村　義郎21○	巖谷　修一21○	小島　昌義21○	松田　敬三21K	樋口　昌夫21○
九班					
小林　陽太郎21○	澤田　秀之助21○	森田　洸一22○	中津川　浩三21○	飯田　哲也21○	安見　兼太郎23○
白取　隆21○	森　淳一21○	樋口　達雄21○	長井　二郎21○	星野　澄夫21○	鈴木　明21○
富沢　康夫21○	塩野　行延21○				

十班					
入交 昭一郎21〇	福田 光男21〇	横山 隆22〇	内田 晟21〇	田中 清一郎21〇	中村 一雄21〇
島田 康夫21〇	沢 浜吉21〇	野村 茲敏21〇	吉田 義雄21〇	島田 安克21〇	大矢 裕康21〇
漆山 治21〇	田久保 春樹21〇				

第六日　十月八日（日）

十六名　十七班　十八班

十七班					
赤須 東俶20〇	岩垂 和彦20〇	奥田 眞二20〇	橋本 公20〇	松永 良男太20〇	中後 幸郎20〇
長戸 実20〇	大谷 岑生22T	林田 喜一20〇	原田 実20〇	宗宮 直行20〇	
十八班					
芳野 一夫20〇	小関 量久20〇	飯田 孝雄20〇	髙山 雄次20〇	渡辺 義夫20〇	

以上

静岡縣田方郡修善寺町　仲田屋旅館

第三學寮　面會割當

第一班	**十月二日**				
北里 一郎20B	柴田 実20B	菅原 節20B	入交 俊輔23K	若林 兌和23K	吉田 康男23K
高橋 正毅23K	小林 靖典23K	阿部 愼蔵23K			
第二班	**十月四日**				
服部 修20B	牧野 昭三郎20B	林 恭弘20B	甲斐 睦興23K	兼松 雅務23K	高橋 脩23K
鈴木 健之23K	友岡 和子				
第三班	**十月六日**				
横倉 永一20B	山﨑 昭20B	安斉 豊太郎20B	岩川 光一23K	田中 明23K	高野 博靖23K
足立 健郎23K	清水 郁雄23K	羽賀 治子			
第四班	**十月八日**				
峰岸 壯一20B	山口 博20B	浅田 皖20B	尾関 全彦23K	横山 馨23K	中村 誠23K
安部 幸一郎23K	宮島 吉亮23K	植松 好徳23K	戸谷 武23K		
第五班	**十月十日**				
萩原 秀夫20B	堤 正光20B	岩瀬 正彦20B	磯野 光弘20B	稲葉 光雄20B	新田 宏行20B
門倉 清夫20B	高木 泰夫20B	大岡 俊雄20B	岩崎 昌太郎20B		
第六班	**十月十二日**				
友岡 正孝20B	久米 泰信20B	宇佐美 繁雄20B	蜷川 謙一20B	上倉 宏20B	田所 恒彦20B
松平 守光20B	波多野 勇20B	土屋 裕20B	千葉 知彦20B	大島 康義20B	加藤 悦郎20B

【05129】

第一回父兄面會規定

慶應義塾幼稚舎疎開學園（一九・九・二五）

一、指定された日時はなるべくお守り下さい。
若し指定日にご都合が悪い場合は全部の面會が終って後に新たに指定致します。

二、今回は児童一名に対し父兄（或は代理）一名に限ります。

三、父兄の宿泊は一泊限り。

四、辨當一食分と米二合を御持参下さい。

五、面接期間中、毎日の授業・行事等は平常通りに致します。

六、父兄は児童を學寮外に連れ出すことは出来ません。又児童は父兄の宿泊室に行くことは出来ません。

七、寮母又は旅館に対し、心付等のことなきやう願ひます。

八、面接の際、折角落付いてゐる児童に対して、心持を乱すことなきやう特に御注意下さい。
この面接を愉快な思い出に致したいと思ひます。

九、東京出發は、午前七時二十五分東京駅發 或は午前八時四十分東京駅發
學寮には晝過ぎに到着 帰還は翌日の晝過ぎに願ひます。
住居の近い方も夕方までお残りになることはお断り致します。

一〇、面會日 第一回は、九月二十八日、卅日、十月二日、四日、六日、八日、（六回）に一巡します。

一一、修善寺駅より學寮まで徒歩で約三十分かかります。全部お歩きの御用意を願ひます。

以上

【05133】

写真中央が「金龍」となった野田屋（平成6年）

幼稚舎疎開學園十一月面會割

第一學寮（野田屋）別表の通り
第二學寮（仲田屋）十一月十六日（木）四年全員
　　　　　　　　　十一月十八日（土）三年全員
　　　　　　　　　十一月二十日（月）五年全員
　　　　　　　　　十一月二十四日（金）六年全員
第三學寮（涵翠閣）十一月十七日（金）第一班　第二班
　　　　　　　　　十一月二十一日（火）第三班　第四班
　　　　　　　　　十一月二十三日（木・祭日）
　　　　　　　　　　　　　　第五班　第六班

1、今回は日帰りにお願ひ致します。
2、切符は各自お求めになり、なるべく午前七時二十分東京駅發の汽車に御乗車下さい。修善寺駅まで児童がお迎へに出ます。
3、車中にてあまり目立つような行動なきやう御注意願ひます。
4、おみやげに食物を持参の場合には保存出来るものに願ひます。加工を要するものは御遠慮下さい。
5、此の前の面會の後に健康を害した児童が非常に多くありました。今回は特に御注意を要請致します。

第一學寮面會日割（括弧内ハ學年）

第一班　十一月十五日（水）
友田昌利（五）渡辺眞三郎（五）近藤一男（四）塚原孝四郎（四）
小林春水（四）小島忠明（四）飯塚國基（四）榊原健壹（四）
大橋　誠（四）小泉経二郎（四）河合伸治（四）

第二班　十一月十五日（水）
長谷川三郎（六）小髙信夫（六）木下文雄（六）朝田昌次（六）
出井康友（六）有泉讓二（六）江木隆雄（六）富永暢夫（六）

第三班　十一月十五日（水）
玉置憲一（五）山田晴彦（五）荻田信宏（四）篠　彌輔（四）
鈴木五郎（四）河合克俊（四）田中　明（四）後藤一郎（四）
平井秀明（四）江國　滋（四）徳永幸保（四）

第四班　十一月十五日（水）
漆山　裕（六）鈴木晴三（六）野中　孝（四）岡崎久夫（四）
岡野敏明（四）小林良男（四）太田勝康（四）伊沢啓一郎（四）

第五班　十一月十九日（日）
杖下隆正（六）中原正敬（六）川島　修（四）福沢文士郎（四）
小野寺誠（四）渡辺興一郎（四）陳　博志（四）伊丹一行（四）
森　保（四）杖下孝之（四）木下豪彦（四）井原泰三（四）

第六班　十一月十九日（日）
岩本秀雄（六）葉山雅章（六）金子壮一（四）髙木　実（四）
島田昌彦（四）田畑　寛（四）山本　功（四）石崎哲宏（四）

横山隆一（四）井上雄次（四）三保敬太郎（四）生田允紀（四）

第七班　十一月十九日（日）

堤　雄史（六）尾前　実（六）佐野初夫（五）池田　靖（五）

坂本　收（五）平井新一（五）平井聖二（五）鎌田勝夫（五）

中内章好（五）桑原四郎（五）鈴木光雄（五）渡辺正毅（五）

小澤小一郎（五）廣瀬康夫（五）岩切文雄（五）酒巻政雄（五）

山田　稔（五）

第八班　十一月二十二日（水）

関　優（五）富田恭弘（五）奥山　忠（五）蔵田一美（五）

加藤正男（五）小野沢忠男（五）鈴木幹男（五）鈴木崇夫（五）

大谷津京三（五）村田基生（五）田中稀一郎（五）今井宜勝（五）

菅原　透（五）川田貢一郎（五）

第九班　十一月二十二日（水）

堤　敬昌（六）太田資治（六）石坂恒夫（五）太田　健（五）

岡田昭夫（五）吉本幸生（五）古賀忠昭（五）金子光雄（五）

岩井　洋（五）

第十班

安東伸介（六）佐々木一夫（六）廣門貞男（六）河合靖之（六）

山田　浩（六）小柳舜瑞（六）佐々木一哉（六）谷口　保（六）

杉野　満（六）奥野治男（六）

【05134】

「金龍」となった野田屋の庭（平成６年）

清岡暎一草稿1

八月二十日

八月十五日　陛下のお言葉を拝し、恐懼おくところを知らず

修善寺の一隅に休養してゐる自分の不甲斐なさを心からおわび申しました。同時に、お諭しのまに〳〵新たなる勇氣を起して必づ新日本の建設に全力を捧げるやう誓を立てました。幸に私の健康も回復いたしましたから、出来るだけ早く東京に帰て幼稚舎再建の仕事に當りたいと思ひます。おもふに、戰時には、我々の働きは如何に努力しても、銃後の仕事にすぎませんでした。しかし今後は、我々の働きのひとつ〳〵は、直接に國家再建に関係をもつ第一線の仕事であります。

幼稚舎教職員は、この認識を以て、學校の再建にかゝる覚悟でございます。そして、遂には幼稚舎を世界に比類なき學校に仕立てるやう努力致します。それでこそ、陛下の御心にも添い奉り、戰後の英霊にもこたへることができるものと考へます。今後どんな邪魔が出たり、どんな困難に出遭うかはわかりませんが、教育の如き文明社会に當然なる事業は勿論継續せられねばならぬものであり、私達はどこまでも慶應義塾の傳統を守り、私立学校をヨーゴし、國体を護持する為、充分なる決意を有するものでございます。顧れば昨年疎開學園が出来て以来まる一ヶ年、父兄方には、文字通り万難を排して御協力御援助下さいました。心から御礼申し上げます。これから疎開学園が解消せられ、本来の幼稚舎にたちかへり、一時退学してゐた生徒もむかへるまでには、まだ〳〵色々な困難がありませう。何時東京にて授業がはじめられるかについても、只今お約束申し上げられません。天現寺の校舎は無事にのこりましたが、机、椅子等の諸什器は可燃物であるといふ理由で、大部分処分せられて居ります。又、先生達の住宅の問題も困難の一つであります。しかし、私は教育の責務が今日程重い時はないと信じ、最善の努力を以て、この困難を切抜けます。父兄各位に対し、何卒従前通りの御協力御援助をおねがひ申し上げます。

私は幼稚舎の生徒に對し、「強くなれ。元氣を出せ。歩く時は、頭を高くし、胸を張って歩け」と申し傳へました。自分もその勢で進みたいと思ひます。

＊保護者への疎開学園へのお礼と戦後の幼稚舎について

【05136】

疎開先移転に際しての原稿

皆さんはいよいよ明日ここを立つて木造へ移ることになりました。皆さんどうぞ元氣で行つてきて下さい。

去年ここへ疎開してきた時には戦争のおわるまでここにゐるつもりであつたので、この修善寺の人達も下狩野の人達もそのつもりで色々と親切にして下さいました。しかし戦争は思つたよりもはげしくなり、とうとう幼稚舎は遠い青森まで移らなければならなくなりました。皆さんはどうぞ修善寺や下狩野でお世話になつた方々や新たに出来たお友達を忘れないやうに、時にはおたよりをしてあげて下さい。

これからはお父さんやお母さんの面會は殆んど出来なくなるでせう。したがつてお父さんやお母さんの御心配は前よりも一層多くなるのですから、皆さんは一層気をつけて受持ちの先生のいふことをきき、病氣になる人もないやうに、互にたすけあつて樂しい立派な疎開学園をつくつて下さい。

私は今度皆さんといつしょに青森へ行くことが出来ません。この冬からの病氣で全く仕事が出来ないので、先生方にも随分御心配をかけ、申譯なく思つてゐます。今度青森への再疎開については、先生達にすつかりおまかせしてしまひましたから、皆さんもそのつもりで殊に吉田先生を疎開学園長と思ひ、よく先生のおさしづにしたがふようお願ひ致します。体の悪いのは困つたもので、いくら氣持ばかりりきんで見ても何も思ふやうに出来ません。皆さんは今から強い体をつくつて、充分に役にたつ立派な人間になつて下さい。

おしまいに皆さんへはなむけの言葉をおくりませう。それは「弱音をふかない」といふことです。何があつても弱音をふくまい。不平をいふまい。我慢をしやう、ガンバロウといふことです。喧嘩でも泣いた方が負けです。これから皆さん、思ひがけない苦しいことにぶつかるかもしれません。戦争の最中には、どんなことがおこるか知れたものではありません。しかし何がきても驚かず弱音をふかず。皆いつしよにガンバツテ下さい。私も丈夫になつたら木造へ出掛けて皆さんの元氣なところを見に行きませう。待つてゐて下さい。

皆さん御きげんよう。

昭和二十年六月二十九日

清岡暎一

＊木造への再疎開に際して、幼稚舎生に対しての訓示の案文

【05117】

清岡暎一草稿2

幼稚舎の皆さん、修善寺でおわかれする時に私は「弱音をはかない」といふ言葉をおくりましたが、遂にあの言葉のとほり、歯をくひしばつて我慢しなければならない時が参りました。

八月十五日のお晝に皆さんはきつと木造で陛下のお声をうかがつたことでせう。私は修善寺の旅館の應接室に起立してうかがひました。恐れおほいこと言葉に現すことも出来ません。

かうなった以上は新たな勇氣をふるい起して日本を建て直すため進むよりほかありません。私は陛下のお心にそふことの出来るやう毎日一度づ、詔書を奉讀して自分はどんな働きをしたらよいかを考へて居ります。戰争は終りましたが皆さんの体をきたへ勉強にはげまねばならぬことは少しも變りありません。どうぞこの驚きにもめげずガンバッて下さい。

私は幸、病氣もよくなりましたから、出来るだけ早く東京に帰り幼稚舎を建て直す仕事をはじめます。そして、皆さんが帰ってきたら一緒に力を合せて幼稚舎を世界一の立派な學校につくりあげませう。随分邪魔もされ、いやな思ひをさせられることでせうが、それを我慢し、だまつて幼稚舎を立派な學校にしてしまふのです。誰もとめることは出来ません。そして、外國人が見ても感心せずにゐられないやうな學校が出来、自然に世界一といはれるやうになれば、それで今度の戰争に倒れた多くの英靈に對しても仇打が出来るといふものではありませんか。

かういふと大層簡單なことのやうに聞こえますが實際はなか〳〵大變なことです。なにしろ外国人が日本中にはびこるでせうからその見てゐる下でやることです。色々無理もいはれるでせう。邪魔もされるでせう。それをじっと我慢して働くのです。

弱味をみせれば益々いぢめられる。といつて怒つて喧嘩することも許されない。何もいわず、じっとこらえて、コツコツと仕事をして行くには非常な勇氣がいります。皆さん心を強くもって下さい。そして、立派な幼稚舎をつくるやう一人々々が一所懸命になって下さい。私がいつも云ふことですがよい學校とは、よい先生とよい生徒の集った學校のことです。先生だけが力んでもよい學校は出来ません。半分は生徒の力で出来るのです。皆さんも先生達のいふことをよくきいて、一人々々が立派な生徒にならねばなりません。

木造にゐる間に詔書を度々奉讀して心をみがき、体を強くし、うんと勉強しておいて下さい。私は東京で幼稚舎立て直しの仕事をしながら皆さんの帰りを待つてゐます。

最後に皆さんに勵しの言葉をおくります。それは、「強くなれ」といふことです。「弱音をはかぬ」では足りません。強くなれ強くなって力かぎり働いて下さい。これからは歩くにも頭を高くして胸を張つて歩いて下さい。運動をするにも遊ぶにも乱暴なほど暴れて下さい。その元氣で幼稚舎を世界一の學校にし、續いて日本を立派な國に作り直さうではありませんか。

これが陛下のお心にそふ道であると信じます。

＊幼稚舎児童へ終戦の心構えを説いた草稿

【05141】

清岡暎一草稿3

1. 幼稚舎教員各位

一、私の見るところではデモクラシーとは争ふことであると思ひます。その制度といひ、理論といひ、すべて争ひ或は競争を基調としたものであります。故に今後デモクラシーの遵奉者を相手とする場合、理をたて、争ふといふことは我々に與へられた天下御免の武器である。この當然なる武器を用ひず頭をさげてばかりゐる者、權利を主張せざる者は馬鹿か臆病者とみなされ益々踏みつけられるであらう。

故に私は今後争ふことを以て自分の本領とすることに決心しました。闘ひには負けたが争ひには必づ勝って見せます。先生達にも、この心持を以て強くなつていただきたい。暴力には屈したが心はまげない。それが獨立自尊の眞意であらうと考へます。

二、次に幼稚舎として教育の理想を立てたいと思ひます。今後色々な制肘を受けるでありませうから理想をはっきりと具体的にたて、おいて可能なる範圍に於て、その理想に近づくやう努力したいと思ふ。從來は上から指示される通りに實行してきたのであるが今後は指示されるものとは別に自分の理想をもち自分の工夫努力によつてその理想に進まなければなりません。

今後私立學校が特に重きをなすに至ると信じます。或は私立學校が聯合して教育制度につき具申するといふことも無いとは限りません。その時には慶應義塾幼稚舎は特に重い責任を負わなければなりません。先生方によろしく御覺悟御努力の程お願ひ申します。

三、右に申した理想の教育の中心なるべきものは私の考へでは

一、皇室を中心としての日本人たる自覺と

二、外國人を對象としての自尊心

であらうと思ひます。その具体的方策としては國史を中心とした學科と行事であらうと思ひますが行事の一つとして思ひ

つくことは、宮城と神社の參拜と境内の清掃美化であります。從來は境内の清掃といっても型式に流れ勝であった。これからは實質的目標をたてた継續事業として、境内を一年を通じて常に清淨にし、又植樹等の奉納によつて美化し、外國人が見ても頭をさげずに居られないやうにすべきではないかと思ひます。

その他の行事についても、又學科の科目や内容についても國民學校令等に拘泥せず白紙にかへつて理想案を作っておきたい。即ち數年前まで幼稚舎では「低學年の理科」のやうな獨特なものをもってゐた。あの獨特な考へを押しひろめて全教育に對する理想案を立てて置かうといふのであります。勿論新事態のいよ〳〵發生するまで當分の間は現在の國民學校制度をそのままに教育を續けて行くのでありますが。先生方は今計画など立てる心持にはなか〳〵なれないでせう。又連日多忙の際に落付いて考へることも困難でありませうが何卒思ひを將來に向けてよく〳〵お考へになり御相談おき願ひたく存じます。

皆様の御健康と御敢闘をいのります。

八月十八日

清岡暎一

＊幼稚舎教員へ終戦後の心構えを説いた草稿

【05142】

八月十六日　東京　松原辰雄君へ　通信

1、幼稚舎再建の努力を願ふ。
2、澁谷区役所に疎開児童の帰郷計画に度々質問に行くこと。
3、海軍技術部に立退きの要求。
4、教室用机をどうするか考へること。
5、三田の教室を普通部と隔日で使わせてもらうことを問合せる。
6、現在東京にゐて、通学を希望する生徒数の見込をたてる。
7、木造から二、三の先生に帰ってもらって、すぐ東京で開校する計画をたてる。
8、右につき、三田と東京都の意向をただす。
9、私は出来るだけ早く帰京する。
10、今後は當局の支持を従順にまってゐてはいけない。厚かましくやること。

八月十六日　吉田君へ　通信（木造）

1、なるべく早く東京に開校したいこと。
2、今すぐに東京にも開校しては如何。
3、木造より二三の先生に歸京してもらっては如何。
4、帰京後の教員住宅の問題。
5、退園希望者に對する態度、条件

吉田君に決定をまかせる。

6、六年だけでも早く東京で開校したい。

7、今後連絡をよくとること。

8、私は、なるべく早く東京へ帰る。

木造へは行かぬ。

9、早いが勝。準備だけは早くしたい。

今後、私立學校は重要視される。

＊清岡暎一主任が松原辰雄先生と吉田小五郎先生に出したと思われる手紙の草稿。

【05143】

八月十七日　新教育理想

・デモクラシーとは争うことなり。

・闘ひには負けたが争ひには、きっと勝って見せる。争ひを本職とする。先生方もその気で強くなって下さい。

・初等教育の理想を立てておきたい。

今までは指示されたものを、指示された方針によって教へてゐた。今度は、自分の理想をたて、その実行が出来ないにしても、少しでもそれに近づくよう努力する為、理想をたてておく。

1、精神方面。皇室中心。

日本人たる自覺。（世界人を相手としての自尊心）

1、國史を重視す。

神がかりな尊崇心を強要せず、公平眞実の歴史教授を中心として、日本の眞愛を自然に体得せしむ。

・昔話を多くする。低学年に、昔話の時間をおいては如何。國語讀本の中に昔話を多くいれてもよい。Out side reading がほしい。

2、定期的に宮城参拜、宮城一周の強歩。

神社参拝、境内清掃、従来は型式に流れ勝にて。清掃なども一時の思ひつきであった。実質的に、目標をもった、継續事業をしたい。

外国人が見ても頭のさがる如しに清潔、立派な境内とする。

外國の昔話。ギリシャ神話、バイブルの話、ドイツ神話等等。

2、語學。國語、従来と同じ。漢字、カナ使ひ文法の教授法を科學的に研究の必要あり。

外國語。外國語といへば英語であらうが、初等科にて英語を教へるのが、望ましきことや否や。

ローマ字は教へたら。但し、ヘボン式ローマ字。
地理。簡單な外國地理が教へたい。昔話と関連せしめ。

＊終戦後、幼稚舎教員に対する訓示の草稿

【05145】

幼稚舎主任時代の清岡暎一先生

小泉信三宛　清岡暎一書簡　草稿

戦争も終了いたしました。先生の御心痛御察し申上げます。しかし、私立學校は今後特に重要視せられ、慶應義塾の責任は一層重くなるものと信じます。私は幼稚舎再建のため出来るだけ早く東京に帰ります。そして理想のため争ふことを本領として進まうと決心いたしました。先生も早く御元氣になられ、私共を御導き下さいませ。

八月十七日

清岡

小泉信三様

私達二人で、W:th dignity we shall accept defeat と話し合って居ります。

＊清岡暎一主任が小泉信三塾長に、戦後の幼稚舎再建についての心情を語った書簡の草稿。

【05154】

清岡暎一宛　赤松宇平書簡

八月三日附のお便り只今（十四日午前九時十二分）到着拝読しました。先生にも段々力がおつきになられた御様子で何よりです。この夏から秋にかけて出来るだけ太陽に當り新鮮な空気を呼吸せられて、一日も早く全快せられてお元気なお体になられることを切にお祈りをいたしてゐます。唯十分栄養をお摂りになることが六ヶ敷しいので、その点お気の毒に思ひ御同情を申上げて居ります。

さて当方に於ける状況の一端をお知らせいたしませう。

1、食糧事情

目下野菜も相当に出廻り薯類も出て参りましたので子供達も喜んで毎日を過して居ります。主食物も混入物がなく有難いことと感謝いたしてゐます。これらからは冬季対策として出来るだけ確保出来るやうに工夫を凝らして居ります。地方事務所でも、当地或は隣村が非常に同情的でして、学校を通じ、村農會を通じて、今のところ豊富です。これを如何にすれば冬越しになれるかと思案してゐます。薯類は確保しても未だ冬越しのものでないので困るし胡瓜は多量にありますが塩不足のために貯蔵が出来ません。他の大根その他の乾燥出来るものは既にボツボツ作製してゐますが未だ僅少です。前、近藤さん（委員の方）がお出でになり塩の心配をして下さることになってゐますので、大いに力を得、一日も早く届けられるのを待ってゐるわけです。

2、燃料事情

修善寺と異なり、又修善寺のやうなヘマなことをしたくありませんので地方事務所に参り心配をして頂ける様にお願ひをして来ましたが十分とは申されません。各寮ともにこの燃料の問題に関し、特に寺はその設備不完全のため、如何にすべきやに就いて専ら頭痛の種です。然し、何とか工夫をし、又今から大いに皮膚を鍛へて冬に備へたいと張り切ってゐるわけです。

殊に一、二年三年の冬季を集団にて生活する最初の経験だけに十分此の点林先生と相談し、吉田先生に相談して犠牲者の一人もなき様努力いたしてゐる次第です。

3、学童健康状況

概して元気なるを以て良好とも考へられますが、とにかく四月の体重六月末の体重、そしてこちらに来てからの体重の比較をしますと体重が減少しつゝありますので、これは困ったことと思ってゐます。

体重減少の原因は、一、気候風土に馴れないこと。二、水の悪いこと。三、食料の十分でなかったこと。四、土地の生活に未だ馴れ切ってゐないこと等でありますが、とにかく魚類のやうな蛋白質の補給が十分でないことが最大の原因のやうに思はれます。ところが体重が減少してゐながら実に元気なのには驚く程です。過日も三里の道を一、二年生は歩くし、又八月になってから隣村まで茸狩りをやって四里半位の道を歩き廻って帰って来ましたが（三年以上）帰って来て随分くたくになってゐましたが翌日はケロリとしてゐる有様で、その後町田先生に健康診断をして頂きましたが異常者は一人もゐないので安心しました。とにかく元気です。

（以下略）

八月十四日

赤松宇平

清岡先生

御足下

＊木造の疎開学園にいる赤松宇平先生が清岡暎一主任に、木造での近況と寮母の人事について記した書簡。【05161】

疎開学園の生徒たち　修禅寺にて

あとがき

『慶應義塾幼稚舎　疎開学園の記録　下巻』の「あとがき」文末に次のように記した。

「もしかすると、『慶應義塾幼稚舎　疎開学園の記録　別巻』なんていうことになるかも知れない。まだまだ疎開との縁は切れそうにない。」

これが現実となった。それは浅羽一秀さんと修禅寺吉野住職の計らいによってできた「修善寺　慶應義塾幼稚舎　疎開学園の碑」のお蔭である。「木造　慶應義塾幼稚舎　疎開学園の碑」を建立した際、その記録として冊子を発行した。それを「下巻　第八章　木造疎開学園の碑」として収録した。二〇一七年九月七日「修善寺　疎開学園の碑」の除幕式が行われた。木造の時にならって記録の作成は必須であったが、今回はそれを『疎開学園の記録　別巻』として発行することにしたのである。それが本書の中核となっている「第十五章　修善寺疎開学園の碑」である。

しかし、これだけで別巻とするには物足りないと思い、「上巻　第六章　『近代日本研究』より」で柄越祥子さんが利用した福澤研究センターが所蔵している「清岡暎一旧蔵資料」に注目した。その中の幼稚舎の疎開関係の資料から本書に収録するにふさわしいものを選び出し、本書「第十八章　清岡暎一元幼稚舎主任の資料」とした。資料の閲覧に関して、福澤センターの都倉武之准教授、柄越祥子研究員にご配慮いただいた。

この資料の中の一連の清岡先生訓示草稿は、疎開学園経験者の卒業生が疎開中、清岡先生のお顔を拝したことはないと言われ、これが実際に読まれたものなのか、読まれたらとしたらどこでどう読まれたのか、全く分からない。清岡先生とは一九八七年八月「アメリカの福澤諭吉の史跡を訪ねる旅」で十日間同室をさせて頂き、以後お付き合いさせて頂いた。飄々として穏やかなお人柄であった。

ある時、筑波の大学院生が、戦時中、幼稚舎の名を改めるよう再三の勧告を受けたが、それに従わなかった経緯を清岡先生に聞きにきたことがあった。私も同席させて頂いた。先生は「私はなにもしませんでしたよ。」「抵抗したわけじゃありませんよ。ほっておいただけですよ。」とおっしゃるだけだった。大学院生は美談を聞き出したくて、いろいろと質問するが、暖簾に腕押しとはこのこと。全く記事になり得なかった。しかし、本書収録の、草稿の文章は、力強く激しい意志を感じさせる秀逸の檄文であった。デモクラシーに関する意見も、当時の人が持ち得ない卓見であろう。先生の細い体のどこに、この熱い情熱が宿っていたのだろう。草稿に関する話を先生からお聞きしたかったが、きっと「そんなことありましたか」で済まされたであろう。でも、アメリカ旅行中、「お持ちしましょう」と言っても、絶対に自分のバックを人に持たせなかったことを思い出した。

別巻のための図版などを探していた時、鈴木光雄さんの日記に目が留まった。下巻の口絵と「第九章書簡」に掲載した同氏と家族の書簡があまりに素晴らしかったので、日記を見落としていたことに気付いた。そこで当時五〜六年生だった鈴木光雄さんの日記を全文掲載した。清岡先生の資料も、鈴木さんの日記も当時のもので、文字がかすれているなど判読が困難な個所が多々あったが、編集者全員の知恵を結集して、ここまで漕ぎつけた。

鈴木光雄さんの最後のたっての希望として疎開学園で歌われた歌を譜面にして残して欲しいというものがあった。資料は、鈴木さんが近年歌ったテープである。そのテープから音楽科の足立出実教諭が譜に起こして「第十六章　疎開学園で歌われた歌」とした。「修了式の歌」は、当時作成されたSPレコードが幼稚舎資料室にあり、これを近年再生したCDがあったので、足立教諭に確認してもらったところ、鈴木さんの音程に全く狂いはなかったとのことであった。尚、このあとがきを書いている最中、「幼稚舎修了式の歌」の譜が『稿本　慶應義塾幼稚舎史』に掲載されていることに気付いた。

上巻・下巻の表紙は、幼稚舎生として疎開学園に参加した画家阿部愼蔵さんのものである。上巻は疎開当時描かれたものを、下巻はそのために描き下ろして頂いたものである。本書の表紙は、阿部愼蔵さんの子息、阿部太郎幼稚舎教諭に依頼した。親子二代による表紙三部作は、我ながら実に粋ではないかと思った。彼が作ってきたのは、上巻の表紙を切り絵にしたものであった。彼は切り絵を得意とし、度々個展を開いている。自分が経験しなかった絵を描くのもどうかと思って、上巻の絵を切り絵にしたとのことであった。予想外のことであったが、言われてみれば至極当然なことである。

今回の編集は、下巻に携わった藤本秀樹、武田敏伸、杉浦重成、神吉創二、清水久嗣、廣瀬真治郎、藤澤武志、萩原隆次郎、岩井祐介に加え、小山太輝が参加し、十一名の大所帯となった。今回も全員で手分けして、文章を入力した。また「第十五章　修善寺疎開学園の碑」は十一人全員で校正を行って付け合わせた。面白いことに人それぞれ観点が異なり、全員が私同様、自分しか気付かなかった箇所に満足し、他人の指摘に感心したことだろう。全員で校正を行った意味があった。

今回も出版に当たり、慶應義塾大学出版会の及川健治、大石潤氏にお世話になった。『疎開学園の記録』はこれで打ち止めとなることを誓って、上巻・下巻・別巻と三巻にわたるご尽力に対して感謝申し上げたい。

そして何よりも感謝を申し上げたいのは、今回の建碑に関してご寄付をしてくださった幼稚舎関係者・卒業生の方々である。正直に申し上げると、今回の建碑は資金的に苦しくなるのではないかと想像していたところ、五二一件もの申し込みを頂戴した。募金委員をつくったわけでなく、ただ「幼稚舎同窓会報」で公示しただけなのに、これだけのご協力があったことに感謝感激以外の言葉がない。幼稚舎は、皆さんのような方々に支えられて歩んでいることを実感せずにはいられない事柄である。本書の出版費用の一部もこの寄付金から出させて頂いた。また、ご厚意のお蔭で、本書は幼稚舎生全員に無償で配付することができた。

私は、上巻、下巻共にクラスの保護者会でテキストして使った。殆どの保護者が涙ぐんでいた。『慶應義塾幼稚舎　疎開学園の記録』には、人を感動させ、人を変える力が備わっていると自負している。下巻二八四頁、看護婦であった宮下正子さんの言葉に「川村先生が、この子たちは大人になったら他の子どもたちとちがうよと言っていました。」という件《くだり》があるが、本書を読んだ人、今回の一連の疎開プロジェクトに携わった人が「他の人たちとちがうよ」と言って頂けるような気がしている。

私が疎開学園に関わったのは、平成元年八月に近藤晋二先生と共に木造を訪れたのが最初であった。木造に疎開の碑の建立を思い付いた時、始めに相談したのが近藤先生だった。「記念碑公害」という随筆を書かれている恩師の吉田小五郎先生も、木造の碑についてはきっと喜んでくれるだろうということで、賛成して頂き、その実現に骨を折って頂いた。しかし、その後の『疎開学園の記録』、修善寺の碑に関しては、消極的であった。先生の中では、木造の碑でやり終えたという気持ちが強かったと察する。修禅寺の碑の除幕式にご招待し、出席の返事を頂いたが、体調を崩されて直前に欠席の連絡を頂いた。半月程して先生にお電話をした。「大変楽しみにしていたのに残念だった。」「先生、元気になられたら、修善寺までお連れしますから。」「今は出られないけれど、そのうち頼むよ。」

一月二十三日、先生の訃報を頂いた。先生は、先に発刊された「三田評論」あるいは「幼稚舎同窓会報」で修善寺の碑の写真をご覧になったであろうか。先生に修善寺の碑をお見せできなかったことが無念であった。せめてもの恩返しに、この『疎開学園の記録　別巻』を墓前に捧げたい。

加藤　三明

平成三十年二月

〈慶應義塾幼稚舎「疎開学園の記録」編集委員会〉
加藤三明（代表）、藤本秀樹、武田敏伸、杉浦重成、
神吉創二、清水久嗣、廣瀬真治郎、藤澤武志、
萩原隆次郎、岩井祐介、小山太輝
（いずれも慶應義塾幼稚舎教諭）

慶應義塾幼稚舎疎開学園の記録　別巻

2018年3月20日発行

編　集――――慶應義塾幼稚舎「疎開学園の記録」編集委員会
発　行――――慶應義塾幼稚舎
〒150-0013　東京都渋谷区恵比寿2-35-1
TEL　03-3441-7221（代表）
FAX　03-3441-7224
制作・発売所―慶應義塾大学出版会株式会社
装　丁――――鈴木　衛
組　版――――株式会社ステラ
印刷・製本――中央精版印刷株式会社
カバー印刷――株式会社太平印刷社

Printed in Japan　ISBN 978-4-7664-2516-1